正しい知識がわかる

美肌事典

監修／櫻井直樹　執筆／永松麻美

高橋書店

INTRODUCTION

当たり前にしていたケアが、自分の肌を傷つけている？

そろそろ肌をどうにかしたい。それで、ネットで調べたり、「これがいい！」「効くのはこれ！」と巻でいわれるものを試したりしている。でもなぜか肌トラブルが絶えない……。そんな人が増えています。

原因は、それが自分の肌に合わないケアだから。肌にはタイプがあり、タイプに合わないケアをすると、かえって肌にダメージを与えることになります。また、ケアをがんばりすぎてしまう「やりすぎケア」も問題です。摩擦が多く、乾燥やシワやしみを招きます。

肌によかれと思ってしたことが、逆に肌の負担になっていた。そんなケースが多数あるのです。

あるある1

敏感肌だから
オーガニック化粧品を使う

あるある2

保湿のために
化粧水をたっぷりつける

あるある3

毛穴を引き締めるために
冷水で洗顔

あるある4

角質をとるために
毎日スクラブ洗顔＆ピーリング

あるある5

ニキビができたから、
しっかりオイルクレンジング

あるある6

角栓ケアのために
毛穴パックは週１で

これらはすべて**NG**ケア。
肌トラブルの原因になります。

INTRODUCTION

美肌のために必要なのは、正しい知識

しみ、シワ、ニキビ。肌の乾燥、毛穴の開き、くま。こうした肌の悩みやトラブルは、自分の肌タイプに合ったケアをすることで、改善するケースが多数あります。日本人には混合肌の人が多いですが、混合肌のなかでも乾燥しやすいタイプか、それとも皮脂が多いタイプかで、使うべき化粧品もすべきケアも変わるのです。

本書では、最新美容医療の専門家、皮膚科医・櫻井直樹先生監修のもと、肌トラブルや化粧品の成分、医学的に正しいケアについてお教えします。そして1万人の肌を見てきた美容家・永松麻美が、健康的な美肌を手に入れる具体的な方法をお伝えします。

美容情報は世の中にあふれています。化粧品メーカーも商品を売るためにさまざまな戦略を練っています。ただ、なかには過剰な広告もあります。あふれる情報に惑わされないために、美肌のための正しい知識を身に着けていきましょう。

メイクで隠さなくても
自信がもてる肌になるために

PART1

肌トラブルと、その原因を知りましょう。

→ 肌荒れ、毛穴、しみ、シワなどの
トラブル対策がわかる

PART2

化粧品と、トラブルを起こさないケアを知りましょう。

→ 気になる有効成分がわかる

→ 5つの肌タイプ別ケアがわかる

PART3

エイジングケアと、美肌をつくる習慣を知りましょう。

→ 老けないためのケアがわかる

→ 栄養知識がわかる

もくじ

PART 2

若返るケア、老けさせるケア

PART 3 美肌をつくるライフスタイル

デザイン：菅谷真理子（マルサンカク）／DTP：中央制作社／イラスト：omiso／撮影：枦木功／ヘアメイク：オオイケユキ／モデル：横田美憧（ライトマネジメント）／編集協力：有限会社ヴュー企画（野秋真紀子）／校正：鴎来堂

PART1

肌を知らなきゃ始まらない

SKIN CARE BASIC

この章では、美肌になるためにまず知っておきたい「肌のしくみ」を解説していきます。肌がどのようにできているかを知ることはスキンケア、メイクをするうえでとても重要です。また、自分の肌タイプを確認していきましょう。

SKIN CARE
BASIC
1

皮膚のしくみが、うるおいを保って身体を守る

ハリや弾力をつくるのが真皮 うるおいをつくるのが表皮

美肌づくりの前にまず知っておきたいのが、肌そのものである「皮膚」についてです。

皮膚は、私たちの身体を包む1枚の皮。頭から足まで、ぐるっと身体を包んでいます。部位によって厚さや特徴は異なりますが、基本的にはラップ1枚分程度の薄さで全身を覆っています。

皮膚は3つの層に分かれており、上から「表皮・真皮・皮下組織」となっています。

このうち、いちばん上の表皮は肌のうるおいを保ち、刺激や細菌から身体を守るバリアの働きをしています。真皮は肌の大部分を占め、肌のハリや弾力を司ります。皮下組織は身体を守るクッションとなります。

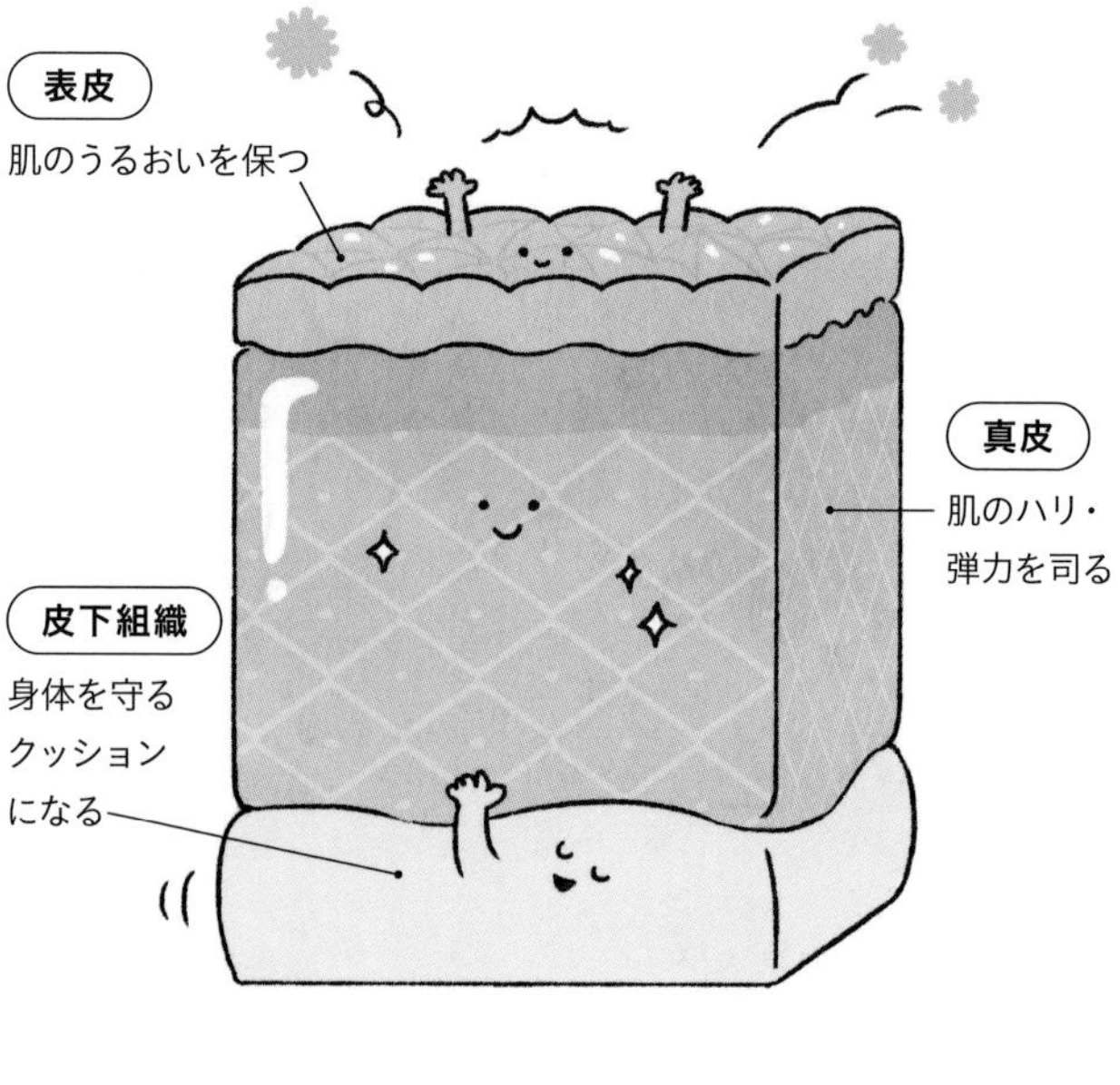

皮膚のしくみ

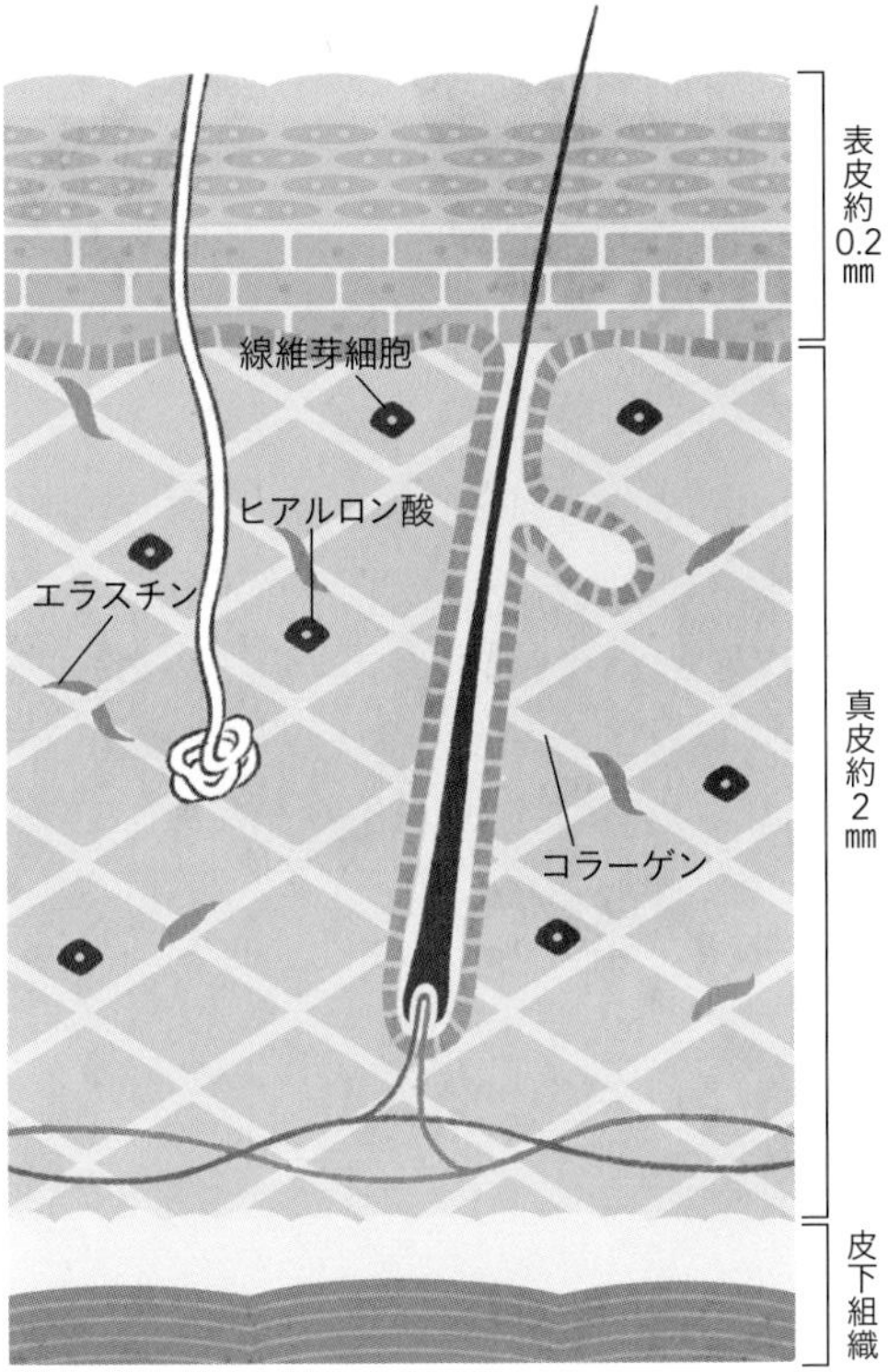
表皮約0.2㎜
線維芽細胞
ヒアルロン酸
エラスチン
コラーゲン
真皮約2㎜
皮下組織

表皮 **=うるおい**

肌のいちばん上の層である「表皮」は、4層に分かれています。層によって役割が変わります。表面の凹凸はキメ（肌理）と呼ばれ、キメの形が細かく整っていると、透明感のある肌に見えます。

真皮 **=ハリ・弾力**

真皮層にある真皮細胞は、線維成分である「コラーゲン」、コラーゲンどうしをつなぐゴムのような「エラスチン」、そのすき間を埋めるゼリー状の基質「ヒアルロン酸」などで構成されています。ほかにも、コラーゲンなどをつくる線維芽細胞、汗腺、皮脂腺、毛細血管、リンパ管、神経細胞、毛包などが存在します。

皮下組織 **=クッション**

皮下組織は真皮層の下の結合組織と脂肪組織から成り立ち、血管や神経の通路になっています。脂肪がクッションや断熱材の役割をして、肌にハリを与えます。

豆知識

肌の見た目年齢を決める？　線維芽細胞

コラーゲンやエラスチンといったハリ・弾力を司る成分は、真皮層内にある線維芽細胞からつくられます。線維芽細胞が元気だと、新陳代謝がスムーズになり、ハリや弾力のある肌が保たれます。乾燥、紫外線、活性酸素、加齢などで線維芽細胞が減ったり、働きが悪くなったりすると、健康なコラーゲンやエラスチンをつくり出せず、シワやたるみなど肌年齢が上がってしまいます。

SKIN CARE
BASIC
2

角質が生まれ変わって うるおい成分ができる

天然の保湿成分は 身体を守るバリアに

表皮のいちばん上の層が、肌のうるおいを保つ「角質層」です。角質は物理的な刺激や細菌、酸やアルカリなどの化学薬品などから皮膚を守る役割があります。

角質層のなかには「ＮＭＦ（天然保湿因子）」という、肌が自力でつくり出す天然の保湿成分があります。主成分はアミノ酸で、乳酸や尿酸などが含まれます。このＮＭＦが正常につくられないと肌の乾燥を招きます。

また、角質細胞の間には「細胞間脂質」というレンガとレンガをくっつけるセメントのような役割の脂質があります。主成分はセラミドです。水分と脂質の層が規則正しく重なることでうるおいが保たれ、刺激から守るバリア機能ができます。このような重なりを「ラメラ構造」といいます。

豆知識

メラニンは身体を守る「バリア機能」のひとつ

メラニンというと「しみをつくる悪者」のイメージが強くありますが、じつはメラニンは肌の細胞の中にある核を紫外線から守る、非常に重要な役割をもっています。紫外線によって核が破壊されたり、ダメージを受けたりすると、しみ、シワ、たるみなどの美容面での問題だけでなく皮膚ガンの原因になることも。皮膚ガン患者が黒人に少なく白人に多いのは、紫外線の害を受けやすいかどうかの差でもあります。

メラニンは肌の最大のバリア機能であり、命を守っているともいえます。

こうしたメラニンは、表皮のいちばん下の基底細胞の間にあるメラノサイトから生成されます。表皮が紫外線を浴びると、メラノサイトに信号が送られ色素（メラニン）を生成し、紫外線から細胞を守ります。

表皮のしくみ

角質層

表面に形成される皮脂膜と合わせて、外からの刺激から肌を守ります。薄い死んだ細胞がきれいに重なり、盾のようになります。その内側では、角質が死ぬこと（角化）で生まれたNMFや細胞間脂質が、水分保持の役割をしてくれます。

顆《か》粒《りゅう》層《そう》

2～3層の薄い層。アルカリ性で防御の役割を担っています。ケアトヒアリン顆粒が紫外線をはね返す役割もしています。

有《ゆう》棘《きょく》層《そう》

表皮の大部分を占めていて、上にいくほど扁平になる層。細胞が棘状の突起をもち、近くの細胞と連結しているので「有棘層」という名前に。

基底層

新しい肌細胞がつくられる層。通称「お母さん細胞」とも呼ばれ、毛細血管から栄養を補給して、細胞分裂を行っています。紫外線から肌を守るメラニンは、この層に存在するメラノサイトからつくられます。

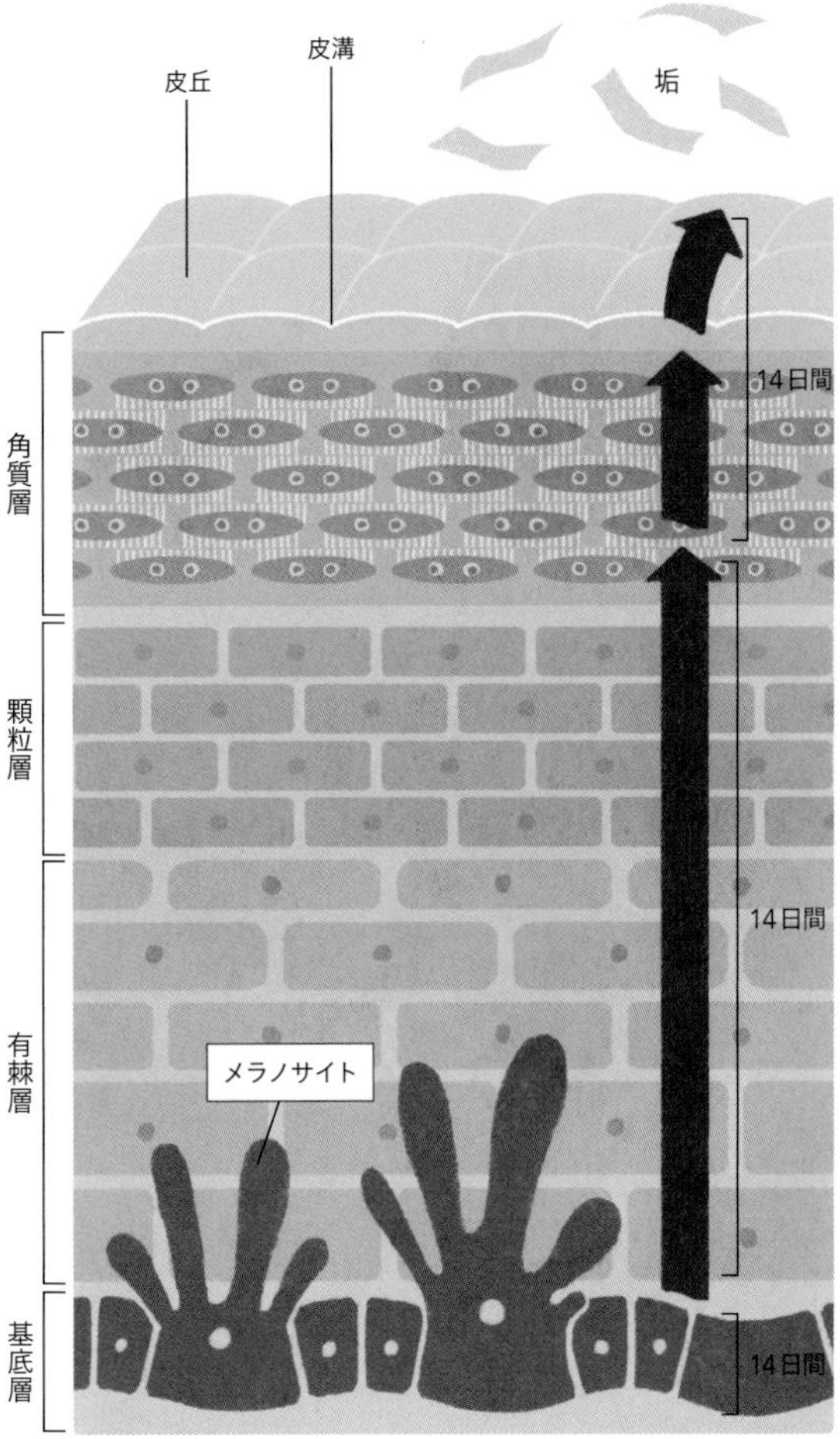

肌は約28日で生まれ変わる

基底層でつくられた細胞は約14日かけて角質層へ上がっていきます。古くなった角質は約14日かけて自然にはがれ落ちていきます。この肌の生まれ変わりを「ターンオーバー」といいます。ただし年齢や肌状態によってこの日数は変わります。

SKIN CARE
BASIC
3

皮脂は美肌に必要な存在だった

肌のうるおいと健康に欠かせない「皮脂膜」

化粧品を一生懸命肌に塗り、「浸透しろ〜」「しみこめ〜」とお手入れする方も多いと思います。

ですが、肌には「バリア機能」といって、肌に異物を浸透させないしくみがあります。また、皮脂や汗を出して肌を守る、汗に混ざった老廃物を排泄させるなどの役割があります。これらが正常に働くことで肌の健康を保っていられるのです。

皮脂膜は、肌の最初のバリア機能。汗と皮脂が混ざり合うことで、うるおいのバリアが形成されます。肌の水分蒸発を防ぎ、弱酸性のＰＨに保つことで、細菌などから肌を守っています。皮脂や汗が出すぎると肌トラブルやメイク崩れの原因になるので、嫌な存在に思えるかもしれません。でも正しく分泌されると、肌の健康を守ってくれる強い味方です。

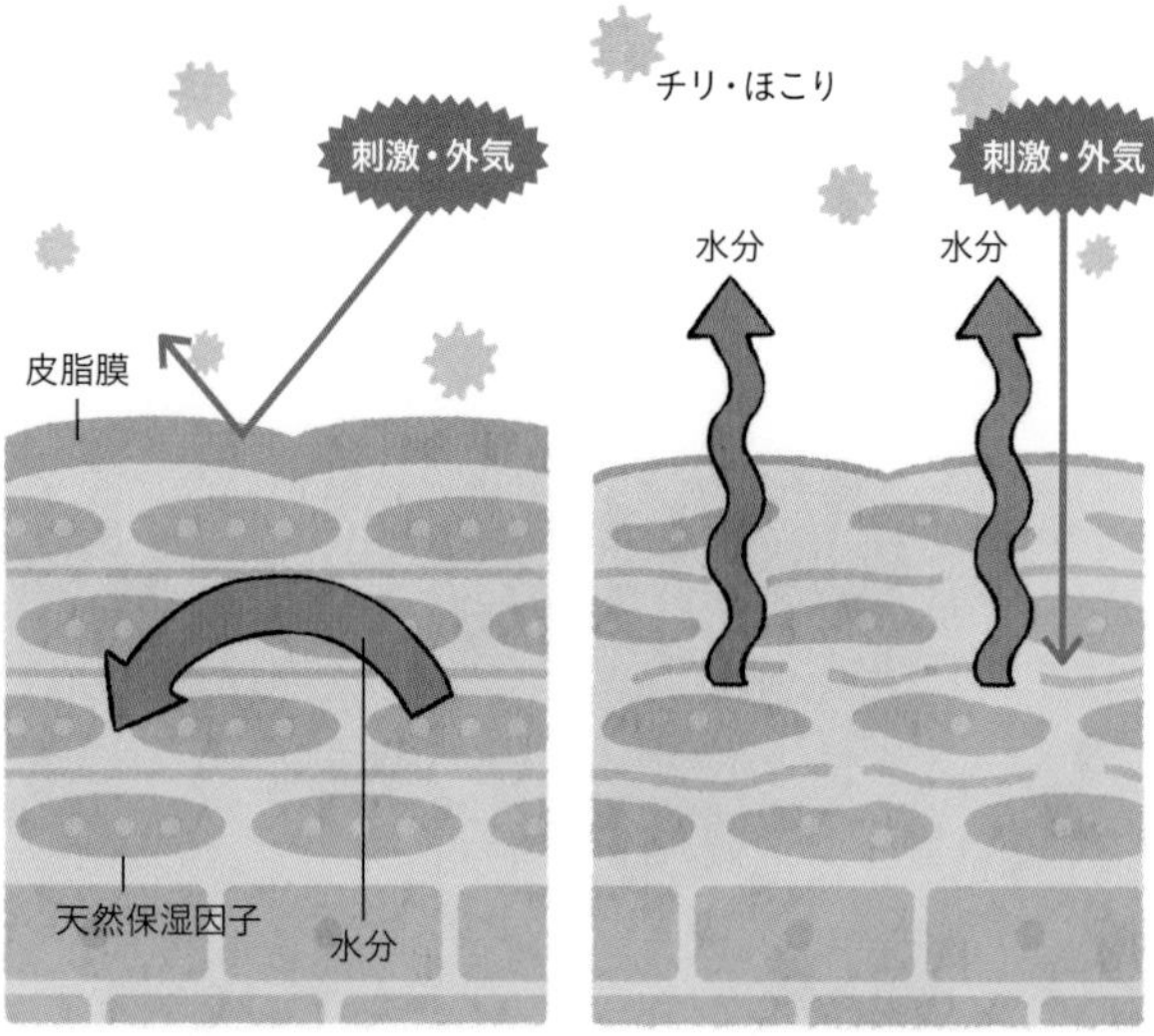
刺激・外気
皮脂膜
天然保湿因子
水分
チリ・ほこり
刺激・外気
水分
水分

健康な皮膚

外からの刺激、雑菌の繁殖、皮膚内の水分の蒸発などを皮脂膜が守っている。

乾燥した皮膚

皮脂膜が足りず、刺激にさらされて皮膚内の水分が蒸発して奪われてしまう。

皮膚は防御・保護のための機能を多く備える

バリア機能以外にも、肌にはさまざまな防御機能や保護機能が備わっています。体内に進入した病原菌などに気づいて脳に知らせたり、真皮内で病原菌を食べたりと、生命維持に欠かせない働きもしています。

この「保護」の役割を含めて、肌には6つの機能が備わっています。肌の状態を保つ大切な要素でもあるので、ここで確認しておきましょう。

豆知識

**知らないうちに
バリア機能の邪魔をしていた？**

肌をきれいにしたくて行ったことが、肌本来の機能の邪魔になっている場合が多くあります。たとえば、肌のアラを隠そうとメイクで毛穴をふさいでしまうと、肌の排泄機能を妨害してしまうこともあります。

また、長時間のシートパックで肌をふやけさせると、肌のバリア機能が弱くなります。すると異物が入りやすくなって肌荒れや肌トラブルの原因に……。ぜひ正しいケアを学んでいきましょう。

皮膚の6つのはたらき

保護作用	引っかきや摩擦などの物理的な刺激、アルカリや酸などの化学的な刺激、細菌やウイルス、紫外線の刺激など、外からのさまざまな刺激から肌を守り、水分を保つ。
分泌作用	皮脂や汗を分泌。皮脂と汗が混ざって肌表面に「皮脂膜」をつくることで、細菌などから肌を守る。乾燥を防ぎ、なめらかに保つ。
体温調整作用	暑いときは汗を出して体温を調整する。寒いときは立毛筋を収縮させ、体温を一定に保つ。
貯蓄作用	皮下脂肪を蓄える。
排泄作用	老廃物を汗として体外に排泄する。
知覚作用	触覚、冷覚、温覚、痛覚、かゆみなどを感じて、知覚神経から脳に伝える。

SKIN CARE BASIC 4

肌を育てる「ターンオーバー」は遅すぎても早すぎてもよろしくない

肌が乾燥するのはターンオーバーに問題あり

肌はターンオーバーをくり返すことで健康を保っています。肌のうるおいを保つＮＭＦ（天然保湿因子）や細胞間脂質もターンオーバーの過程でつくられます。

一方、ターンオーバーが早すぎたり、肌細胞がきちんと形成されずにセラミドなどの成分が育たなかったりすると、乾燥しやすくバリアの弱い肌になってしまいます。「保湿をいくらしても乾燥する」という人は、スキンケア不足ではなく、生活習慣や食の乱れなどが原因でターンオーバーがうまくいっていないのかもしれません。

ターンオーバーは約28日周期といわれますが、実際は、10代なら約28日、20代以降は「年齢＋10」の日数以上かかります。

遅すぎても早すぎてもNG！　ターンオーバー

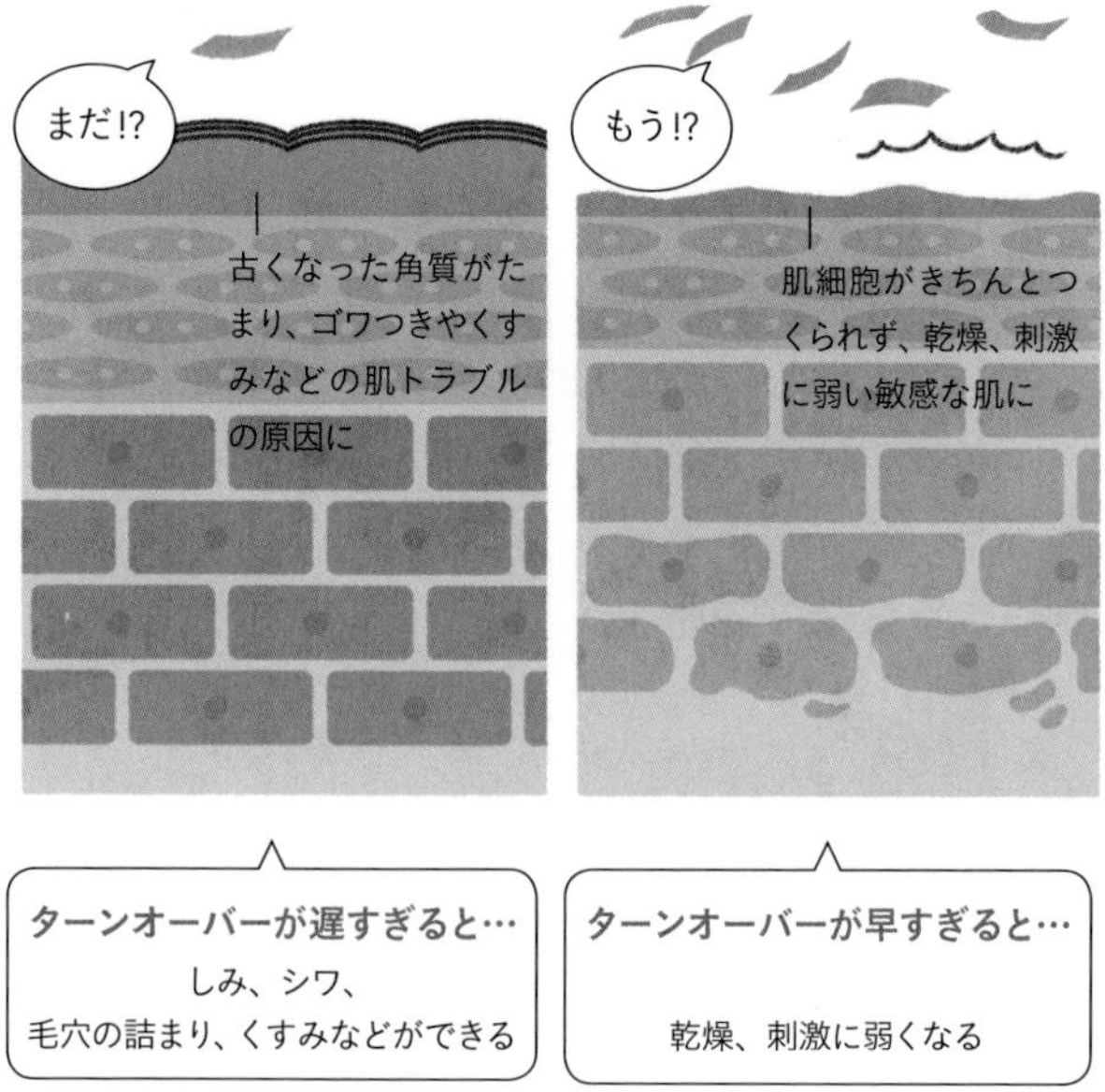
まだ!?
古くなった角質がたまり、ゴワつきやくすみなどの肌トラブルの原因に
もう!?
肌細胞がきちんとつくられず、乾燥、刺激に弱い敏感な肌に
ターンオーバーが遅すぎると…
しみ、シワ、毛穴の詰まり、くすみなどができる
ターンオーバーが早すぎると…
乾燥、刺激に弱くなる

自分で肌バリアを壊している？摩擦などに注意を

ピーリングや角質ケアをしたあとに乾燥する人がいます。これは摩擦によって皮膚表面のキメが乱れるためでもありますが、角質をはがしすぎて肌のバリアが弱くなっている、もしくは肌の成長が追いつかないためだと考えられます。

肌のバリア機能が低下すると、外からの刺激にとても弱くなります。たとえば、ちょっと髪がふれただけでかゆい、常在菌に負けて湿疹ができる、吹き出物ができる、化粧品がヒリヒリするなど。「肌荒れしにくい健康肌はバリア機能の高い肌」と覚えておきましょう。

各成分の分子量（参考）

水	18
ヒアルロン酸	約1,000,000
コラーゲン	約300,000
アスタキサンチン	約600
コエンザイムQ10	約860
アスコルビン酸ナトリウム	約198
ハイドロキノン	約110

Q&A 化粧品ってどこまで浸透するの？

日本の法律では、化粧品が浸透するのは「角質層まで」と定められています。つまり、肌のハリや弾力を司るコラーゲンやエラスチンのある真皮層までは届かないのです。角質層よりも下の層にアプローチするには、成分の分子量が500以下になる必要があります。

エステサロンやクリニックでは、特殊な機械で肌の奥にアプローチする方法がとられます。イオン導入はイオン化した成分を電気の力で肌の奥に浸透させ、エレクトロポレーションは瞬時に細胞膜に穴を開けることで高分子の美容成分も肌の奥へ浸透させます。

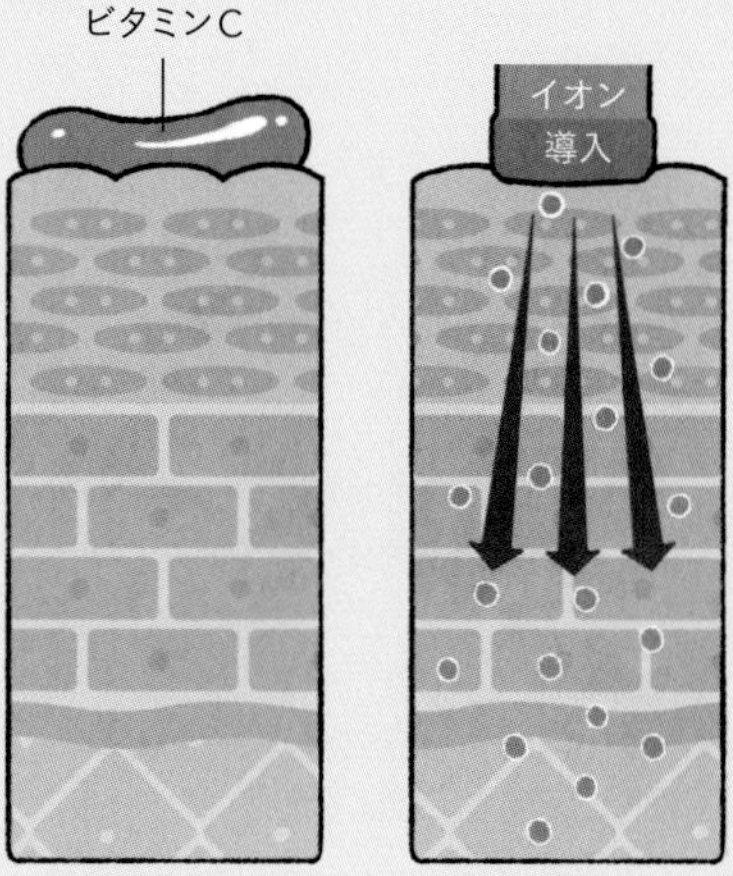

角質層の奥まで入らない　　電気の力で肌の深部まで浸透

SKIN CARE
BASIC
5

美肌を損なう最大の原因は、やりすぎケアにあり！

肌のため、と思ってやっていたことが肌トラブルにつながる？

肌を老化させる原因の80％以上が紫外線です。紫外線は肌のハリ・弾力や代謝に関わる部分を直接的に老化させます。また、栄養不足や睡眠不足など生活習慣の乱れも大きな要因です。

ただしそれ以前に、無意識の行動や「よかれ」と思ってやっていることが肌をいじめている場合も少なくありません。「間違ったスキンケア」をしていると、健康な肌がつくられず、肌老化や肌のトラブルの原因になります。紫外線を防御する力も弱まるので、紫外線による影響も受けやすくなります。

やらなさすぎず、やりすぎず、といったちょうどよいケアを目指しましょう。

DOCTOR'S
VOICE

やりすぎになることも!?
セルフピーリングに要注意

適切な角質ケアは肌のターンオーバーを整え、くすみやしみの予防にもつながるため、セルフピーリングは美肌の強い味方と言えます。ただし、ついついやりすぎてしまうと、乾燥や敏感など肌トラブルの原因になることも。自覚症状のない「隠れ乾燥肌」というケースもあります。

こするタイプのピーリングは摩擦の原因になりますので避けてください。また、肌の乾燥などが気になるときも避けるようにしましょう。

エステサロンや医療機関にかかっていて、そこで角質ケアを行っている場合、自宅での角質ケアが刺激になり、逆効果になることも。適切なやり方を相談しましょう。

【肌をいじめる原因ランキング】

1位　やりすぎスキンケア

触る、いじる、刺激するという行為は、すべて肌への負担になります。このためスキンケアやメイクで顔に触ったりセルフでマッサージをしたりする回数が多いほど、未来の肌トラブルを招きやすくなります。

2位　栄養バランスや睡眠不足

肌をつくるもとである食事をおろそかにして栄養バランスが崩れると、肌へ影響があらわれます。睡眠不足はターンオーバーのサイクルを狂わせます。

3位　紫外線

夏だけでなく、春や秋、冬の紫外線にも要注意。紫外線は真皮まで届き、シワやたるみなどの肌の老化を引き起こします。曇りの日でも紫外線は降り注いでいます。

4位　酸化

肌を酸化させる活性酸素は、紫外線や大気汚染、喫煙のほか、ストレスでもつくられます。活性酸素が増えすぎると身体や肌にダメージを与え、老化の原因に。

5位　やらなさすぎのスキンケア

メイクをきちんと落とさない、保湿が足りないなどのやらなさすぎも問題です。乾燥や大気汚染など、毎日肌はダメージを受けています。対策しないと大変なことに。

やりすぎも、やらなさすぎも肌には悪影響

もともと肌は自分の力で日々生まれ変わり、健康に保つためのしくみ（自浄作用）があるため、理論上は熱心に洗わなくても問題ありません。また自分の分泌物やしくみで保湿する力をもっています。

しかし、メイクをするなら話は別です。さらに現代は大気汚染物質などの昔はなかった汚れや酸化ストレスも多く、理論通りにはいきません。顔を洗わない、何も保湿剤をつけない、では現代の過酷な肌環境には追いつけないのです。メイクをしたまま寝たり、洗顔のあと何もつけないまま過ごし、日焼け止めさえも塗らないのは、肌には悪影響。ニキビや黒ずみ、乾燥、毛穴の詰まりなどのトラブルを引き起こします。ケアのやらなさすぎもやはり問題です。

ただし、ケアのやらなさすぎよりは、肌を触りすぎるケアで摩擦が多くなるほうが、肌の健康を損ねがちです。

いちばんよいのは、「適度なケア」。そのポイントになるのが、「肌タイプに合わせたスキンケア」です。

DOCTOR'S VOICE

ネットの美容情報は正しいものを見分けて

いまやネットやSNSなど、さまざまな場所で美容情報を得られます。もちろんメリットは多いのですが、情報があふれすぎていて、なかには間違った情報も多くあります。

たとえば、医療機関を選ぶなら、お金をかけて派手な宣伝やPRを過剰にしているところよりも、自社で真摯《しんし》に取り組んでいるところがおすすめです。また、医師の経歴をしっかりと見極めることが大事。皮膚科や形成外科の専門医ではないのに美容のことを行っている、手術経験もあまりないのに美容手術をウリにしている、などのケースもあります。医師の顔と経歴がWebサイトなどに掲載されているクリニックを選ぶとよいでしょう。

また、一般の方でも自分の経験や考えをSNSなどで発信しています。「そういうケースもあるんだ」という一例として受け取るぶんにはいいのですが、それが万人に当てはまるわけではないことを念頭に置いてください。

困ったときはネットの一部の情報をもとにした自己判断よりも、信頼できるプロに診てもらいましょう。

【やりすぎのスキンケア】

肌のため、と思ってやっていることがやりすぎになっていませんか？
次のようなことをやっていないか、確認してみましょう。

洗いすぎ

ニキビができる、毛穴が詰まる。そんな悩みの人にありがちなのが「洗いすぎ」です。洗浄力の高いクレンジングや洗顔料を日常使いしたり、1日に何度も洗顔したりすると、肌に必要な皮脂や自分で生み出した保湿成分まで洗い流され、肌の健康を損ないます。

こすりすぎ

強いクレンジングや洗顔、化粧品のパッティング、クセで触る、寝具や服のこすれなど、顔には「摩擦」の刺激がいっぱい。強い摩擦はもちろん、軽い摩擦も回数が増えれば肌の負担になります。キメが乱れる、肌のバリアが弱まるなど、肌トラブルの原因につながることも。

保湿しすぎ

保湿はスキンケアの大事なステップです。けれども皮脂が多い人が必要以上に油分の多い化粧品をつけることで、油分過多になって肌トラブルにつながることもあります。化粧水や美容液が重すぎると、たるみの原因にも。

アイテム多すぎ

たくさんの化粧品を使ったほうがきれいになれるわけではありません。肌に浸透する水分量は限られていますし、化粧品の数が多い＝刺激が多いとも言えます。たくさん使えば使うほど、肌トラブルの原因も増えます。

その他

サプリメントの飲みすぎ

サプリメントの基本は、食事の補助。たくさんの種類を飲んだからといって健康になれるわけではありません。マルチビタミンなどいくつかの成分をまとめて摂取できるものを選んで。

美顔器の使いすぎ

美顔器の種類によっては肌や顔への刺激が強いものがあります。とくに肌の摩擦を加えるタイプは、使い方や頻度に注意。肌荒れやトラブルを招くこともあります。

SKIN CARE
BASIC
6

皮脂量で肌タイプもケアも変わる

美肌のためには自分の肌タイプを知ろう

スキンケアには「これさえやればＯＫ」のような絶対の正解はありません。でも肌タイプを知り、そこに合わせたケアができれば、肌トラブルや肌老化を寄せつけない、健康な肌状態をつくることができます。

では、肌タイプをどう判断していくのか？　そのキーポイントが「皮脂」です。肌は皮脂の量によって、次の５つのタイプに分類できます。

肌のタイプによって、肌の特徴が異なるため、肌の悩みも変わってきます。使用する化粧品も肌タイプに合わせるのがわかりやすいでしょう。そのため、まずは自分がどのタイプに当てはまるのか知っておくことが大切です。

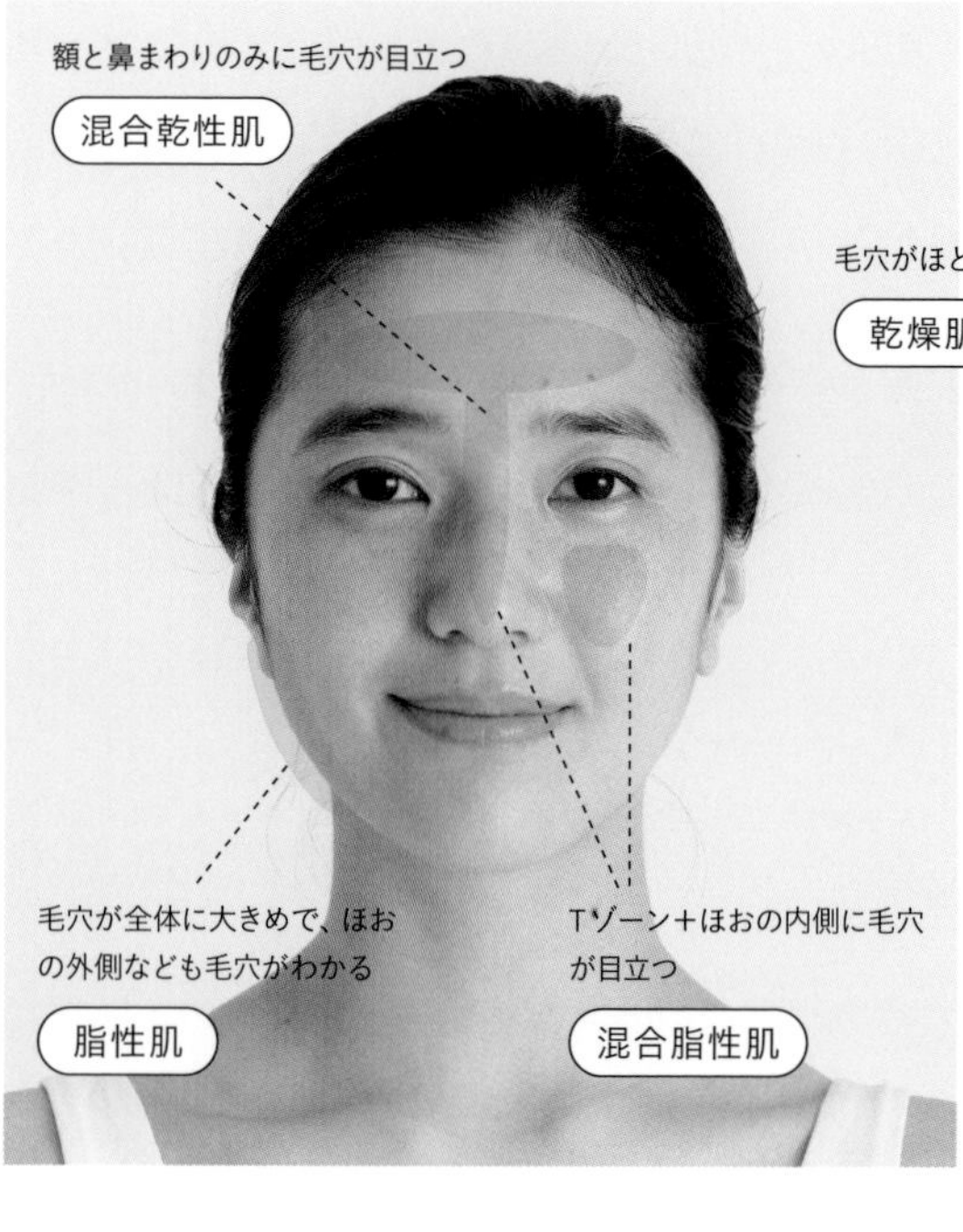
額と鼻まわりのみに毛穴が目立つ
混合乾性肌
毛穴がほとんど見えない
乾燥肌
毛穴が全体に大きめで、ほおの外側なども毛穴がわかる
脂性肌
Tゾーン＋ほおの内側に毛穴が目立つ
混合脂性肌

皮脂分泌量は、基本的に毛穴の大きさと比例する傾向があります。額と鼻まわりを結んだT字型の場所をTゾーンと言い、皮脂が多い部分です。ほおからあごにかけてをUゾーンと言います。皮脂の分泌量が少なく、乾燥しやすい部分です。眉の下から目尻、黒目の下を結んだC字型の場所をCゾーンと言います。

【肌のタイプ5種類の特徴】

肌質は両親から引き継ぐ遺伝的なものですが、皮脂の分泌量によって判別されます。

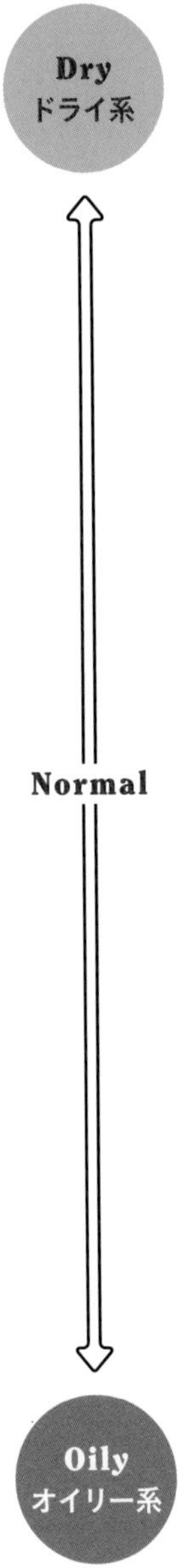

乾燥肌

ほとんど皮脂が出ない乾燥が強いタイプ。オイルドライ肌とも言われる。

混合乾性肌

目元やほおなどは乾燥するけれどTゾーンなどは皮脂が出る、顔のなかでも部位によって違いがあるタイプ。

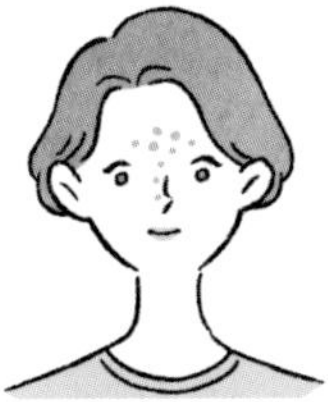

普通肌

適度に顔全体に皮脂分泌があるけれど、出すぎない、乾燥しづらい皮脂量のバランスがよいタイプ。

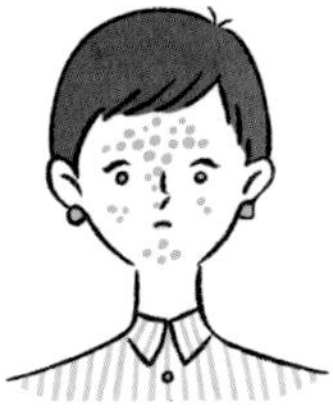

混合脂性肌

Tゾーンやほおの内側は皮脂がしっかり出るけれど、ほおの外側や目元は乾燥する、夏場は脂性肌に近いくらいしっかり油分が出るタイプ。

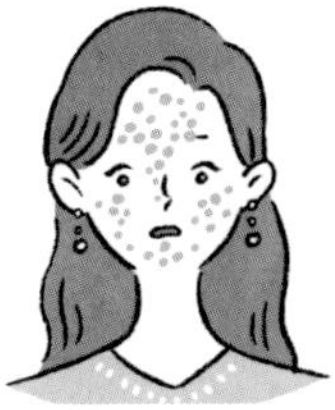

脂性肌

年間通して皮脂分泌が活発で、Tゾーンなど部分的ではなくほおやフェイスラインなども皮脂がしっかりと出るタイプ。オイリー肌とも言われる。

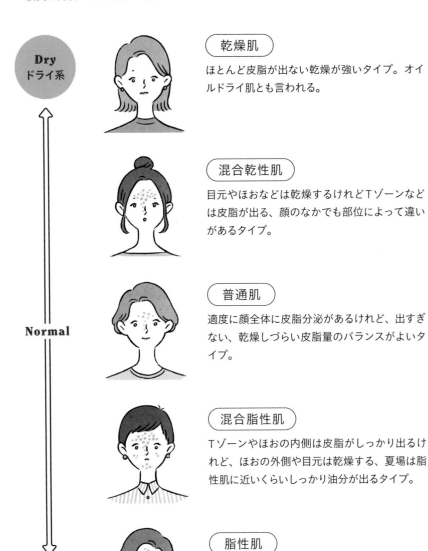

SKIN CARE
BASIC
7

肌質は変えられないが、肌悩みは改善できる

生まれもった状態か今ある状態なのかを見極めて

肌質と肌の悩み。これは同じように見えて、じつはかなり違うものです。乾燥肌や脂性肌といった肌質は遺伝的な「体質」であり、なかなか変えられません。一方、肌の悩みは「状態」であり、基本的にはあとからできたものです。

たとえば、乾燥肌でも脂性肌でもニキビはできます。でも、ニキビはいつか治りますし、あくまで一時的な「状態」です。また、しみやシワといった肌老化は、ある年齢を超えるとだれにでも出てくる「状態」です。こうした肌の悩みは、肌質とは違ってスキンケアで改善できます。

肌診断をするときに、この肌質と肌の悩みをごちゃまぜにするとわからなくなってしまいます。肌の悩みやトラブルはいったん置き、まずは肌質のチェックをしてみてください。

肌質により起こりやすい悩み

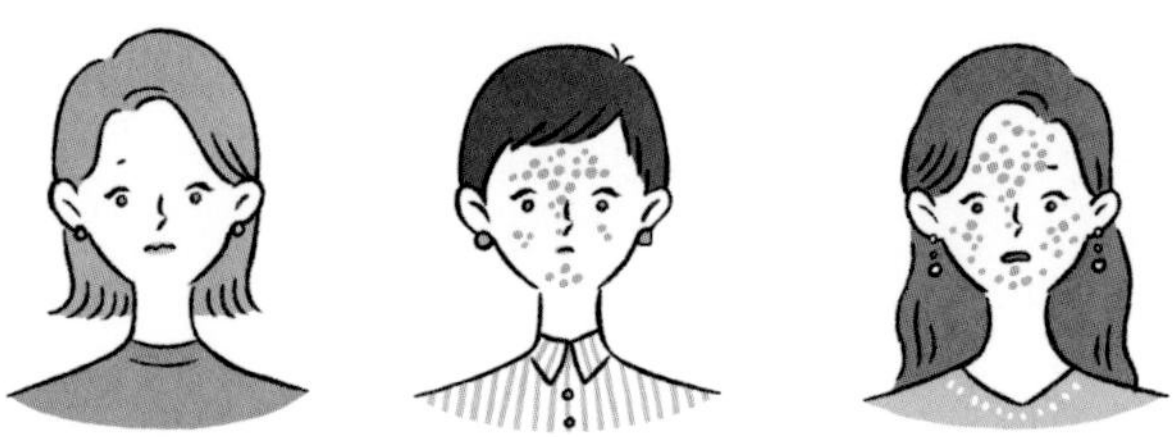

乾燥肌

- つっぱり感
- 小ジワ
- バリア機能の低下
- かゆみやひりつき
- メイクののりが悪い

混合肌

- 部分的にテカりと乾燥をくり返す、または同時に起こる
- 毛穴の詰まり
- テカり

脂性肌

- 毛穴の詰まり
- ニキビ
- テカり、ベタつき
- メイク崩れ

美肌に導く！ 5つの肌タイプを分析しよう

5つの肌タイプは、皮脂の量や分泌場所でチェックします。視診（目で見る）、触診（触る）、問診（あとで出てくるチェック表の結果）の3本柱で決めていきます。

皮脂を分泌する皮脂腺の大きさは、遺伝的なものです。食事や生活習慣、年齢を重ねることで皮脂腺の稼働率は変わりますが、もともとのサイズはあまり変わりません。

次のページの項目でいちばんチェックの割合が多いものが、あなたの肌タイプです。

チェックが同じ割合だった、どれかわからないと混乱したという方は、写真からあなたのすっぴんの状態にいちばん近い毛穴の肌を選びましょう。ぴったり当てはまるものがなかったとしても、近いタイプがわかることで化粧品選びなどの失敗はしにくくなります。

年齢や環境、一か月の周期でも肌の状態は変わってきますので、適宜チェックリストを使って確認することをおすすめします。

DOCTOR'S VOICE

肌質によって肌の悩み・症状は異なる

皮脂の分泌量など、肌タイプによって起こりやすい肌トラブルや皮膚疾患は異なります。

たとえば、ニキビや脂漏性皮膚炎などの疾患は脂性肌の人が多く、毛穴詰まりや黒ずみも起きやすい傾向があります。逆に、乾燥しやすいタイプは、シワが早期にできたり、深くなったりする傾向があります。

また、もとの肌色や日焼けによる肌の反応を6つに分けた、フィッツパトリックのスキンタイプという分類法があります。これによると日本人のほとんどが紫外線を浴びると遺伝的に「赤くなったあとに黒くなる」「ほとんど赤くならないで黒くなる」と言われています。けれども一部「赤くなった後に黒くならない」人もいて、そんな人ほど紫外線による老化（しみ・シワ・たるみ）が起こりやすいと考えられています。

必ず、とは言いませんが、肌タイプと起こりやすいトラブルは相関関係があると言えます。

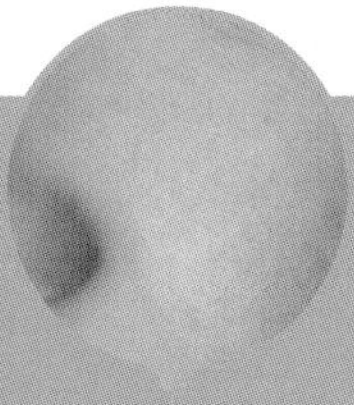

乾燥肌

毛穴が小さい、キメが細かい、さらさらしている

check list

- □ Tゾーンはさらさら
- □ 毛穴が小さい、目立たない
- □ キメが細かい
- □ 皮膚が薄い印象がある
- □ 皮溝（皮膚表面にある溝）が目立つ
- □ 全体にかさかさ、さらさらしている
- □ 肌荒れしやすい
- □ 冬に肌が乾燥する、荒れる、小ジワが増える
- □ 夏は肌の調子がよいと感じる
- □ 頭皮や耳まわりはさらさら、または乾燥しやすい
- □ 小ジワなどが早くから出てくる
- □ 化粧のりが悪い
- □ 洗顔後や、エアコンの効いた部屋でつっぱりを感じる
- □ 朝起きたら顔全体がさらさら、もしくはカサカサする
- □ あぶらとり紙を使っても色はほぼ変わらない（小さな点々が少しつく程度）
- □ ニキビや吹き出物はあまり大きくならない
- □ 思春期にもニキビはほとんどできなかった

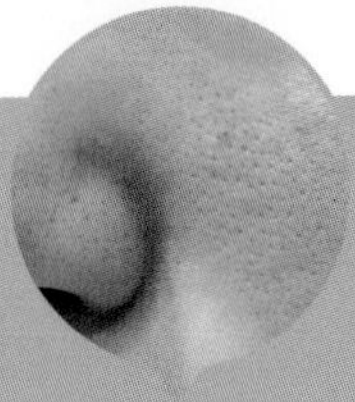

混合乾性肌

毛穴は基本小さく、鼻は少し目立つことも。季節で変動

check list

- ☐ 顔全体の皮脂が少ない、Tゾーンは皮脂分泌がある
- ☐ Tゾーンの毛穴が目立つがほかは目立たない
- ☐ Tゾーンはテカることがあるが、目元やほおの外側は乾燥しがち
- ☐ 夏と冬で肌の状態が大きく変わる
- ☐ ハリ、弾力、ツヤが適度にある
- ☐ ちりめんジワができやすい
- ☐ ニキビや吹き出物はあまり大きくならない
- ☐ 脂っぽい、かさつくなどの変化が多い
- ☐ 思春期にニキビがたまにできたが、あまり大きくはならなかった

豆知識

混合乾性肌と乾燥肌の違いは？

乾燥肌の人が夏場に汗はかいても皮脂はほぼ出ず、Tゾーンのテカりもあまり見られないのに対し、混合乾性肌の人は若いうちや夏場などはTゾーンにテカりや毛穴詰まりなどが見られます。

夏と冬で、肌タイプが違うと感じる、テカりや乾燥の両方が気になる、眉間や鼻の毛穴の大きさとほおの外側の毛穴の大きさに違いが見られたりしたら、混合乾性肌の可能性が高いです。

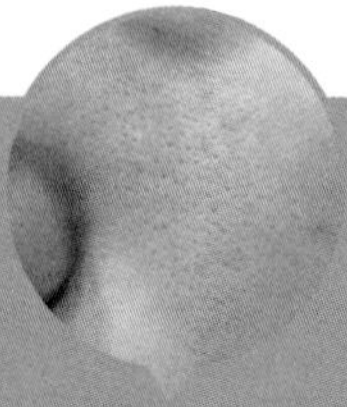

普通肌

肌トラブルが起きにくい。適度なツヤは出るがテカリはない

check list

- □ 肌トラブルが起きにくい
- □ あぶらとり紙を使ってもTゾーンにほどよくつく程度
- □ 極端なテカリはなく、極端な乾燥も感じない
- □ 1年を通して極端な変化はない

豆知識

どの肌タイプが多い？　年齢によって変わる？

肌タイプ診断はさまざまな分類があり、自己申告の場合は勘違いなどもあるため一概には言えませんが、日本人の場合は「混合乾性肌・混合脂性肌」が半分以上を占めていると考えられます。次いで乾燥肌が多く、脂性肌は少なめ、普通肌は全体の5%以下とも言われています。

基本的に肌タイプは、遺伝的な要素である皮脂の分泌量で決めますが、年齢とともに皮脂分泌量は減るため、乾燥肌のほうへ寄っていく傾向があります。

ただし、脂性肌の人がいきなり乾燥肌になる、などは基本的にありません。そう感じる場合は、肌質ではなく、何らかの原因によって肌状態が大きく変化したことが考えられます。たとえば、脂性肌の人が強い乾燥を感じるなら、それは乾燥肌になったのではなく水分不足を起こしてつっぱりを感じたり小ジワができたりしている可能性が高いです。

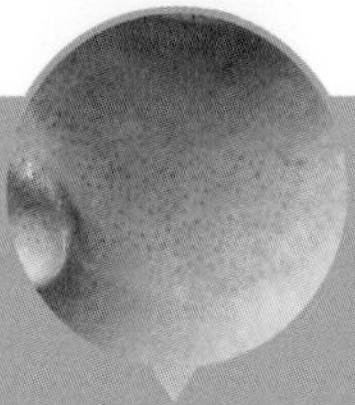

混合脂性肌

部分的に毛穴が目立つ。Tゾーンやほおの内側はテカりやすい

check list

- □ Tゾーンとほおの内側（目の下の部分）は皮脂分泌がしっかりある
- □ Tゾーンとほおの内側（小鼻の横）の毛穴が目立つが、ほおの外側は目立たない
- □ Tゾーンやほおの内側はテカることがあるが、目元やほおの外側は乾燥しがち
- □ 夏と冬で肌の状態が大きく変わる
- □ ハリ、弾力、ツヤが適度にある
- □ 毛穴詰まり、ニキビなどができやすい
- □ ニキビや吹き出物が大きくなることが多い
- □ 脂っぽい、かさつくなどの変化が多い
- □ 手の甲やデコルテなどがしっとりとよい状態
- □ 思春期にニキビがたびたびできた、わりと大きなニキビができた

豆知識

脂性肌と混合脂性肌の違いは？

脂性肌が顔全体に大きめの毛穴があり、皮脂分泌が多いのに対し、混合脂性肌はTゾーンとほおの内側は皮脂が多いものの目元やほおの外側はそこまで皮脂分泌は多くありません。

また、混合脂性肌のほうがキメの細かい人が多い傾向にあります。どちらか判断するときには、朝起きたときなどに、顔全体から皮脂が出ているのか、部分的なのかで見分けるとよいでしょう。

脂性肌

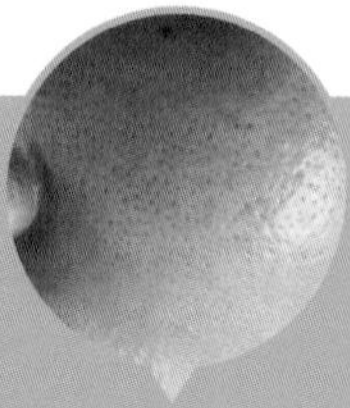

顔全体にテカりが出やすい。毛穴が大きめ

check list

□ 毛穴が大きめ、目立つ

□ キメが粗い

□ 皮膚が厚ぼったい印象がある

□ 顔全体の皮脂が多い（例：朝メイクして昼前にはテカる、朝起きたら顔全体から皮脂が出ている）

□ ベタつく、テカる

□ ほおの外側も油分が出る

□ 乾燥しにくい

□ 夏にテカりや毛穴詰まり、ニキビが増える、調子が悪いと感じる

□ 冬は肌の調子がよいと感じる

□ 化粧崩れしやすい

□ 毛穴に汚れがたまりやすい

□ 毛穴詰まりやニキビができやすい、広範囲にできる

□ ニキビや吹き出物が赤く大きくなりがち

□ 冬でも手がしっとりしている

□ 頭皮や耳まわりがしっとり、またはベトベトすることも

□ 思春期の頃ニキビができやすかった、大きな炎症ニキビができた

□ 思春期の頃、あぶらとり紙が1枚じゃ足りないくらい油分が出ていた

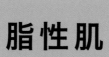

朝の様子を見て油分を調整しよう

皮脂の量は食事やストレス、ホルモン、睡眠、季節などでも変動します。その都度、ちょうどよい状態を目指しましょう。朝と日中に肌の油分量をチェックするクセをつけると、こまめに調整できるようになります。

また、テスターやサンプルなどを夜に使用してみて、翌朝の肌の状態がよければ正解だと思ってください。朝起きてすぐの洗顔前に顔がやたらテカっているなら、夜のスキンケアアイテムは油分が多い証拠。逆に乾燥しているなら、夜は保湿力が高く油分量の多いアイテムに変更しましょう。日中は、おでこや鼻、目のまわり、ほおの内側と外側、あごなどパーツごとに鏡で確認し、触って質感をチェックしましょう。

油分のコントロールがうまくできないと、テカり、毛穴トラブル、ニキビ、小ジワなどのトラブルが起こりやすくなり、肌老化の進行が速くなることも。油分コントロールがうまくいけば肌トラブルは起きにくく肌老化の進行もゆるめることができます。

全体に皮脂分泌が多くテカりなどが強いなら、化粧水＋美容液、オイルフリータイプのジェルや乳液を使いましょう。混合脂性肌の場合は、Tゾーンなど皮脂の多い部分は脂性肌と同じようにケアをするか、乳液を軽く塗り、それ以外は乳液をしっかりと塗ります。混合乾性肌はTゾーン以外、乾燥肌は全体に化粧水＋乳液＋クリームを塗って保湿をしましょう。

肌タイプに合わせたアイテム選び

油分が多い

↑

バーム・オイル
クリーム
乳液
ジェル
美容液
化粧水

油分が少ない

※製品によって異なる

乾燥肌
→化粧水＋美容液＋乳液＋クリームやバーム

混合肌
→化粧水＋美容液＋乳液（※季節や部位によって変える）

脂性肌
→化粧水＋美容液＋ジェル

SKIN TYPE

5つの肌タイプの特徴

肌のタイプで起きやすいトラブルや必要なケアは変わってきます。
自分の肌タイプの特徴について、ここで確認しておきましょう。
詳しいスキンケア方法については、150ページからを参考にしてみてください。

TYPE.1

乾燥肌

1年を通して皮脂分泌があまりないため、小ジワやしみ、バリア機能の低下から敏感症状に傾きやすいです。洗浄力の強いクレンジングや洗顔料はトラブルの原因に。

- 肌がきれいだと思われることが多い。
- 皮脂が少ないため乾燥しやすく、つっぱり、粉吹きなどが起こりやすい。
- 小ジワなどの初期老化の兆候も早い傾向がある。透明感、ツヤがなくなりやすい。

気をつけたいトラブル しみ・シワが早く出てくる、かさつき、敏感（赤み・かゆみなど）

TYPE.2

混合乾性肌

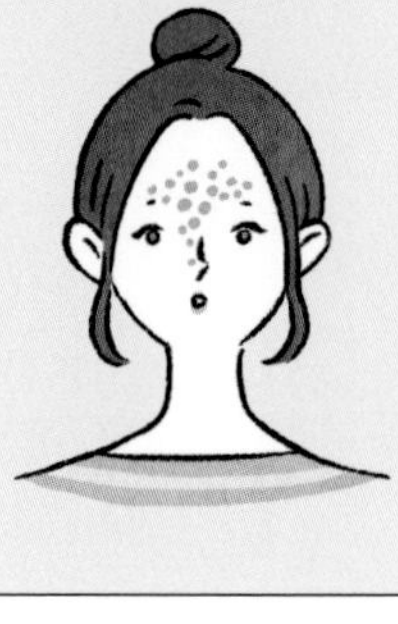

部分的に皮脂分泌があるものの、ほおなどは乾燥しやすいタイプです。悩みにフォーカスして化粧品を選ぶと、全体の肌バランスを壊すので注意！

- 顔全体で乾燥しやすい部位が多い。
- 季節の影響を受けやすく、乾燥とテカりが同時に起こる、もしくはくり返す。
- Tゾーンは皮脂が出るのにほおなどのUゾーンは乾燥するなど部位で異なる。

気をつけたいトラブル ちりめんジワ、脂っぽいのとかさつきをくり返す

TYPE.3
普通肌

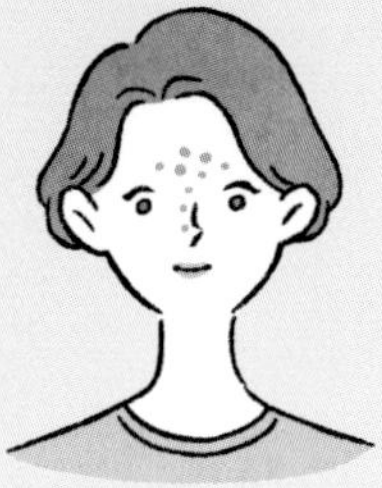

キメが細かく、なめらかで適度なツヤがある理想的な肌。汗と皮脂の分泌もちょうどよく、うるおいがあり肌トラブルが出にくいです。

気をつけたいトラブル 比較的起こりにくい、年齢による変化に注意

TYPE.4
混合脂性肌

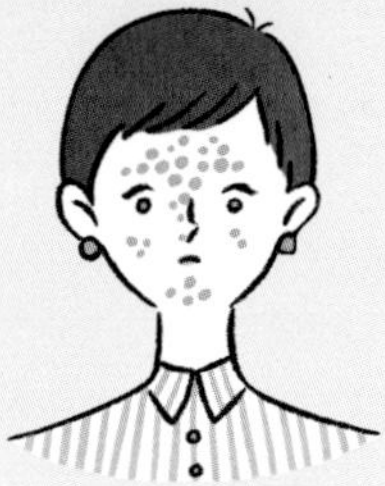

皮脂が出るのにかさつきも起きやすいタイプです。油分が多い化粧品だと、毛穴詰まりやニキビができやすいので注意。

- 顔全体で皮脂が多い。水分不足でつっぱるのにテカリやベタつきが出ることも。季節の影響を受けやすく、乾燥とテカリが同時に起こる、もしくはくり返す。
- Tゾーンとほおの内側は皮脂が出るのに、ほおなどUゾーンや目元は乾燥するなど部位で異なる。

気をつけたいトラブル メイク崩れ、毛穴トラブル（詰まり・黒ずみ）、ニキビ

TYPE.5
脂性肌

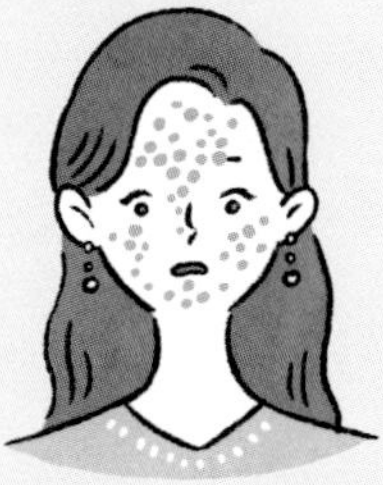

皮脂分泌が多く、テカり、ベタつき、メイク崩れが起きやすいタイプ。ただし、年齢を重ねても脂性肌と思いこみ、保湿不足のケアをしていると、肌の水分不足で小ジワや肌老化が進むことも。

- 毛穴が目立ちやすい。
- 若い頃はニキビができやすい。
- 年齢を重ねてもシワができにくい、ハリ・弾力のある若々しい肌を保ちやすい。

気をつけたいトラブル メイク崩れ、ベタつく、毛穴トラブル（詰まり・黒ずみ）、ニキビ（大きくなりやすい）、皮脂くすみ

TROUBLE 01

乾燥

化粧品での保湿では解消しない

うるおい不足は化粧品不足ではなく うるおいをつくる機能不足

乾燥は保湿不足によって起こるという認識が広がっていますが、これは半分、不正解です。

乾燥とは、肌のうるおいをつくる・キープする機能が弱っている状態です。このため、いくら保湿力の高い化粧水や乳液を使っても、それだけで乾燥は治りません。

肌にはもともとうるおいをつくり出しキープする機能が備わっています。しかしこの機能が衰えると、上から保湿剤を塗ってもその場だけ。どれだけ塗ってもすぐに乾燥します。肌の上からの保湿は大事ですが、化粧品の成分は皮膚表面しか届きません。肌の機能を元気に働かせるスキンケアをし、肌の水分蒸散を防ぎましょう。

Q&A たっぷりの化粧水は意味がないの？

化粧水を惜しみなくバシャバシャつける、という美容法があります。でも実際は、化粧水をたっぷりつけることにあまり意味はありません。

化粧水は肌に水分を与えるために必要なアイテムですが、たくさん使用したところで、肌が浸透できる水分量は決まっています。一時的にうるおった感は出ても、湯船に浸かって肌がふやけている状態に似て、その後すぐ乾燥します。

大事なのは、量をつけることよりも、うるおい成分配合のものを選ぶこと。そういう意味では安い化粧水をたっぷり使うよりも、セラミドなど保湿成分配合の高い化粧水を規定量を使うほうが肌はうるおうと言えます。

皮脂分泌が多い肌の場合は、油分の多い化粧品は必要ありません。しかし油分は足りていても、肌に必要な栄養素や水分が足りなくなることはあります。化粧水、油分少なめの乳液などで保湿はしっかりと行いましょう。

肌の水分蒸散を防ぐ細胞間脂質 うるおいのある肌の要

角質細胞の間にあり、水分の蒸散を防ぐ役割をもつのが細胞間脂質です。細胞間脂質の主成分は、保湿成分としても有名なセラミド。細胞間脂質がうまくつくられなかったり量が減ったりして正常に働かなくなると、肌は水分を抱えていられず乾燥します。

年齢とともに肌が乾燥しやすくなるのは、皮脂の分泌量が落ち、さらに保湿成分をつくる能力が下がるからです。この能力をいかに落とさないか、水分を守り補うケアを行うかが重要です。

また肌が乾燥している人の多くは、1日の水分摂取量が足りていません。体内で使用するための水分が足りないと、肌に水分をいきわたらせることもできないでしょう。

人の身体は半分以上が水分でできています。栄養を運んだり老廃物を取り去ったり、細胞を入れ替えたりすることで、肌のきれいも保てます。そのためにも水分は必要不可欠です。

DOCTOR'S VOICE

乾燥肌でも脂性肌でも乾燥する

肌の乾燥は、NMF（ナチュラルモイスチャーファクター・天然保湿因子）が不足して起こります。NMFは、表皮の中にある「うるおい成分」で、水となじみ、肌内の水分を保つのに重要な働きをしています。NMFは、セラミドを主成分とする細胞間脂質や皮脂に守られることで水分蒸散や乾燥、外部刺激から肌を守っています。皮脂が少ない乾燥傾向の肌の人のほうが、NMF不足に陥りやすいですが、NMF不足はどの肌タイプでも起こります。オイリーなのに乾燥する、という人はNMF不足の可能性が考えられます。

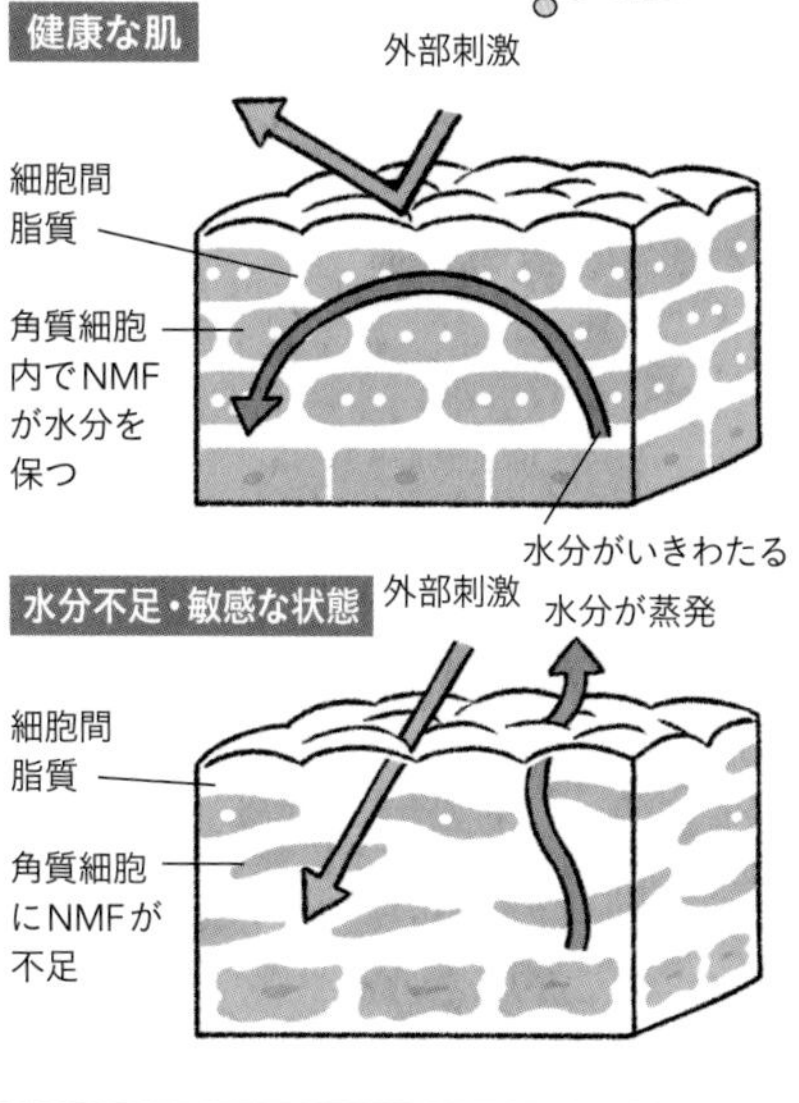
健康な肌
外部刺激
細胞間脂質
角質細胞内でNMFが水分を保つ
水分がいきわたる
水分不足・敏感な状態
外部刺激
水分が蒸発
細胞間脂質
角質細胞にNMFが不足

化粧水よりも、クレンジングや洗顔にこだわったほうがいい

化粧品を購入するとき、クレンジングや洗顔は安いものを買い、化粧水は高いものを選ぶ、という話をよく聞きます。

安いのがダメ、高いのがよいとは限りませんが、安いクレンジング剤や洗顔料のなかには、肌がもともともっているうるおい成分や皮脂膜を必要以上に取り去ってしまうものがあります。その状態で高機能クリームによる保湿をしても、効果はイマイチです。保湿剤にお金をかけるよりは、クレンジングや洗顔にこだわり、自分でつくり出した保湿成分を落とさない・奪わないことを意識しましょう。

また、皮脂量は20代後半から急速に減っていきます。「自分は皮脂量が多い」と思い込んで、若い頃と同じケアをしていると、いつのまにか乾燥肌になっていることも多くあります。また、乾燥肌の人は敏感症状を招きやすくなります。

今の自分の皮脂量を確認することが大切です（皮脂量のチェックは38ページ）。

Q&A 水分不足と油分不足、どうやって見分けるの？

肌の乾燥と言うと、水分と油分を一緒に考えてしまいがちです。そういうケアでは「オイリーだけどカサつく」「乾燥するのにテカる」といった現象が起こります。それぞれ別で考えてケアをしましょう。

皮脂が出ているのに、小ジワができる、つっぱるなどの乾燥を感じるなら「水分不足」です。皮脂が少なくて乾燥を感じるなら「水分と油分が不足」しています。

ケア方法

水分不足で油分はしっかり出ている場合

化粧水や美容液にセラミドなどの保湿成分入りのものを選びつつ、油分量は少なめの乳液やジェルで保湿を。

水分も油分も不足している場合

セラミドなどのアイテムはもちろん、油分がしっかりと配合された乳液、クリームの使用がおすすめです。

【乾燥する人はここに注意！】

1 空気の乾燥

空気が乾燥すると当然、肌も乾燥します。皮脂分泌量の少ない乾燥肌傾向の人は注意して。とくに寝室は1日の1/3を過ごす場所でもあるので気を配りましょう。加湿器の使用、寝室にバスタオルや洗濯ものを干すのもOKです。

2 クレンジングや洗顔時のお湯の温度が高い

温度の高いお湯は、それだけで肌の皮脂やうるおい成分を奪い去り、より乾燥しやすい肌にします。乾燥肌や、敏感な症状が出ている場合は、温度は低めに設定し、水かぬるま湯で洗いましょう。

3 長時間スチーマーを使う

スチーマーは一時的に角質層に水分が与えられるものの、そのあとは急激に乾燥し、肌のうるおい成分も一緒に蒸散します。時間が長ければ、肌のバリア機能も低下して、さらにうるおいが逃げやすく、刺激に弱い状態に。使用時間は短めにし、使用後はしっかり保湿するのを心がけてください。

4 無理なダイエットによる脂質不足

肌のうるおいをキープし、健康で強い肌をつくるためには、適度な脂質も必要です。ダイエットなどで脂質不足になると、皮脂が分泌されず、肌の細胞がしっかりと育たないことも。不飽和脂肪酸やビタミンAが不足しないように注意し、栄養をしっかり摂取するダイエットを心がけましょう。

5 石けん成分など配合の化粧品、落ちにくいメイク

石けん成分やアルコールは、肌を乾燥させる性質があります。落ちにくいメイクをした場合、洗浄力の高いクレンジングや洗顔を使用することになるでしょう。でも洗浄力が高いということは、皮脂や肌に必要なうるおい成分も一緒に落とす傾向があるため、乾燥肌にとっては負担になりやすいです。

6 角質ケアのやりすぎ

角質ケアのやりすぎは肌の乾燥や小ジワ、バリア機能の低下などのダメージにつながります。正常な細胞が育たないまま、細胞がむき出しの状態にもなりえます。使用頻度や時間は必ず注意事項を守り、日焼け直後や赤み、かゆみなど敏感症状があるときは使用を休むなど、適度な使用を心がけましょう。

7 拭き取り系化粧品やクレンジングシートの使用

やさしく拭き取っているつもりでも、摩擦が必ず起こっています。肌表面に小さな傷をつけ、キメを荒らし、乾燥や小ジワや敏感症状を招くことも。なるべく使用回数を減らし、限界まで疲れたときなどにまれに使用するだけのアイテムと位置づけましょう。

TROUBLE 02

テカリ

じつはそんなに多くない

本当に皮脂が出すぎているか正しく確認してからケアを

若くて健康な肌なら、ある程度の皮脂が出るのは当然です。朝起きたときに肌がさらさらしている、もしくは皮脂腺の多いTゾーンだけしっとりして軽くテカりが出ている。これは正常な肌です。Tゾーンもしくは全体が「ぬるっとする」のなら、皮脂分泌が多い状態です。

問題は、皮脂が分泌されて肌表面に出る途中で詰まってしまい、ニキビになること。皮脂が多い状態を長時間放置してできる「皮脂くすみ」も要注意です。

なお、顔だけでなく、身体にも皮脂線は分布しています。とくに身体の真ん中のライン（正中線）は皮脂分泌が多いため、背中や胸にニキビができやすくなります。

【どのくらいのテカリだと多いの？】

季節や環境、メイクにもよりますが、仕事の昼休憩時にあぶらとり紙を当てて、点々が少しつくなら皮脂分泌は「少なめ」、1枚全部色が変わるなら「普通〜少し多め」、2〜3枚全部色が変わるなら「多め」と判断できます。

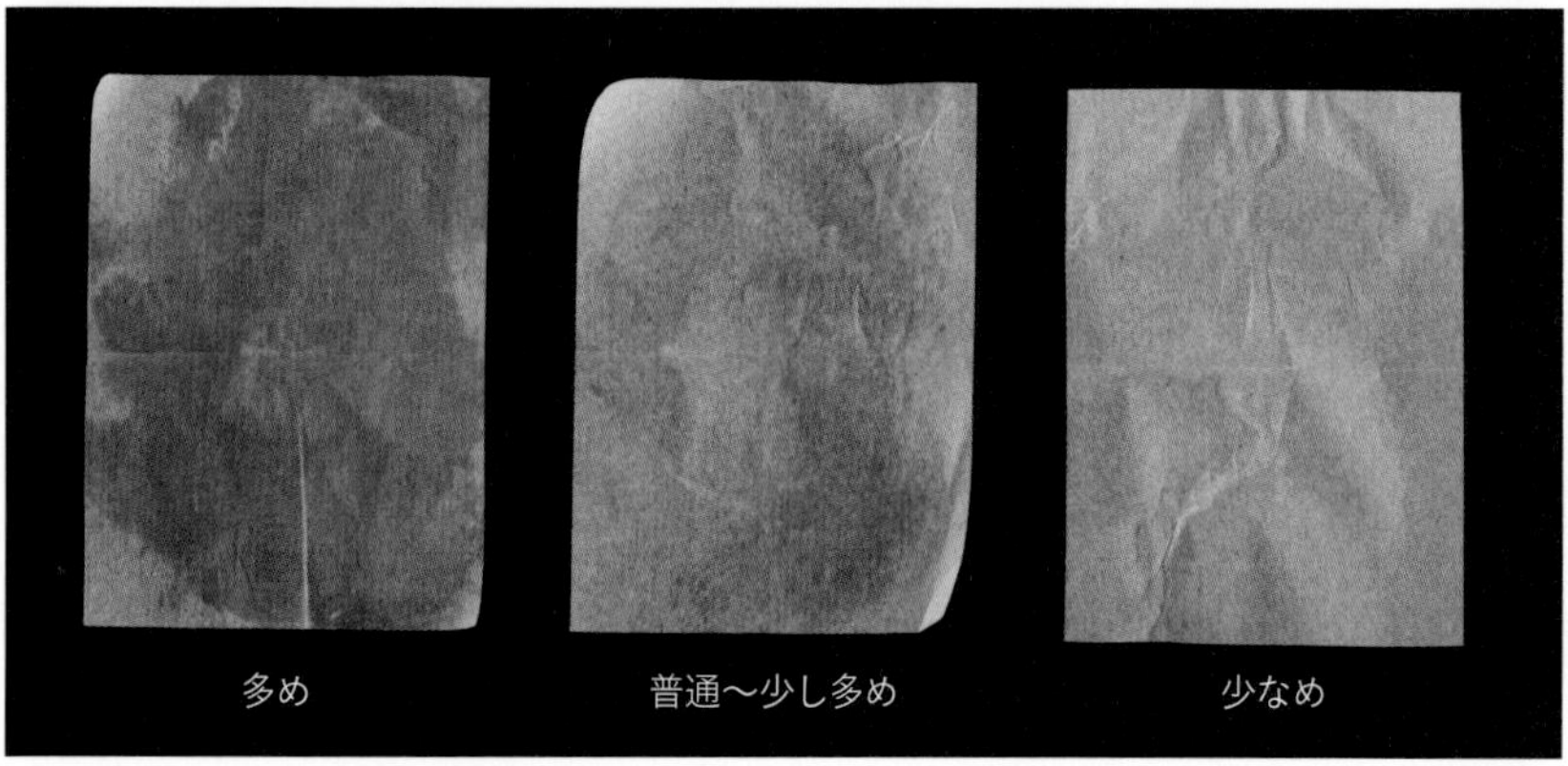

テカりに過剰反応していない？
健康的な肌づくりに皮脂は必要

テカりはおもに皮脂の過剰分泌によって起こります。そのため、脂性肌、混合脂性肌、部分的には混合乾性肌の人に起こりやすく、乾燥肌には起こりにくいです。多すぎる皮脂は酸化して肌トラブルのもとになりますが、適度な皮脂は肌の健康に必要不可欠です。日中テカりが気になるなら、ティッシュで押さえて。

多くの人が、テカりは「気になる」「自分はテカるほうだと思う」と答えます。あぶらとり紙が手放せないという人もいます。しかし、「テカる」と回答した人の肌を実際に見てみると、皮脂分泌はあまり多くない、もしくは少ない人がほとんどです。その背景には、日本の「テカりを嫌う文化」「肌はさらさらなもの！」という思い込みがあるのではないでしょうか。14ページでも説明したように、適度な油分は健康な肌の味方。肌のバリア機能であり、うるおいのある肌を守ってくれるために必要なものです。対策が必要なのは「過剰な皮脂分泌」です。少しのテカりは健康の証拠、と許容する気持ちで過ごしてください。

テカりはどうして起こるのか？

ホルモンバランスの乱れ

体内の男性ホルモンは皮脂の分泌をコントロールしています。加齢やストレス、生活習慣が乱れると、ホルモンバランスが崩れ、男性ホルモンが増えて皮脂の分泌量が増えます。

食生活の乱れ

コンビニ食やジャンクフードばかりの栄養バランスの偏った生活は、脂質の過剰摂取につながり、皮脂の過剰分泌を起こします。

紫外線

紫外線を多く浴びると、肌の水分量が低下。それを補い守るために皮脂が過剰に分泌されます。また、紫外線は脂質を酸化させ、過酸化脂質というものに変えてしまいます。

皮脂腺は変わらない 生活環境を変えることも必要

どのくらい皮脂が出ているかは、「皮脂腺の大きさ・数・皮脂腺がどのくらい稼働しているのか」で変わってきます。皮脂腺の大きさや数は生まれもったもの（遺伝）なので、変えられません。ただ皮脂腺の働きは、季節や環境、食事、ライフスタイル、ホルモンバランス、年齢などで変化します。

テカリを解消したい場合は、皮脂を化粧品で取り去る、メイクで押さえる、あぶらとり紙でとる、などが一般的です。しかし根本的な解消には、食事やライフスタイルの改善、人によってはホルモンバランスを整える必要があります。

ビタミンAには皮脂を抑える作用があり、毛穴の引き締めやシミ予防なども期待できるので、テカリが気になる人にはおすすめの成分です。

皮脂によるメイク崩れは、ある程度仕方がないものです。「崩れないメイク」に心血を注ぐより、崩れ方がきれいなメイクと、皮脂の過剰分泌を起こさないスキンケアや食事で根本的なケアを行うほうが、美肌へ近づけます。

Q&A あぶらとり紙って肌にいいの？

大人世代のテカリなら、あぶらとり紙よりもティッシュオフがいいでしょう。日中のメイク直しはテカリが気になる「皮脂分泌の活発な場所」のみに。混合肌ならTゾーン、必要ならほおの内側を。脂性肌なら全体に必要な場合も。乾燥肌の人は皮脂分泌が少ないため、基本的には必要ありません。清潔なティッシュを肌に当て、上から手のひらで軽く押さえます。

DOCTOR'S VOICE

血中の中性脂肪値について

皮脂をつくり出す皮脂腺の大きさは遺伝要素で決まりますが、皮脂の分泌量に関しては食事の影響も大きいです。とくに、糖質や脂質の多い食事は、血液中の中性脂肪を増加させ、皮脂（トリグリセリド）の過剰分泌につながることも。テカリだけではなく、皮脂をエサにするアクネ菌が増殖してニキビになります。皮脂が分解されるとき炎症の原因にもなります。

簡単にできる皮脂コントロール

皮脂を抑えるなら基本的には、スキンケアやメイク用品で油分の配合量の多いものは避けます。自分の力でしっかりと油分の分泌ができるなら、クリームなどは必要ありません。ただ化粧水だけでは保湿が足りないことが多いので、乳液やジェルの保湿剤をつけます。

皮脂が多めの人におすすめなのは、クレイパックやクレイ洗顔です。クレイ（泥）には、皮脂を吸着する作用があります。混合肌の人はＴゾーンなど、部分的になら行ってもＯＫです。過度に行うと乾燥させることもあるので頻度や使用時間には注意しましょう。

皮脂吸着作用のあるフェイスパウダーなどは、テカりや皮脂によるメイク崩れを防げます。カオリンなどクレイ配合の製品もおすすめです。ただし肌を乾燥させ、毛穴を詰まらせてしまう製品もあるため、全体ではなく、テカりやすい場所のみ使うなど工夫してください。

そのほか皮脂崩れを防ぐメイクテクニックについては１４３ページに記載しています。

豆知識

「テカり」と「ツヤ」は大違い

「テカり」と「ツヤ」を間違えている人がよくいます。ツヤは、ほどよい皮脂とキメのきれいさによって生まれます。キメがきれいな状態だと、光をきれいに反射して肌がほどよく輝きます。摩擦などでダメージを受けた肌にこのツヤはできません。ほお骨の上のCゾーン（22ページ参照）などによく見られ、触っても油分はそこまでつきません。

一方、テカりはTゾーンによく見られ、手で触ると油分は指につく状態です。

適度な皮脂とキメによって**ツヤ**となる

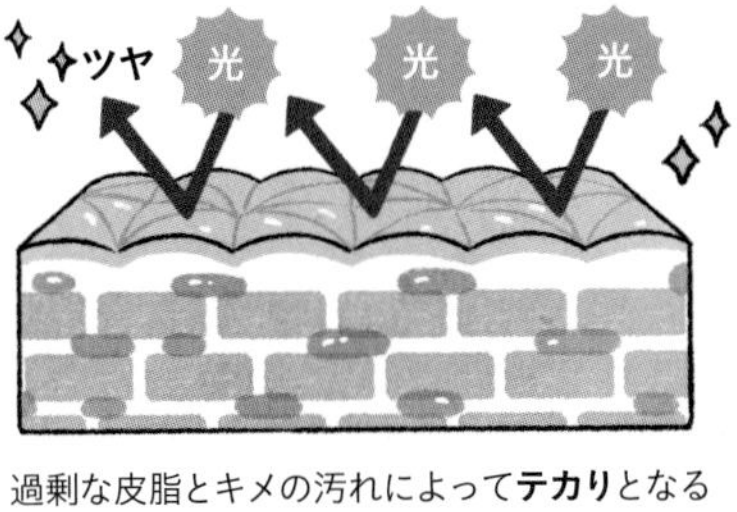

過剰な皮脂とキメの汚れによって**テカり**となる

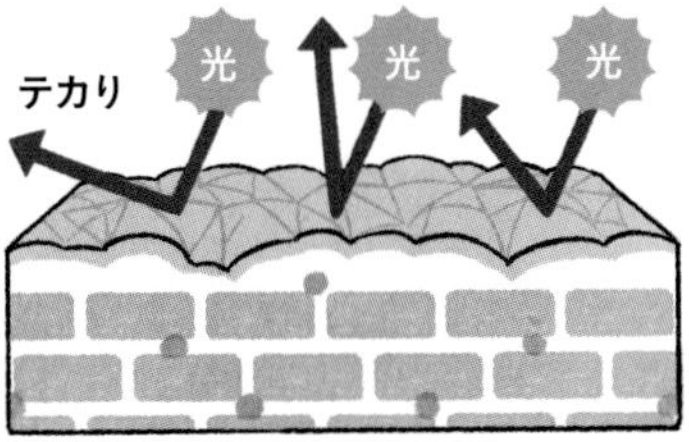

TROUBLE 03

「毛穴レス」には、絶対になれない!?

毛穴トラブル

毛穴のサイズは、生まれつきで変わらない

肌の悩みで、必ず出てくるのが「毛穴の悩み」です。

しかし、毛穴は人間であれば必ず存在していて、皮膚の構造上、なくすことはできません。また毛穴の大きさは遺伝的な要素が大きく関わります。つまり、生まれもった毛穴のサイズよりも小さくできないのです。

毛穴が目立つのは、大きさよりも、洗顔不足による毛穴の詰まりによるほうが大きいです。ほかにも肌の乾燥、過剰な皮脂分泌、摩擦などのダメージ、ハリや弾力の低下などが原因です。こうした肌をよい状態にすることで、毛穴を目立ちにくくできます。肌状態がよければ、毛穴の大きさに関わらず、人から見られたときに「肌がきれい」と認識されるでしょう。また毛穴トラブルを起こさないことも重要です。不規則な生活、睡眠不足、タバコ、食べないダイエット、日焼け。これらはすべて毛穴トラブルの温床になります。まずは、自分の毛穴の状態をチェックしましょう。

DOCTOR'S VOICE

毛穴の大きさは何で決まるのか？

「毛穴」は、毛を包んでいる「毛包」の出口の部分を指します。毛穴の大きさは、毛包の付随器官である皮脂腺の大きさに比例します。

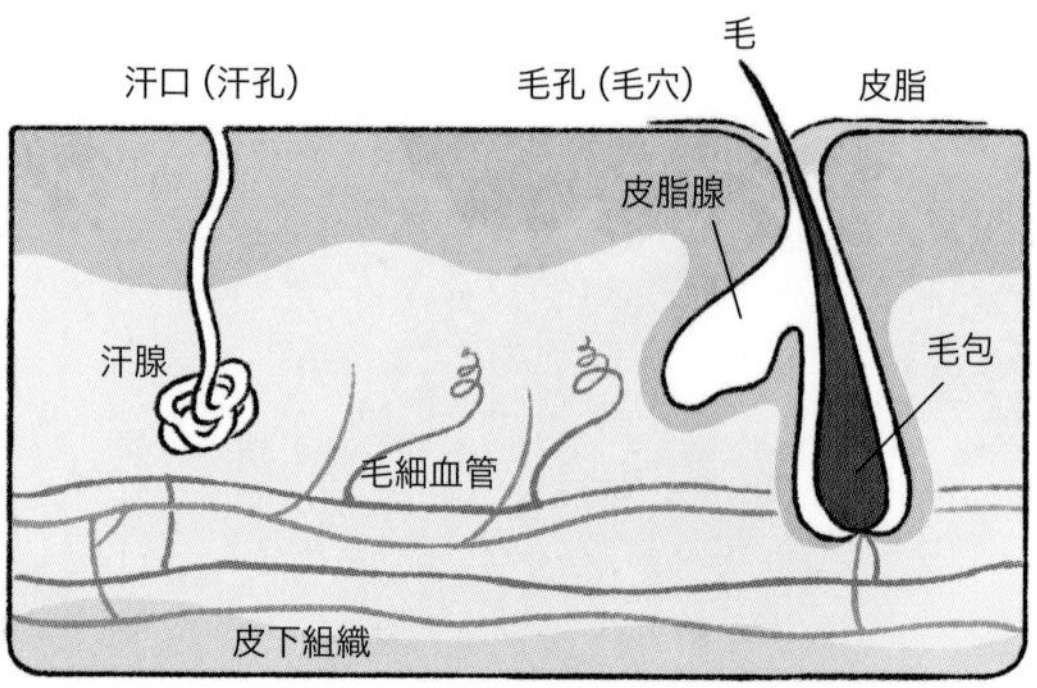

汗口（汗孔）
毛孔（毛穴）
毛
皮脂
皮脂腺
汗腺
毛包
毛細血管
皮下組織

【毛穴タイプを☑チェックしよう】

2つ以上チェックがつく人は、そのタイプに当てはまる可能性大！
44～45ページの写真も見ながら自分のタイプを当てはめてみてください。

- □ 鼻まわりがざらつく
- □ 毛穴に皮脂のようなもの、汚れが詰まっている（角柱）
- □ しっかりとしたメイクをしている
- □ メイクしたまま寝てしまうことがある

→ **TYPE.1 詰まり毛穴**

- □ 脂性肌傾向の肌
- □ 昔くり返しニキビができていた
- □ 毛穴が○型に目立つ
- □ 拭き取りケアやはがすタイプのパックを頻繁にやっていた

→ **TYPE.2 開き毛穴**

- □ 年齢とともに毛穴が目立ってきたと感じる
- □ 乾燥、ハリ・弾力の低下を感じるようになった
- □ 毛穴が涙型、楕円になっている
- □ 紫外線に当たることが多かった

→ **TYPE.3 たるみ毛穴**

- □ 小鼻など、鼻を中心に毛穴が黒い
- □ 脂っこいもの、お菓子や加工品が好き
- □ 化粧品の使用期限はあまり気にしない

→ **TYPE.4 黒ずみ毛穴**

- □ 紫外線に当たる機会が多かった
- □ 拭き取りケアや顔をゴシゴシする、スクラブなどが好きでよくやっていた
- □ 日焼け止めをしない日がある
- □ 毛穴のまわりが黒っぽい

→ **TYPE.5 メラニン毛穴**

【毛穴タイプ別の原因とケア】

TYPE.1
詰まり毛穴

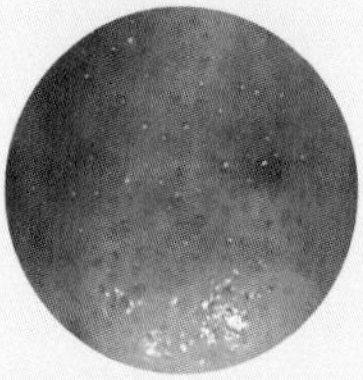

脂性肌～混合脂性・乾性肌に多い。

皮脂・古い角質・メイクなどの汚れが混ざって毛穴に角栓が詰まった状態です。Tゾーンに多く、Uゾーンに起こることもあります。

対策

古い角質をはがし、肌の生まれ変わりをサポートする成分である乳酸やAHA配合の化粧品、酵素洗顔などで角質ケアを。スキンケア、メイク製品はすべて毛穴詰まりが起きにくいノンコメドジェニック製品の使用がおすすめ。

TYPE.2
開き毛穴

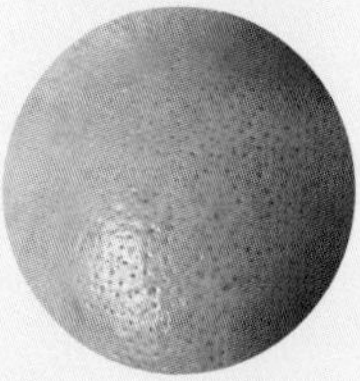

脂性肌～混合脂性肌に多い。

毛穴が大きく開いた状態です。もともと皮脂腺が大きい、脂性肌や混合脂性肌の人に多く、夏などにとくに目立ちます。くり返しニキビができることで、より目立つことも。

対策

摩擦を徹底的に避ける。定期的なピーリングでコラーゲン生成を行う。ビタミンCなど毛穴引き締めやコラーゲン生成が期待できる成分入りの化粧品の使用がおすすめ。レーザー治療も○。

TYPE.3
たるみ毛穴

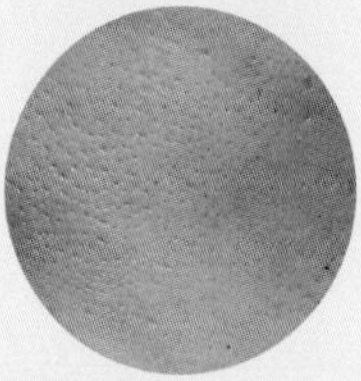

年齢でだれもがなる。毛穴の大きい脂性肌傾向の肌のほうが目立ちやすい。

真皮層のコラーゲンやエラスチンが弱り、ハリや弾力が低下して毛穴を支えきれなくなった状態。ほおの内側に目立ちやすく、たるみが原因の毛穴です。

対策

シワ・たるみなどに働きかけるエイジングケアのスキンケア製品を。レチノールは肌のターンオーバーを整えコラーゲンを増やす役割もあるため、たるみ毛穴に効果的。コラーゲン生成に役立つビタミンCや、ハリや弾力を上げる成分がおすすめ。

TYPE.4
黒ずみ毛穴

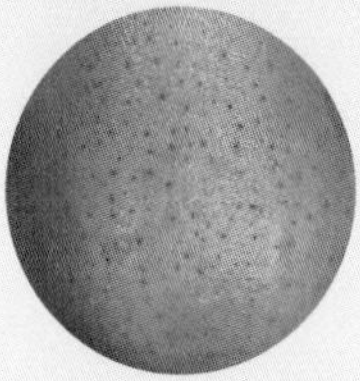

どのタイプでもなりうるが、
乾燥肌・混合乾性肌に多い。

皮脂が空気にふれて酸化することで黒く目立つ状態です。小鼻、鼻にできやすいです。

対策

ビタミンCなど抗酸化作用のある成分入りの化粧品を使用するのがおすすめ。油分が多すぎるケアをしていないかの見直しを。部分的にクレイパックなどをしても。

TYPE.5
メラニン毛穴

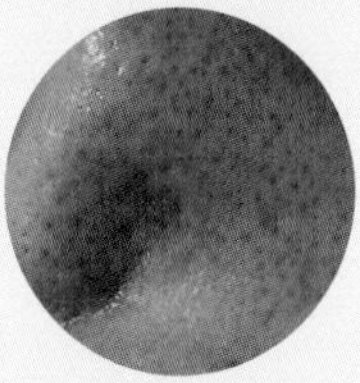

どのタイプでもなりうるが、
脂性・混合脂性肌に多い。

摩擦や紫外線などが原因で毛穴まわりに色素沈着が起きた状態です。

対策

摩擦と紫外線を避けること。美白化粧品の使用、とくにビタミンC、ハイドロキノンなどがおすすめ。

毛穴悩みを解消するためのステップ

毛穴ケアの基本の流れは、これだけです。

①角質ケアで肌のターンオーバーをサポートする

②毛穴を詰まりにくくする

③悩みに合わせた成分配合の化粧品を使用する

毛穴ケアをさまざま行うと一時的にはよくなったように感じますが、そのぶん肌をいじるために摩擦回数も増え、結果的に毛穴を大きくすることになりかねません。とくにはがすタイプの毛穴パックやシートは控えましょう。

化粧品の成分は、皮脂を抑制する、コラーゲンを増やす、メラニン生成を抑制するなど、毛穴悩みにオールマイティーなビタミンC配合のものを。肌の弱い人や乾燥する人は、高濃度よりも「持続型」「安定型」のビタミンCを選んでください。

【毛穴美人への習慣10】

毛穴が目立たない、肌美人になるためには生活習慣が大切です。
次の10項目を毎日の生活に取り入れてみてください。

1 ノンコメドジェニック製品を使用する

毛穴詰まりを
起こしにくい！

2 開封後時間がたったコスメは使用しない

とくにオーガニッ
クコスメは保管方
法に注意して！

3 紫外線対策は365日！

春も秋も冬も！
365

4 摩擦を徹底的に避ける

摩擦が最大の敵！

5 拭き取り系のケアは最小限に

とくにクレンジン
グシートはNG

6 クレンジング・洗顔後は30回すすぐ

洗浄剤が残ると、
肌トラブルの原因に

スキンケアやメイクだけでなく、食生活、睡眠時間を整えることで、美肌につながっていきます。

7 メイクしたまま寝ない、できれば家に帰ってすぐにメイクを落とす

疲れていても
メイクを落として！

8 密着度の強いファンデーションよりも軽めのものを

リキッドより
パウダーを

9 冷えに注意！　冷えると皮脂が固まって詰まりやすくなる

皮脂の融点は
33度！

10 朝も洗顔料を使用する

ぬるま湯のみの
洗顔は黒ずみや
詰まりを誘発！

DOCTOR'S VOICE

毛穴がどうしても気になるなら スペシャルなケアもあり

毛穴のスペシャルケアとして、電気の力で美容成分の浸透を促すイオン導入器や、エレクトロポレーション、超音波（ソニック）などがあります。ただし家庭用はだれが使用しても大きなトラブルが出ないように効果も控えめです。

エステサロンやクリニックでの毛穴ケアで代表的なものに「吸引管・サクション」があります。これはガラス管で毛穴詰まりや汚れを吸引する方法です。また、超音波の振動で洗浄する方法、電動ブラシで汚れを除去する方法、イオン導入やエレクトロポレーション導入といった機械でビタミンCなど美容成分を電気の力で浸透させる方法などもあります。また、クリニックではフラクショナルレーザー治療もあります。肌表面に極小のレーザーを照射して熱エネルギーを真皮層に届け、コラーゲン、エラスチンなどを活性化させて毛穴の縮小をはかります。

TROUBLE 04

シワ

深くなったらもう戻せない？

シワは年齢によって種類が変わっていく

若いうちは気にならなくても、年齢とともに確実に顔に出現する「シワ」。シワには進行度合いや、成り立ちによって大きく分けて3つの種類があります。

おもに20代で出てくるシワは、表皮シワといって、表面の乾燥によって起こります。ちりめんジワともいい、まだダメージの浅いシワなので、保湿によって軽減できますが、紫外線を長く浴び続けることなどで改善しなくなることもあります。

おもに30代から出始めるのは真皮シワといって、乾燥だけではなく肌の奥の真皮層のダメージや老化の始まりが原因です。表情のクセでもできるため、表情ジワともよばれ、化粧品だけでの改善は難しいシワです。

そして、おもに30代後半以降、顔に目立ってくるのがたるみによるシワです。これは、ほうれい線などの大きなもので、見た目年齢を大きく左右し、場合によっては「不機嫌」「怒っている」ように見えるシワになります。

シワの種類はこの3つ！

表皮シワ

肌表面の乾燥によってできるシワ。乾燥肌の人ができやすく、若くてもできる。保湿をしっかりとする対策を。

真皮シワ

真皮層までダメージのいったシワ。表情のクセでもでき、加齢や紫外線の影響で悪化。シワ改善成分の使用や、ハリ・弾力を整えるケア、適度なマッサージや機械などで筋肉からアプローチを。

たるみによるシワ

ほうれい線など。肌のハリや弾力の低下に加え、筋肉の衰えが原因。マッサージや筋トレなど筋肉から働きかけるようなケアを行う。

表皮シワには油分ケアを目元は特別なケアをして

表面の乾燥でできる表皮シワには保湿が大事です。保湿というと化粧水をたっぷり、というイメージをもつ方も多いですが、油分不足でも水分は不足するので、しっかりと油分の配合された乳液やクリームを使用しましょう。

目元が特に気になる人は、専用のアイケアクリームを使いましょう。「25歳過ぎたらアイクリーム」というフレーズを聞きますが、肌タイプやライフスタイルで異なります。20歳前後でも、乾燥肌や頻繁なアイメイクなどでダメージが多い人は、早めのアイクリームデビューがおすすめです。逆に脂性肌で、目元にダメージが少なければ、30代でもアイケアが必要ない人もいます。乾燥具合や肌質に合わせた予防を。

やりがち摩擦にも注意！

メイク時やスキンケアでの摩擦が強かったり多かったりすると、肌表面に小さな傷がつき、表皮シワにつながります。乾燥する人、シワができやすい人は、拭き取りクレンジングシートや拭き取り化粧水など、摩擦の多い方法は極力避けて。

シワのできやすい場所

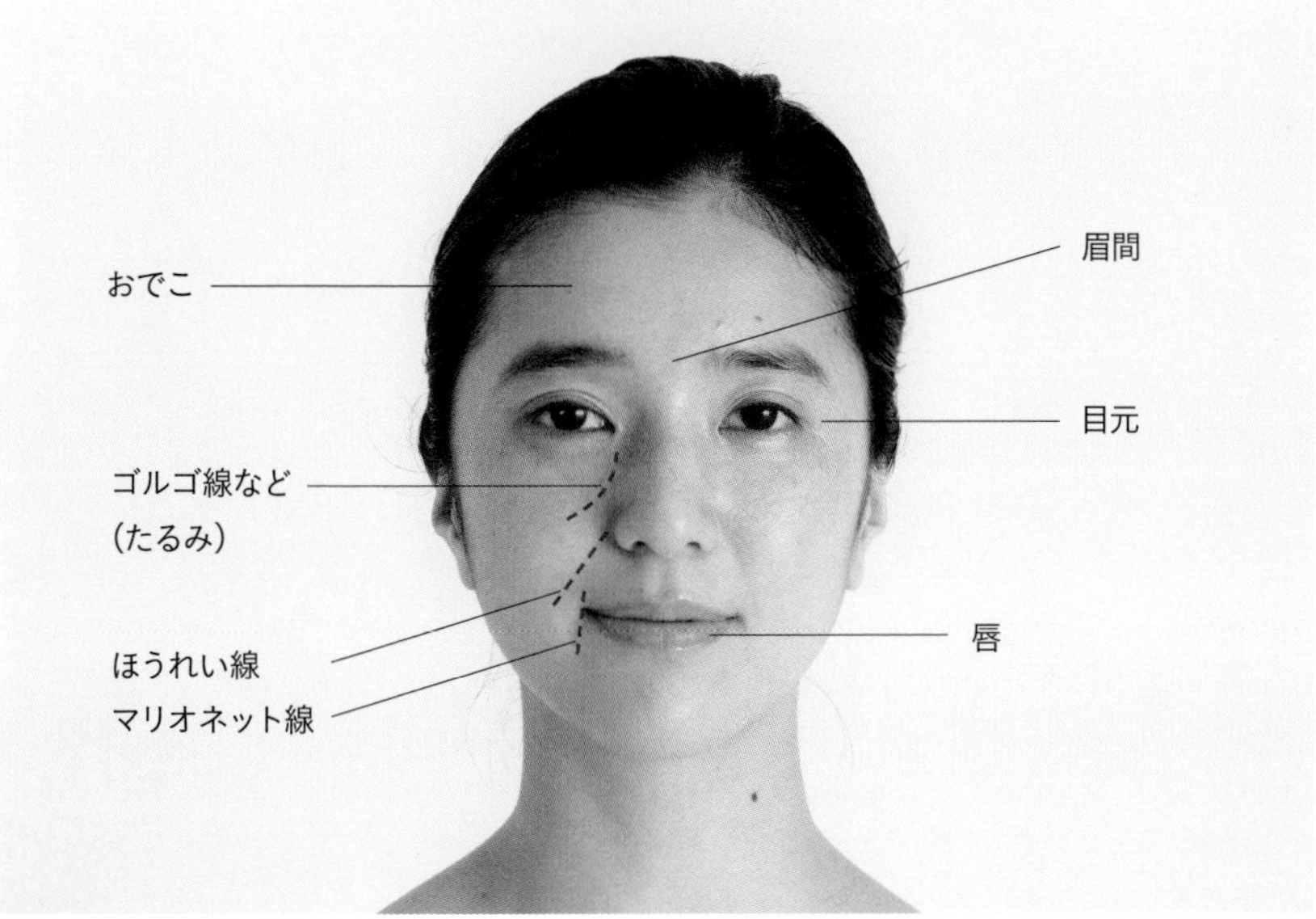
おでこ
眉間
目元
ゴルゴ線など
(たるみ)
唇
ほうれい線
マリオネット線

真皮シワは深くなる前に内側からのケアを組み合わせて

肌の奥の真皮層にあるコラーゲンやエラスチンが衰えたり変質したりすると、肌のハリや弾力は低下します。ここからつながるのが、真皮シワです。この深くなってしまったシワは、単純な表面からの保湿だけでは改善が難しいのが現実です。

対策としては、肌のハリや弾力を出す成分を配合した化粧品や、シワ改善が認められたナイアシンアミドや純粋レチノールなどの成分を配合した薬用化粧品の使用がおすすめです。あとは、エステサロンや美容クリニックなどで機械による施術や「肌の奥にアプローチ」するケアに頼るしかありません。

このため、深いシワができる前に、紫外線対策や、コラーゲンのもととなるたんぱく質が不足しないよう食事を心がけることが重要になります。

なお、たるみによるシワ（ほうれい線）については、52ページ「たるみ」の項目で詳しく説明します。

☑ チェック！ シワの進行度を確認しよう

目元のシワは、次の方法で簡単に進行度をチェックできます。

①手鏡を持ち、15秒ほど、思いっきり笑顔をつくります。

←

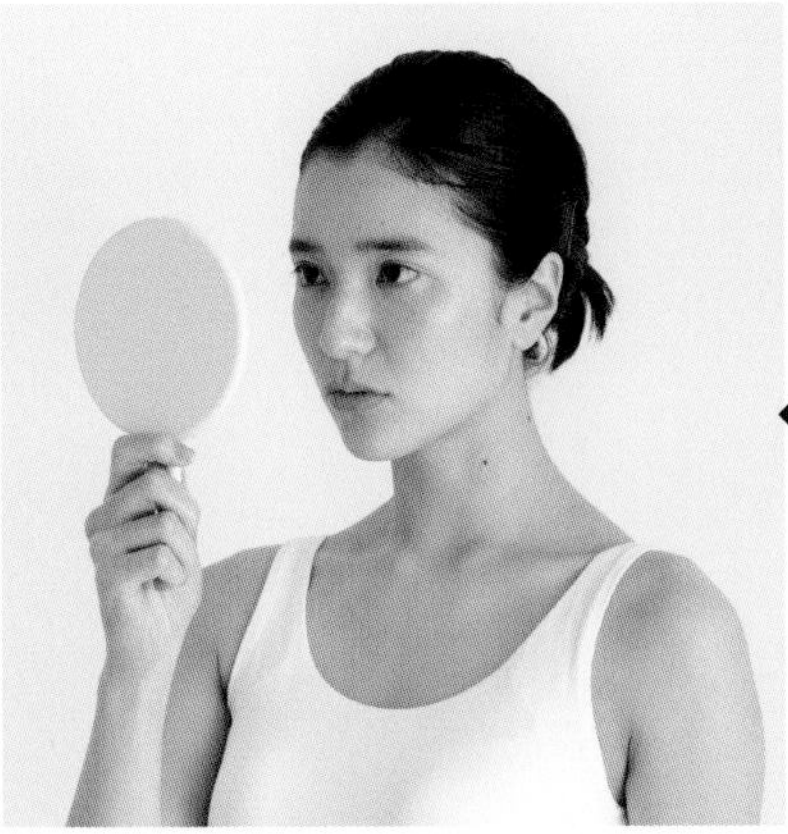

②真顔に戻り、すぐにシワが消えるなら表面シワ。真顔になってもずっと痕が消えないなら進行した真皮シワや表情ジワの可能性大！

若い人にも急増中！首のシワは長時間の姿勢に原因アリ

顔のシワとともに多くの人が悩むのが、首のシワでしょう。首のシワは基本的には真皮シワのことがほとんどです。首の筋肉は縦に走っているため、シワは横に刻まれます。

肌や筋肉の衰えだけでなく、じつは姿勢も大きく影響しています。若くても、猫背や、ＰＣやスマホなど下を向く姿勢が長いと首にシワができやすいです。最近は若い人でも、首にシワが刻まれている人が増えています。寝るときの枕の高さなども関係あるので、日中はもちろん、寝るときに首にシワが寄る姿勢になっていないか、注意を向けてみましょう。

Q&A　なぜ身体より顔にシワができやすいの？

これは、身体のつくりの問題です。顔には表情筋など細かい筋肉が約60個もあります。筋肉の動きが多いため、細かい動きのクセでシワができやすくなるのです。表情をつくらず、筋肉を動かさなければ、理論上シワはできません。ちなみに「シワが薄くなる」と有名なボトックスは、筋肉の動きを止めることでシワをつくらせないという方法です。

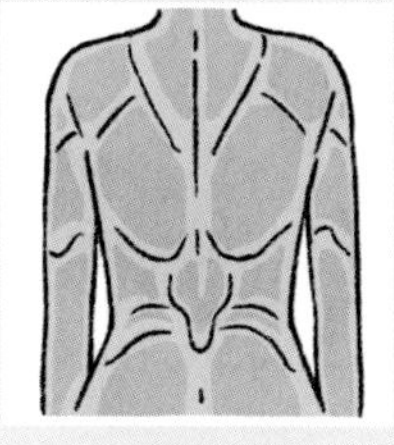

身体のしくみ

骨から筋肉がつき、その上に脂肪や皮膚がある。つくりが大きく、顔の表情のように細かく動かないためシワができにくい。

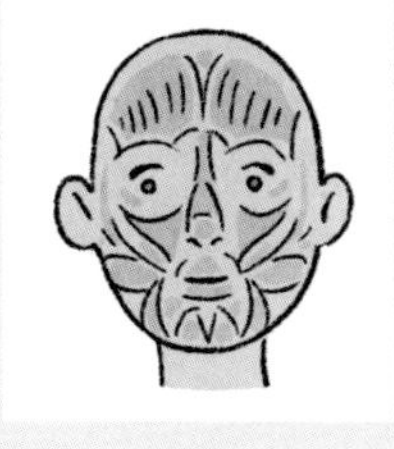

顔のしくみ

骨から皮膚にかけて筋肉がついている。その上に薄い脂肪や皮膚がある。細かい筋肉がたくさんあり、よく動くためシワができやすい。

TROUBLE 05

気づかないうちに進行している
たるみ

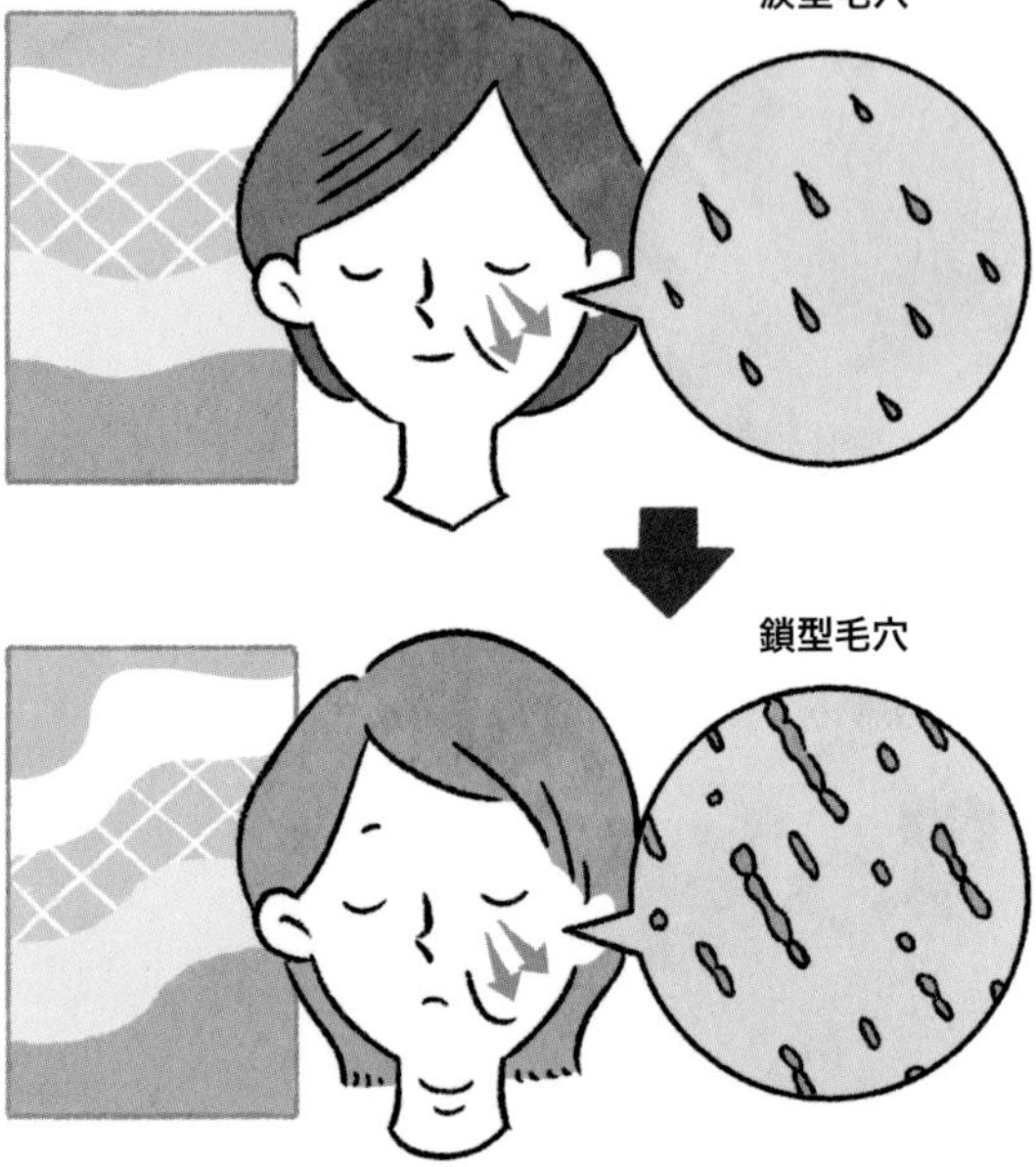

予防と進行速度を遅らせる対策を

たるみは、シワと同じように、肌の奥の真皮層のコラーゲンやエラスチンが衰え、変化することによって少しずつ始まります。

30代前半から半ばくらいで、ほおの毛穴が広がるように目立ち始めた、肌を触ったときにハリや弾力が減った、肌の質感が変わった、などの変化を感じ、たるみの初期症状に気づく人が多いようです。

たるみ毛穴は○型→涙型→鎖型と隣同士の毛穴とつながったように変化していきます。毛穴の形が○型から涙型になってきたら、肌のたるみが進行している証拠です。ニキビがくり返しできていた人や、摩擦の多い習慣をもっている人は、比較的速く進行する傾向があります。

肌のたるみに筋肉の衰えが合わさっていき、症状として気づいたときには、たるみがかなり進行していることも。予防はもちろん、進行の速度をゆるめるケアを早めに行っていきましょう。まつ毛エクステが重すぎて、目元のたるみが起こる人も多くいます。

顔の印象を左右する ほうれい線は、たるみのひとつ

30代頃から気になり始める人が多いのが、ほうれい線。「シワ」に分類されることもありますが、たるみ現象です。

ほうれい線は、鼻の脇あたりから、口角下までにかけて伸びる、消えない線のこと。すぐ消える、口角の笑いジワとは違います。筋肉と筋肉の境目のようなもので、ほお全体や口元の筋肉や皮膚が衰えることで目立ってきます。30代以降に出てきて、40代から悩みが本格化するパターンが多いです。

☑ 簡単！　たるみのチェック方法

手鏡を持ち、正面のたるみをチェックします。次に下から覗くように見てみます。重力がかかった顔は5年後の顔とも言われています。ほおの毛穴、目袋やまぶたのたるみ、ほおの落ち方、広がり、あご、首のシワもチェックを。

【たるみケア】

たるみは3ステップでのケアを！

たるみのケアは予防がいちばん。「今、すでにたるみが進行しているかも」という人も、次の3ステップケアを意識的に取り入れれば、若々しい顔がつくれます。

STEP1

表面のスキンケアをする

コラーゲンやビタミンC誘導体、レチノールなどで肌内のハリ・弾力を増やします。コラーゲンやエラスチンを増やす、線維芽細胞を元気にする成分が入った美容液を投入しましょう。

⇩

STEP2

筋肉をつけて土台からケアする

顔の形を支えているのは肌の下の筋肉です。特にほうれい線に関係のある筋肉（頬筋、小頬骨筋、大頬骨筋）や、二重顎に関係のある筋肉（広頸筋、胸鎖乳突筋）は衰えて下がりやすいので、鍛えましょう。

⇩

STEP3

肌や筋肉の材料をしっかりと補給する

肌や筋肉の材料になる栄養素が足りないと、肌や筋肉はやせて衰えます。ビタミンACEなどの抗酸化作用のある食材、肌や筋肉の材料になるたんぱく質も忘れずに（詳しくは196ページ）。

TROUBLE 06

くま

とれる種類、とれない種類を見極めよ

遺伝的な要素が大きく美容ケアで対策できないこともある

目の下が黒っぽくなる、脂肪がぷくっと盛り上がってそこが影になる。こうしたくまが目立つ顔は、どうしても「疲れた」「老けた」印象になりがちです。

くまにはいくつか種類がありますが、遺伝的な要素も大きく関係しています。美容ケアでできることと、美容医療でしかできないことがあるので、合わせて紹介していきます。

目元の皮膚はほおと比べて3分の1程度の厚みしかないため、乾燥などのダメージを受けやすい部分です。こすりすぎや色素沈着でも黒っぽく見えます。血行不良か色素沈着なのかも見極めて、ぜひ適切なケアをしていきましょう。

☑ くまの種類をセルフチェック!

鏡の前で、くま(目元)を引っ張り、次のどれに当てはまるかチェックしましょう。

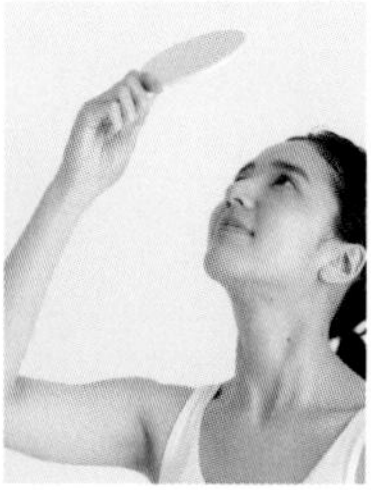

上を向いても**変化がない**が目元が茶色っぽい

⇩

しみタイプのくま

上を向くと**薄くなる**

⇩

影タイプのくま

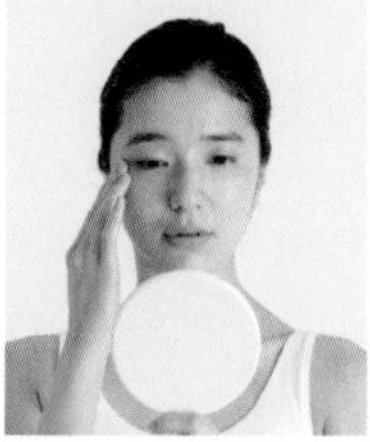

引っ張ると**薄く見える**

⇩

青黒タイプのくま

上記チェック法をしても変化がないが目の下が赤っぽく透けている ⇨ 赤黒タイプのくま

タイプ別【くまの特徴とケア方法】

血行不良
青黒タイプ

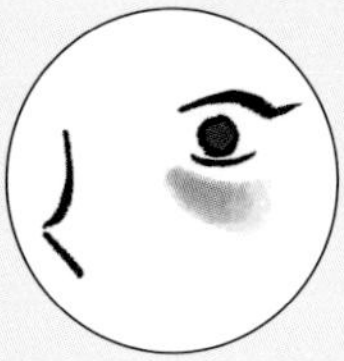

特徴と原因

血液が滞り、青黒く透けて見えるくま。一般的な、いわばくまの代表格。年齢を重ねたほうができやすいが、若い人でもできる。睡眠不足や疲れ、貧血、血液循環が悪い、冷えで起こると言われている。

改善法

一過性のことが多いので、睡眠をしっかりとる、血液循環を高めるなどの対策で改善が見込める。目元を温める、軽いマッサージやツボ押しも効果的。

※貧血で慢性的にできてしまう人も。目元だけではなく、身体のケアをしっかり行って。

皮膚が薄い
赤黒タイプ

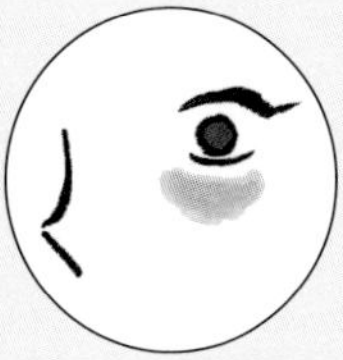

特徴と原因

皮膚が薄いことで、皮膚の下にある眼輪筋という目の筋肉が透けて見え、赤黒く見えてしまう。皮膚がもともと薄いこと自体は遺伝的な要素が大きい。

改善法

遺伝的要素の対策は難しい。軽いマッサージで目立ちにくくなることもあるが、あまり変化がない場合もある。

たるみ・脂肪
影タイプ

特徴と原因

目のまわりを支えている「眼《がん》窩《か》隔膜《かくまく》」が年齢とともに衰えて、脂肪が下がることによって、影のようにできるくま。たるみの一種。骨格などの遺伝的な要素も大きい。

改善法

美容皮膚科や美容クリニックなどでは目の下の脂肪を抜くことで、影を薄くし目立たなくできる。自己流ケアでの改善は難しいが、食事や生活習慣を整えることはたるみ対策に。ヒアルロン酸を注入して目元のくぼみをふっくらとさせ、影を薄くする方法も。

色素沈着型
しみタイプ

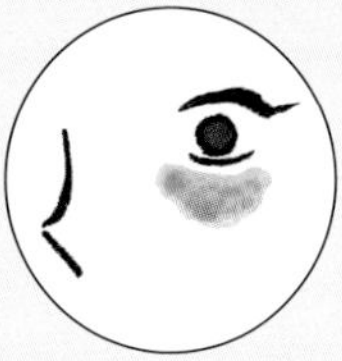

特徴と原因

紫外線や、摩擦によって色素沈着ができてしまった状態のくま。だれにでも起こる可能性がある。

改善法

紫外線対策、保湿、摩擦などの刺激を避けることで予防が可能。できてしまった場合は、まず紫外線を浴びない、摩擦や刺激といった原因を徹底的に減らす。

※アレルギーなどで目がかゆくなる、ついかいてしまう人はとくに注意。色素沈着はハイドロキノンなどの美白成分入りのアイケア製品で薄くできる。化粧品で変化が見られない場合は、皮膚科で相談を。

むくみとくま、どちらも放置すると悪化の一途！

じつはむくみとくまはセットで起こることが多いです。むくみが起こるとき、大抵の場合は姿勢の悪さや塩分過多、冷たいもののとりすぎ、運動不足など、さまざまな要因で血液循環が悪くなっています。血液循環が悪いと、体内のいらない水分や老廃物を回収する力が弱くなり、身体はよけいな水分をためこんだ状態になります。

水分量が多くなると、顔も重りをつけたような状態になります。水分の重さによって、顔の脂肪や皮膚は下がりやすくなる、つまり、たるみやすくなります。もちろん、目元もたるみやすくなり、下垂が起こります。目元の脂肪が下がり、それが影になることで「くま」につながるのです。思い当たる人は、冷たい飲み物や塩分を控え、軽い運動や上半身のストレッチなどでむくみの対策を。

むくみが解消すると顔全体のたるみ予防になり、目元のたるみが原因の黒いくまや血行不良の青いくまも改善しやすくなります。適度な水分と運動で、身体をむくませない生活を心がけましょう。

豆知識

首こり肩こりでもくまは悪化する！？

デスクワークやスマホ時間が増えたことで、首こりや肩こりに悩んでいる人も多いはず。この「こり」と「くま」にも深い関係があります。

首や肩がこると、血液循環やリンパの流れが悪くなります。この血行不良がくすみやくまを引き起こすのです。

姿勢が悪く、座り姿勢が長い人は、こまめにマッサージやストレッチをするなど、こりが悪化しない対策をしましょう。結果的にくまを薄くすることにつながります。

【くま解消の血行促進ツボ押し法】

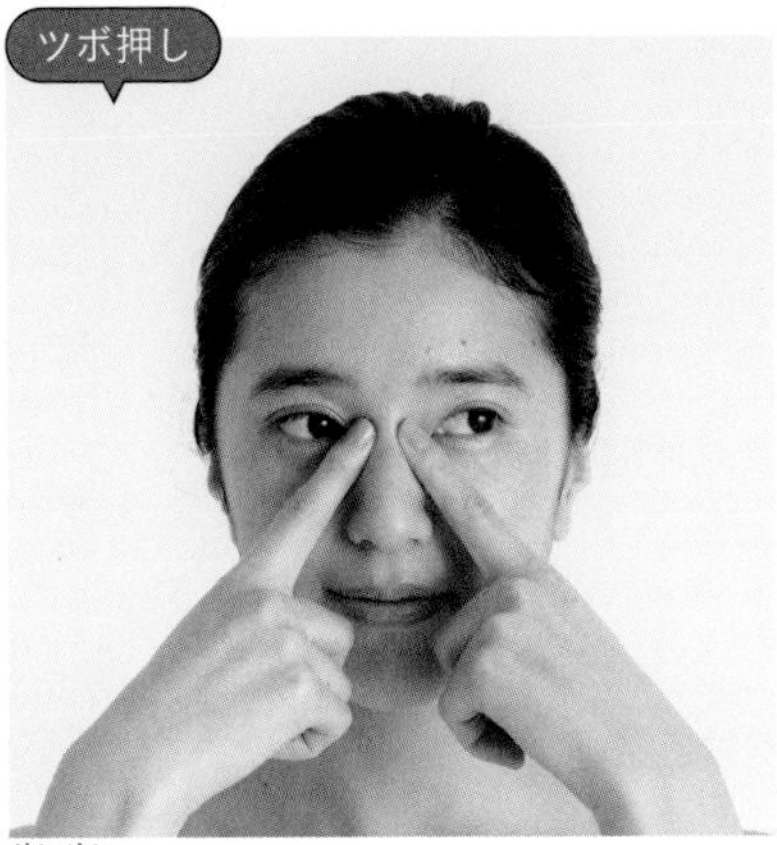

晴明《せいめい》

目頭と鼻柱の間にあるツボ。両人さし指の腹を左右のツボに当てて、軽く押します。目の疲れやくまに効果的。

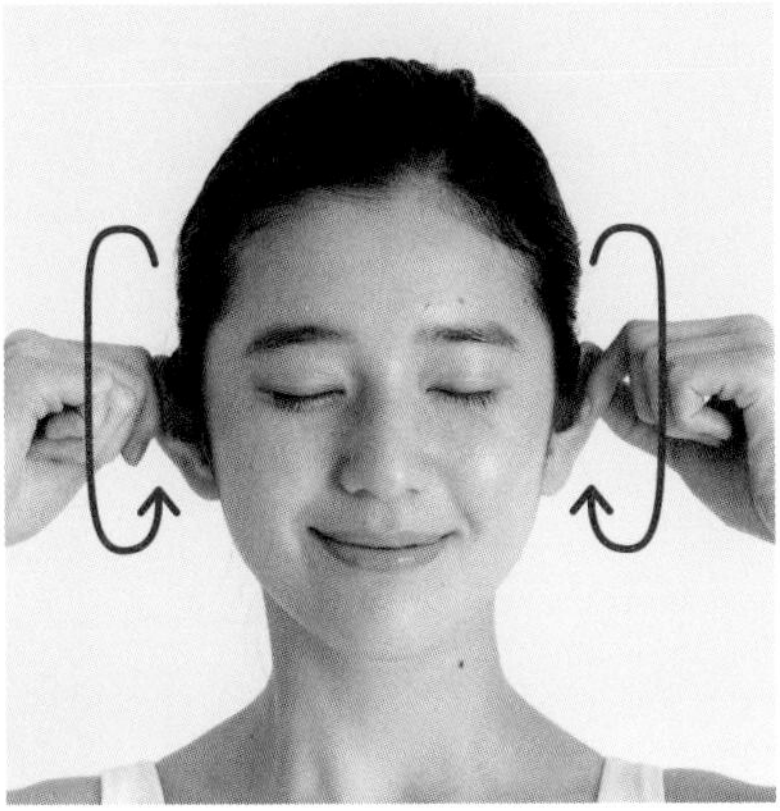

耳回し

耳を軽くつかみ、内側から外側へ円を描くようにマッサージします。痛みを感じるところはやさしく押しましょう。痛すぎる場合は無理にやらず、痛気持ちいいくらいで。次第にポカポカしてくるのを感じるはずです。

風池は風邪のツボとして知られていますが、肩や首のこり、質のよい睡眠、目の疲れにも効果的と言われています。眼精疲労がある、コリや血流の悪さからくまができている人におすすめのツボです。ホットタオルなどで温めても！

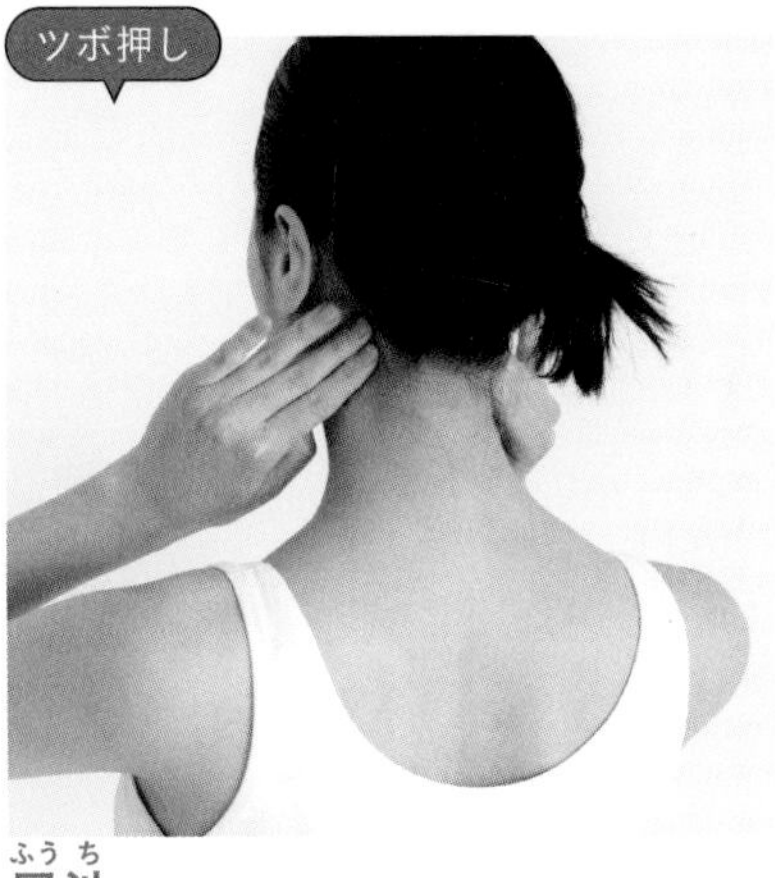

風池《ふうち》

首すじの外側のくぼみにあるツボ。両中指または人さし指の腹をツボに当てて押します。指が疲れる、押しづらい人は頭を前後に動かして刺激してもよいです。

TROUBLE 07

原因を自分でつくっているかも!?

しみ・日焼け

紫外線だけじゃない！ ふだんのケアに原因がある場合も

年齢とともに悩まされるしみは、紫外線がもっとも大きな原因です。ただそれだけではなく、セルフケアによる摩擦が新たなしみをつくっている場合があるので、注意が必要です。

肌表面に摩擦が加わると、メラニンを生み出すメラノサイトが刺激され活性化します。スキンケア時、メイク時、タオルやシーツとの摩擦など、1回ずつは弱くても継続した摩擦がしみや肝斑《かんぱん》の悪化の原因になります。

しみは大きく4種類に分けられますが、何種類かのしみが混在しているケースもあります。どのしみであっても、「これをやったら悪化する」という注意点は共通していますが、薄くするための方法は異なります。

しみができるメカニズム

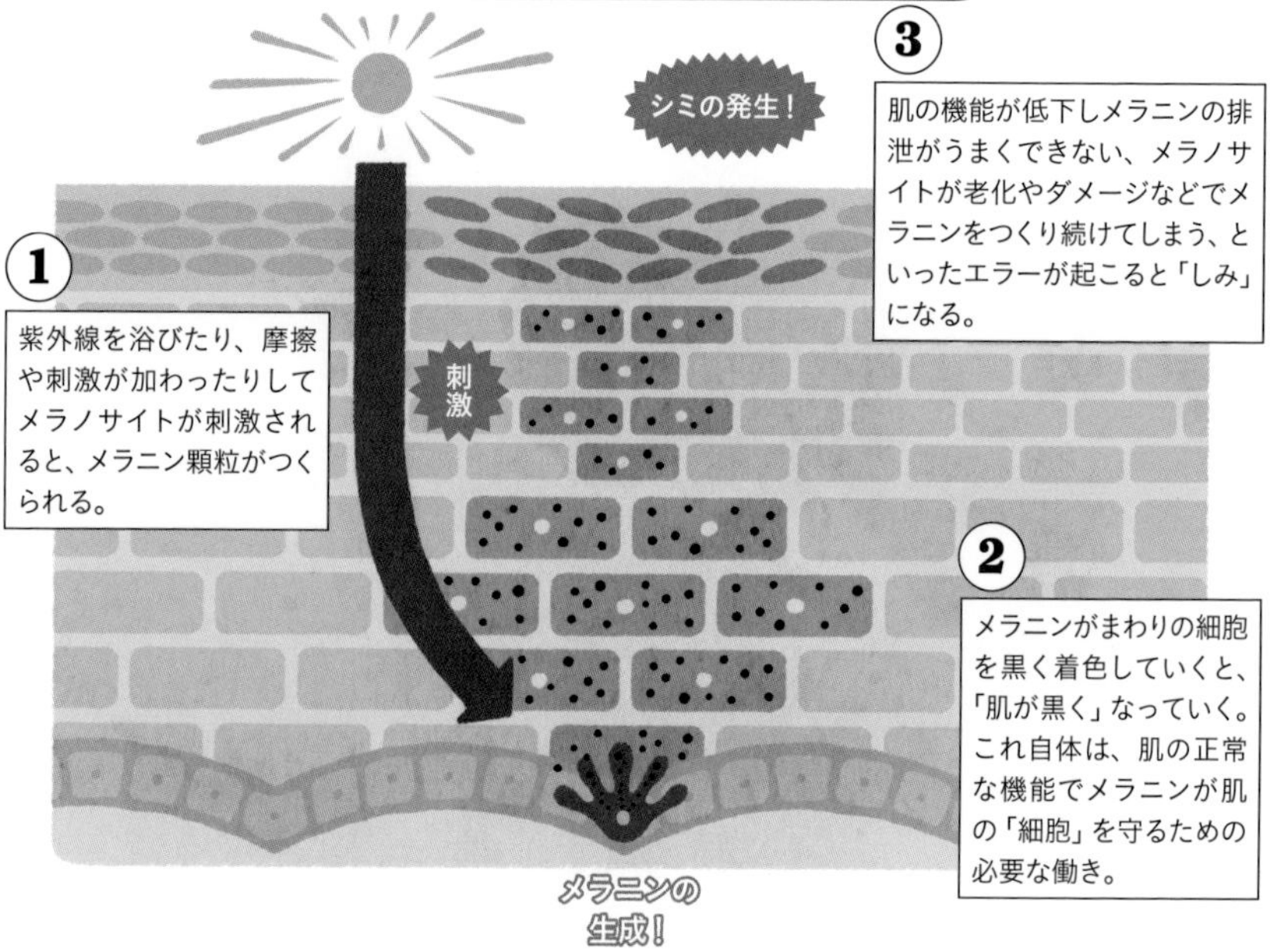
1
紫外線を浴びたり、摩擦や刺激が加わったりしてメラノサイトが刺激されると、メラニン顆粒がつくられる。
刺激
メラニンの生成！
2
メラニンがまわりの細胞を黒く着色していくと、「肌が黒く」なっていく。これ自体は、肌の正常な機能でメラニンが肌の「細胞」を守るための必要な働き。
シミの発生！
3
肌の機能が低下しメラニンの排泄がうまくできない、メラノサイトが老化やダメージなどでメラニンをつくり続けてしまう、といったエラーが起こると「しみ」になる。

【4つに分かれるしみの種類】

	特徴	原因	対策
老人性色素斑 	日光によってできる一般的なしみ。薄い茶色から徐々に濃くなっていく。頬や鼻、こめかみ、耳の上、デコルテや手にも多くできる。	紫外線によってできる。20歳くらいまでに浴びた紫外線の総量が将来的なしみに関係するとの説もある。	日焼け止めの徹底、紫外線を避ける。肌を健康に保ちよい状態を保つ。角質ケア・美白化粧品を使用して予防を。
炎症後色素沈着 	ニキビや虫刺されなどの何かしらの炎症が起きたあとにできる赤茶色〜茶色のしみ。赤色〜黒色もある。	やけど、ニキビ、虫刺され、かき傷、くり返す摩擦など炎症のあとにできる。軽いものなら化粧品や肌本来の働きで改善可能。	摩擦、紫外線を避ける。角質ケアや美白化粧品でのケアが有効。長年放置したり、摩擦や日焼けの影響を受けたりすると消えにくくなるので注意を。
肝《かん》斑《ぱん》 	ホルモンの影響でできる、もやもやとしたしみ。薄茶〜グレー、黒っぽい茶色で左右対象でほお骨や口元に多い。	ホルモンの影響を受けてできる。ピルの服用時や妊娠・出産時にできることが多い。紫外線、摩擦によって悪化する。	トラネキサム酸の服用や塗布が有効なことが多い。レーザーによって悪化することがあるので注意。
ADM (後天性真皮メラノサイトーシス) 	ほおやまぶた、小鼻などに20歳以降にできる茶色や灰色の斑点状のしみ。肝斑やソバカスとも似ている。真皮内でメラニンが増えてできると言われる。	はっきりわかっていないが、遺伝的要素、紫外線、ホルモンバランスの乱れなどが原因と言われている。	肝斑との判別が難しい。真皮層に働きかける特殊なレーザー照射が行われているが、アザで根が深いためしみ治療よりも治療回数が多い。

その他のしみ

脂漏性角化症

しみからイボのように盛り上がったもの。手の甲や腕にもできやすい。化粧品やエステサロンでは効果がないので皮膚科で相談を。

花弁性色素斑

海やレジャーなどで急激な日焼けをしたあとに首から背中にかけてできる花弁状のしみ。レーザー治療が一般的。

「しみをつくらせない！」日常のケア

摩擦を避ける

クレンジングでの洗顔や、洗顔後のタオルオフ、ベースメイクや寝具とのこすれなど、顔は「何気ない摩擦」という刺激にさらされています。そういった摩擦がメラノサイトを刺激してメラニン色素が増えるので、意識して避けなければなりません。タオルは「拭く」より「押し当てる」意識で。何気なく肌をこすったりしていることもあるので、見直してみてください。

日焼け止めをつける

急激な日焼けはもちろん、とくに肌が赤くなったり黒くなったりしないような「ちょっとの日常紫外線」も、積み重なることでしみの原因になります。紫外線予防のために、日焼け止めをつけるのは、毎日の当たり前にしましょう。外出のときだけでなく、家にいるときでも日焼け止めだけは塗っておきます。

豆知識

「そばかすが増えた」は、じつはしみ？

一般的には、小さくて細かいしみのことをそばかすと言っています。皮膚科の診療でも、そばかすをしみとして扱うことが多いようですが、本来そばかすは思春期にできる遺伝的要素の大きいもので、大人になってから点々とできるのは「しみ」の可能性が大きいようです。

DOCTOR'S VOICE

意外と多い！見分けるのが難しい「肝斑《かんぱん》」

肝斑は、ほかのしみと間違えられていることが多くあります。「普通のしみだと思っていたら肝斑だった」という人はかなり多いので、わからない場合は皮膚科で相談してみてください。一般的なしみ取りレーザーを施術したら肝斑が奥に隠れていた、なんてことも。しみの種類は医者でも見分けるのが難しいのです。

日焼け後のスキンケアはまずクールダウンから

「日焼け」は肌が炎症を起こしている、いわばやけどと同じような状態です。まずは、摩擦とさらなる紫外線を徹底的に避けること。そして、クールダウンと保湿をすることがポイントです。

日焼け直後で肌が熱をもっているときは、湯船に浸かる、熱いシャワーを浴びる、ボディタオルでこするなどの摩擦や、美白美容液の使用、角質ケアやピーリングなどは厳禁です。抗炎症・鎮静作用のある成分が入った化粧品があれば使用します。しっかりと保湿し、冷タオルや保冷剤をハンカチなどで包み、しっかりと冷やしていきます。

日焼け後の炎症は、敏感症状と同じ状態なので、できるだけシンプルなケアで保湿します。刺激しないように配慮して、炎症が治るのを待ちましょう。しみ予防や改善の化粧品を塗るのは、炎症やほてりが治ってからにします。

Q&A 化粧品でしみは消えるの？

化粧品に配合されている美白成分の多くは、しみを消すものではなく、防ぐものです。「メラニンをつくれ」という指令を止める、メラニンをつくるのに必要な酵素「チロシナーゼ」の働きを止める、酸化を止めて茶色いメラニンになるのを防ぐ、肌の機能を整えて早くメラニンを排出させるなどの効果があります。

今すでに出ているしみをこれ以上濃くしない、悪化させないためにも、美白成分の配合された化粧品は有効です。

ニキビ痕や傷痕、表面的なしみであれば化粧品で薄くなることもありますが、美白化粧品の基本の役割は「予防」「進行を抑える」ことだと理解しましょう。

TROUBLE 08

年を重ねると顔が暗く見える
くすみ

循環の衰えから生まれるくすみタイプに合わせた解消法がある

くすみはしみと違い、はっきり色が変わるわけではなく、ただなんとなく「顔色が冴えない」「透明感がない」「日焼けしたわけでもないのに顔のトーンが暗い」といった状態です。生活習慣などにもよりますが、年齢とともに出やすいトラブルのひとつです。

くすみはおもに3種類。原因はすべて、血液やリンパの流れの悪化、肌代謝（ターンオーバー）の低下といった「循環機能の衰え」です。即効性のある対策は、マッサージやストレッチ、角質ケアなどです。ただ根本的には生活面の見直しが必要です。循環を悪くしないための質の高い睡眠と食事、冷えやこりを予防するための運動を習慣化しましょう。

豆知識

日焼けと摩擦の「くすみ」にも要注意！

日焼けしたあと、メラニンによるくすみが出る場合もあります。日焼けの炎症が治ったら、美白美容液などで優しくケアしましょう。

また炎症後色素沈着で肌がくすんで見える場合もあります。拭き取り化粧品や拭き取りクレンジングなど、ケアによる摩擦が原因でくすみが出ることも。摩擦で肌が傷つき、バリア機能が弱まって乾燥することで、顔色が暗くなるのです。

拭き取りを毎日していた人が控えると、2週間くらいで顔色が明るくなったというケースもあります。

【くすみの３タイプ】

脂性肌、混合肌

角質肥厚型

特徴

肌のターンオーバーが低下してよけいな角質がたまっている状態。

対策

たまった角質には、角質ケア（酵素洗顔や軽いピーリングなど）が有効。透明感が出て明るい肌に。保湿も忘れずに。

おすすめケア

脂性肌にはクレイマスクやクレイ洗顔もおすすめ。酵素洗顔、角質ケアアイテム、ピーリング、超音波洗浄など。

乾燥肌、混合肌

乾燥型

特徴

乾燥して肌のバリア機能が低下。それを補うために角質が厚くなろうとする。

対策

日々の保湿が大事。即効性があるシートマスクや洗い流す保湿パックを使っても。肌が明るくなるのを実感できるはず。

おすすめケア

保湿成分の配合されたシートマスク、クリーム系のパック、その他の保湿系アイテム。

生活習慣や年齢

血行不良型

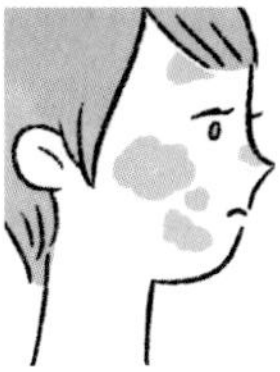

特徴

冷えやコリなどによって血流が悪くなることで、血色が悪くなっている状態。

対策

湯船に浸かる、ストレッチをするなど身体の循環を高める工夫を。簡単なマッサージや炭酸パックなども有効。

おすすめケア

ホットクレンジングなど温感系のコスメ、炭酸コスメ、リンパマッサージ、ストレッチや入浴。

Q&A ケアをいろいろ行っていますが、くすみが消えません。

保湿や角質ケア、ストレッチなどの対策をしても一向によくならないくすみ。それはもしかしたら、貧血が原因かもしれません。血行不良以前に、そもそも「血」が足りていなければ血色が悪くなり、肌の透明感もよどんでしまいます。健康診断で貧血と診断されなくても「隠れ貧血」といって慢性的な鉄不足の人は多くいます。

女性は鉄不足になりやすいので、食事やサプリメントなどで積極的に鉄を補ってみましょう。また、目元を温めるなど血流改善のケアがおすすめです。

TROUBLE 09

生理前の肌荒れ

1か月の身体の変化と上手に付き合う

安定した肌のために ホルモンバランスを保とう

女性ホルモンには、エストロゲンとプロゲステロンの2種類があり、どちらも肌荒れに関係してきます。生理前や妊娠中にしみやニキビができやすくなるのは、プロゲステロンの影響です。このホルモンには、皮脂分泌を増やす働きがあり、紫外線の影響を受けやすくなります。紫外線対策には力を入れなければなりません。

また女性も男性ホルモンを分泌します。ストレスによって男性ホルモンの分泌量が増えると、皮脂分泌やニキビが増えたりします。このバランスも大切です。1か月のホルモン変化を自覚してケアに取り組むことで、さまざまな肌荒れを防ぐことができます。ここで確認しておきましょう。

女性ホルモン1か月の変化

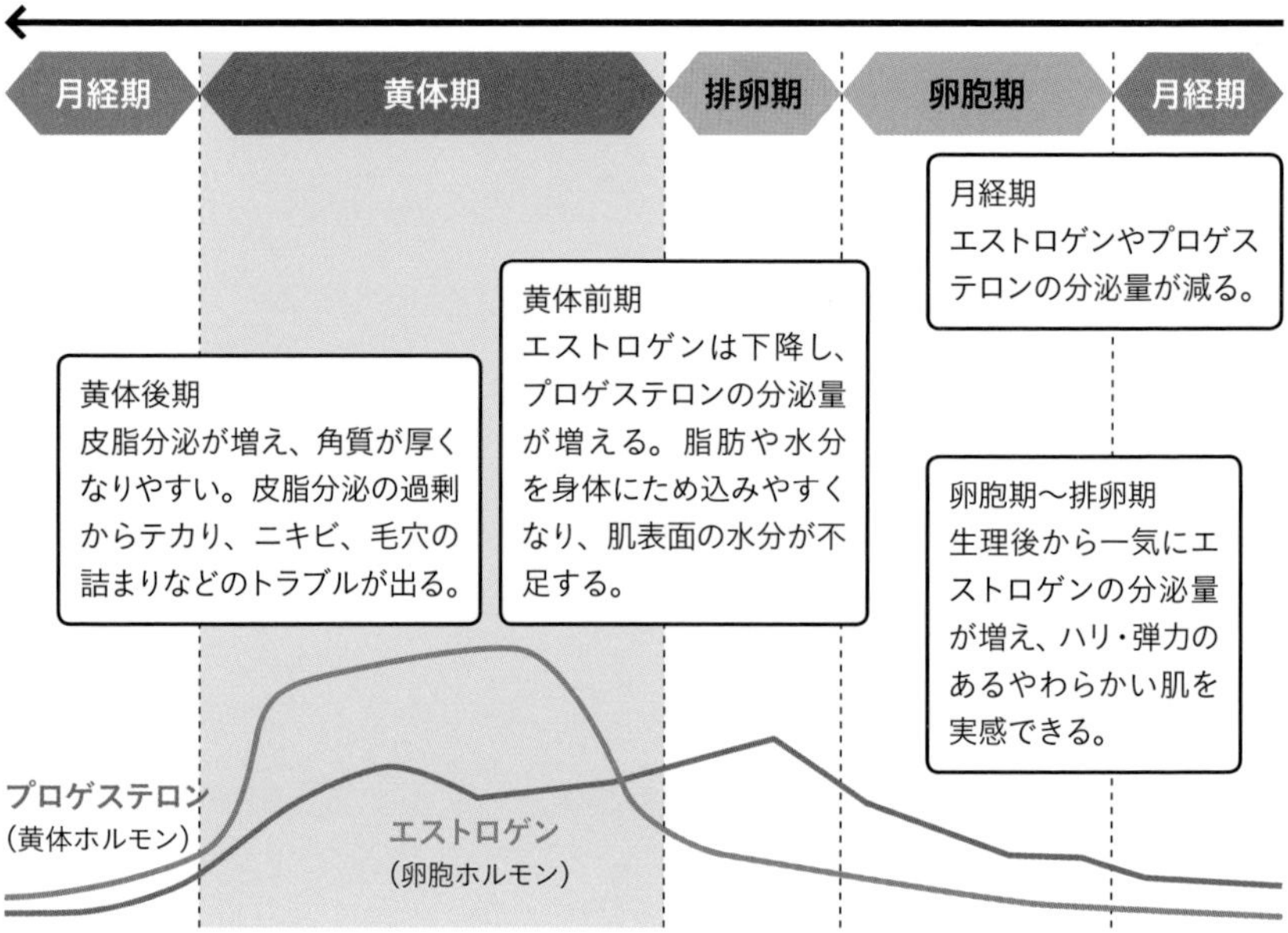

月経期
卵胞期
排卵期
黄体期
月経期
月経期
エストロゲンやプロゲステロンの分泌量が減る。
卵胞期～排卵期
生理後から一気にエストロゲンの分泌量が増え、ハリ・弾力のあるやわらかい肌を実感できる。
黄体前期
エストロゲンは下降し、プロゲステロンの分泌量が増える。脂肪や水分を身体にため込みやすくなり、肌表面の水分が不足する。
黄体後期
皮脂分泌が増え、角質が厚くなりやすい。皮脂分泌の過剰からテカり、ニキビ、毛穴の詰まりなどのトラブルが出る。
プロゲステロン
(黄体ホルモン)
エストロゲン
(卵胞ホルモン)

【女性ホルモンの種類と役割】

女性ホルモンは加齢、ストレス、冷えが原因で減る傾向があります。
ただし多ければよいわけではなく、バランスがとれていることが重要です。

エストロゲン（卵胞ホルモン）

女性らしさを形づくるホルモン。肌にうるおいやハリを与え、キメを細かくし、ふっくらとした肌をつくる。肌や髪のツヤ、丸みのある女性らしい身体づくりに寄与する。骨密度を保つ、血管をしなやかに保つなど、健康な体づくりにも関わる。増えすぎると、乳がんや子宮体がんのリスクがある。

プロゲステロン（黄体ホルモン）

妊娠に備えるホルモン。体内の水分量を保つ、食欲増進、基礎体温を上げるなどの作用がある。バランスを崩すと、むくみを起こしやすくなる、皮脂分泌を促す、角質を厚くするなど男性ホルモンに似た作用もある。

豆知識

恋をすると女性ホルモンは増える!?

女性ホルモンは感情の影響を受けることがわかっていて、愛情を感じたり美意識や欲望を抱いたりすると、活性化します。ただし、女性ホルモンは「一生で耳かき1杯分しか出ない」と言われているので、恋をしたからといって大量にドバドバと出るようなことはありません。

分泌自体を増やすのはなかなか難しいですが、エストロゲンと似た働きをするのが大豆イソフラボン。大豆製品に多く含まれています。

【1か月間の肌の変化】

卵胞期

時期

生理後。新陳代謝が活発になり、肌も気持ちも調子がよくなる。

肌状態

肌代謝が上がり、調子のよい時期。新しい化粧品や、積極性の高いケアに向いている時期。

おすすめのお手入れ

角質ケアやピーリングをするのに適している。エステサロンやクリニックの施術をこの時期にするのも◯。

月経期

時期

生理中。血液とともに栄養、酸素、ホルモンなどが流れて代謝が悪くなる。むくみやだるさが出ることも。

肌状態

乾燥しやすくなる。いつも以上に摩擦に注意して、角質ケアやピーリングは避けたほうが無難。

おすすめのお手入れ

保湿重視のお手入れを。血色が悪く、くすみが出る場合は、身体をしっかり温めて冷え対策を。

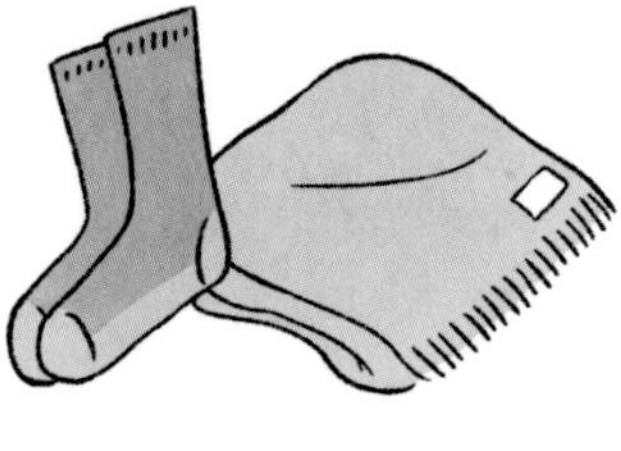

黄体前期

時期

排卵が促される。体温が上がる、むくみやすくなる。

肌状態

肌調子は下降気味で、水分不足が起こる。乾燥から小ジワやちりめんジワになりやすいので注意。キメも荒れがちに。

おすすめのお手入れ

栄養補給にパックをするなど、いつもよりも保湿に力を入れて。むくまないように、冷えにも注意を。

黄体後期

時期

生理前の高温期。心や身体、肌が不調になりがち。PMSを訴える人も。

肌状態

黄体ホルモンの影響で、角質が厚くなる、皮脂分泌が増えるためニキビや吹き出物ができやすい。テカリがふだんより増える人も。赤みやかゆみなど肌荒れも起こりやすい。

おすすめのお手入れ

肌に敏感さがなく、肥厚や詰まりがあるなら軽い角質ケアを。新しい化粧品やピーリングを試すのは避け、アイテム数を減らしたシンプルなケアを心がけましょう。

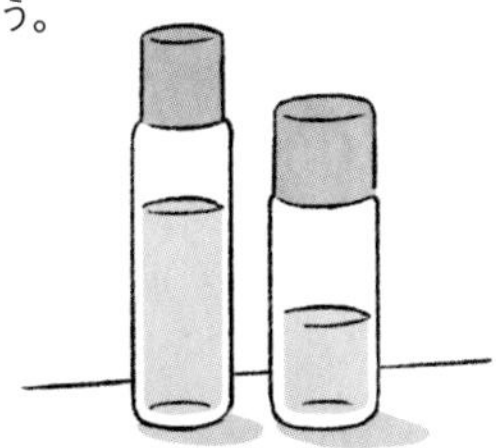

TROUBLE 10

肌トラブルの原点はここにあり

敏感症状

「敏感肌」は存在しない？肌タイプではなく、症状を表す

敏感肌とは、近年つくられた肌タイプのカテゴリーです。自分を敏感肌と思う人は年々増えていて、以前は少なかった敏感肌向けの化粧品は増加しています。

でも、肌荒れ、かぶれ、かゆみ、化粧品がピリピリして合わないというのは、元来「敏感症状」です。医学的には「敏感肌」というカテゴリーはありません。アトピー性皮膚炎、かぶれ、湿疹、ニキビ、極度の乾燥、赤ら顔、バリア機能の低下などの症状をすべて、「敏感肌」とひとくくりに呼んでいる状態なのです。実際はそれぞれ対処法が変わり、使用すべきケア用品も化粧品も変わります。乾燥肌であることが多いのですが、「酒《しゅ》さ（78ページ）」の人もかなり多くいます。

「敏感肌用」の商品を使ってよけいに肌が荒れることも

バリア機能の高い健康な肌であれば、ちょっとした刺激でゆらぐことはありません。しかし、外部刺激から肌を守るバリア機能が弱っていたり、健康な細胞がつくられていなかったりと不健康な肌であれば、ちょっとしたことでもゆらぎやすく、乾燥肌でも脂性肌でも、敏感な状態になります。

季節の変わりめなど肌が「ゆらぐ」と感じる原因の多くは、乾燥です。また、セラミドを代表とする細胞間脂質が少ないと、強い乾燥やゆらぎが起こりやすくなります。セラミド配合の化粧品などで保湿を。赤みやかゆみがある場合は、抗炎症作用や鎮静作用の配合された化粧品を選びましょう。

ただし肌のタイプによって油分量などが違うため、同じような敏感症状が出ていても必要なケアや化粧品は異なります。やみくもに「敏感肌用」の商品を使うのは危険です。

たとえば、脂性肌傾向で敏感症状のある人が「油分量の多い敏感肌用のスキンケア製品」を使うと、油分過多になり、テカりやニキビなどの原因になります。さらなる肌トラブルや敏感症状を招きかねません。

【肌が敏感なときに気をつけること】

肌が敏感なときは、たたく、こするなどの物理的な刺激は徹底的に避けましょう。また、熱いお湯で洗う、スチーム、サウナといった、肌の温度が上がる行為も厳禁です。

アロマやオーガニック系のアイテムも一度お休みしましょう。オイルなどを使用する場合は、精製度の高い無色透明のものを選びます。そして、睡眠・食事を整えて様子を見ましょう。毎日1時間早く寝るだけでも、肌の変化を感じられます。

こんなケアを……

- **化粧品はシンプルケアでアイテム数を減らす**
- **冷やす**
- **鎮静作用のある化粧品を使用する**
- **摩擦のかかりにくいテクスチャーを選ぶ**

☑ あなたの肌は何に敏感？ 敏感度チェック

自分の肌が何に対して敏感なのかを知れば、敏感な状態になるのを避け、正しく対処できます。簡単なチェック表を設けたので、敏感になりやすい肌の人はぜひチェックしてみましょう。

物理的刺激に敏感

- □ 皮膚が薄いと言われる
- □ 乾燥しやすい、いつも乾燥している
- □ 赤みやヒリヒリが起きやすい
- □ マッサージ後、スキンケアでの拭き取り後に赤みが出やすい

化学的刺激に敏感

- □ アレルギー体質である
- □ 化粧品や洗剤などでかぶれ、しみる、かゆみなどが起こる

紫外線に敏感

- □ 光アレルギーがある
- □ 紫外線に当たるとかゆみや発疹、強い赤みが起こる

敏感な状態になっている

- □ 乾燥から肌のバリアが低下している
- □ ホルモンバランスが悪い
- □ 自律神経の乱れがある
- □ ストレスや疲労がたまっている
- □ 化粧品の重ねづけでトラブルになる
- □ 何を使ってもしみる、赤みやひりつきも

TROUBLE 10 敏感症状

肌荒れ

敏感症状の代表格！
目には見えないトラブルの元凶

コットンの繊維にかゆみを感じる、化粧水がしみる、日焼けでヒリヒリを感じる……こうした肌荒れは、敏感症状の代表格と言えます。

肌には、紫外線や摩擦から肌を守るためのバリア機能が備わっています。しかし、このバリア機能がうまく働いていない状態になると、いつもはなんでもない刺激にも敏感になるのです。

一時的な不調であれば、よく食べて寝ることで、自己治癒力によりもとに戻ります。しかし、そういった状態が長引くと、改善に時間がかかり、悪循環でさらに悪化することもあります。こうした肌荒れやいつもと違う肌の不調が長く続くようなら皮膚科を受診しましょう。

「肌荒れ」「肌不調」があるときの対処法

	カサカサ・乾燥	赤み・かゆみ	ヒリヒリ・しみる
× やめたほうがいいこと	・熱いお湯で洗顔 ・過度なマッサージ	・高機能化粧品 ・スチーム ・マッサージ	・高機能化粧品 ・化粧水など水分の多い化粧品 ・スチーム ・マッサージ
○ おすすめ	セラミドなど保湿成分入りのスキンケアアイテムの使用	抗炎症作用入りのスキンケアアイテムの使用	白色ワセリンなど肌の保護になるアイテムの使用

肌荒れのときの過度なケアはNG 放っておくことも大切なケア

肌荒れのときに必ずやめたほうがよいのは、摩擦と紫外線を浴びることです。美白やエイジングケア成分の入った高機能美容液、角質ケアやピーリング、マッサージなどの積極性の高いケアは控え、使うスキンケアアイテムを絞ります。いろいろ塗ったり新しい専用化粧品を使ったりしたくなりますが、保湿・保護のみのシンプルケアを。場合によっては化粧水を省いても構いません。自分の回復力を信じて、少し放置するくらいの気持ちでいてください。

濃い・落ちにくいメイクが原因で肌が荒れることもあります。クレンジングや洗顔の負担が大きくなり、摩擦も強くなるためです。肌荒れしやすい人は、落としやすい薄メイクを心がけましょう。ブラシやパフなどメイク道具を清潔に保つ、肌にふれるタオルやシーツを肌当たりのよい清潔なものにするなどの配慮も必要です。

肌は人体最大の臓器であり、睡眠、食生活の影響も大きく受けます。肌荒れは忙しく過ごしている人への、「ちょっと身体を休めて」という肌からのサインなのです。

豆知識

肌荒れは生活の見直しサイン

肌荒れがなかなか回復しない人には、共通の特徴があります。ストレスが大きい、仕事のプレッシャーなどで精神的に疲れ気味、食生活が乱れがち、胃腸が弱いなどです。睡眠時間が不規則、もしくは睡眠の質に問題がある人も多くいます。

温度やかゆみ、痛み、ふれた刺激や圧を感じるなどの「感覚」は脳で調整しているため、ストレスや疲労で過敏になると、肌も過敏になります。神経がたかぶっているときは、ささいな物音が気になったり、洋服の繊維がチクチク感じられたりします。しかも気にしすぎるとより敏感になってしまうかも。ストレスの原因を見つけて早めに対処しましょう。

TROUBLE 10

敏感症状

吹き出物・ニキビ

ニキビは病気
治らなければ病院へ

大人になってからニキビができる人も多くなっています。

ニキビは皮膚疾患、つまり病気です。医学的な正式名称は「尋常性《じんじょうせい》ざ瘡《そう》」といいます。毛穴が閉じて、皮脂が外に出られない状態の肌の中で、アクネ菌に感染し、悪化すると炎症が起こります。直接的な原因は、皮脂の過剰分泌や毛穴が詰まることにあります。

一時的な軽いニキビなら自身の回復力やスキンケア、体調を整えることでよくなります。でも重症ニキビは放っておいてもなかなか治りません。大きな炎症ニキビがいくつもできる、同じ場所に何度もくり返しできる場合は、皮膚科での治療を行ってください。

Q&A　ニキビの痕は「二度と治らない」って本当？

早めに皮膚科での受診を勧める理由のひとつは、ニキビを「痕」にしないためです。ニキビ痕の炎症後色素沈着（しみのような痕）は、早めのケアで改善して消えることも多いのです。しかし、大きなニキビの痕やくり返しできた痕にできる凹凸は、改善が難しくなります。コメドの状態で抑えられれば「痕」にはなりにくいです。悪化の原因のひとつは「触ってしまうこと」にあります。ニキビは気になっても触らないで。無意識に触るクセのある人も多いので注意をしましょう。

しみのようなニキビ痕には、美白化粧品が有効。ニキビの炎症がおさまったら美白化粧品を積極的に使用しましょう。凹凸になっている痕の場合は、エステやクリニックでのエレクトロポレーションやレーザーなどがおすすめです。肌のハリや弾力がしっかりあると、凹凸がなめらかになるため、エイジングケア成分入りの化粧品でケアをしていきましょう。

【ニキビの進行】

1 コメド（面ぽう）

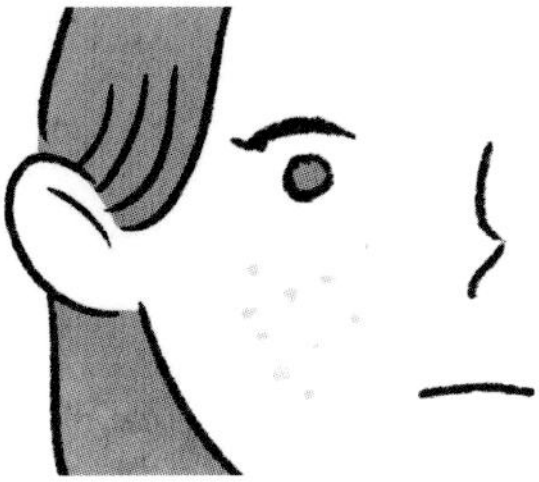

古い角質、化粧品、汚れが詰まって皮脂が外に出られない状態。

↓

2 白ニキビ

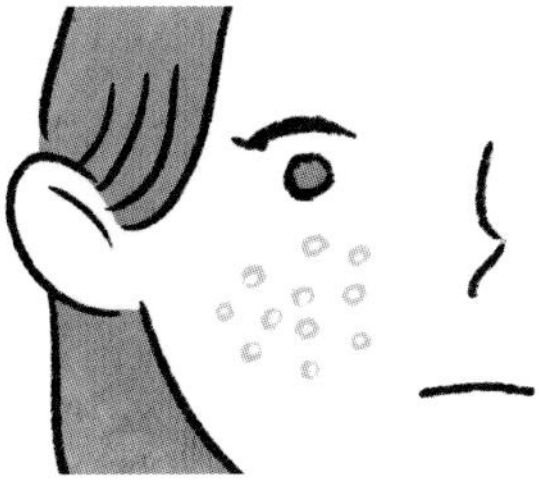

毛穴がふさがり、中で皮脂が固まっている。毛穴は閉じた状態。

↓

3 黒ニキビ

毛穴に皮脂が詰まり、その先が空気にふれて酸化した状態。毛穴は開いている。

4 赤ニキビ（丘疹《きゅうしん》）

毛穴が閉じ、中で細菌（アクネ菌）が繁殖して炎症を起こしている状態。赤く盛り上がり、痛みがある。

↓

5 黄ニキビ（膿疱《のうほう》）

赤ニキビの状態がさらに悪化。ブドウ球菌などの細菌が繁殖して、化膿した状態に。ニキビ痕や色素沈着になりやすい。

↓

6 ニキビ痕（瘢痕《そうこん》）

ニキビがつぶれたときに、周囲の組織にダメージが起こり凹凸や色素沈着になった状態。治すのはかなり難しい。

思春期ニキビとの違い
大人ニキビの原因は複雑

思春期ニキビの原因は、ホルモンのアンバランスや皮脂の過剰分泌が多く、Tゾーンや鼻まわりなど皮脂腺の多い場所にできやすい傾向があります。一般的には、年齢とともにホルモンバランスや皮脂分泌が落ち着く20歳前後で自然に改善していきます。

肌の水分不足やターンオーバーが乱れることで古い角質がたまり、肌表面が硬くゴワゴワした状態を角質《かくしつ》肥厚《ひこう》と言います。大人ニキビの場合、表面は乾燥しているのにニキビができていることも多く、角質肥厚の起こりやすいUゾーンにできる傾向があります。直接の原因は、皮脂分泌の増加、毛穴の詰まり、皮脂の酸化、アクネ菌の増加、活性酸素、食の乱れなどによる肌の代謝（ターンオーバー）の不調です。

あごまわりは皮脂腺が多いのですが、水分不足を起こしやすいため角質肥厚が起こりやすく、ニキビができやすくなります。Uゾーンはマスク、マフラーやハイネックなど洋服の刺激、ほお杖、手で触るなど刺激が多いため雑菌や摩擦での影響も受けやすくなります。

大人ニキビの原因

原因1
ホルモンバランス

① ホルモンのアンバランス、生理前や妊娠期のプロゲステロンの影響

② 更年期、閉経などで女性ホルモンの分泌が減少し、皮膚が硬くなり毛穴が詰まりやすくなる

③ ストレスなど男性ホルモンの影響で皮脂分泌が増える

原因2
間違ったスキンケア

① 水分不足、ターンオーバーがうまくいかないなどが原因で角質が肥厚化

② 乾燥やケアの過不足で毛穴が詰まりやすくなる

③ スキンケアやメイク製品の成分が原因で毛穴が詰まる

原因3
生活習慣

① 睡眠不足、飲酒や喫煙、不摂生、体調不良などにより抵抗力が低下する。または肌表面のPHの変化などで細菌が繁殖する

② 脂質・糖質が多い食事、またはビタミンやミネラルなどの栄養不足

【ニキビ改善のためにできること】

ニキビ改善には、スキンケアや食事、メイク、生活習慣などを見直してみましょう。

スキンケア

1. スキンケア用品は絞り、保湿
2. 油分の多いスキンケア用品・メイク製品は避ける
3. 皮脂膜を守る（洗いすぎない）
4. 洗顔後はしっかりとすすぐ
5. 鎮静・消炎作用のある化粧品やノンコメドジェニック製品を使用
6. 皮膚温を上げすぎず、メイクはなるべく早く落とす

生活習慣

1. 身体は冷やさないように血行促進
2. 紫外線、摩擦は避ける

3. 睡眠をしっかりとる、早く寝る規則正しい生活を送る

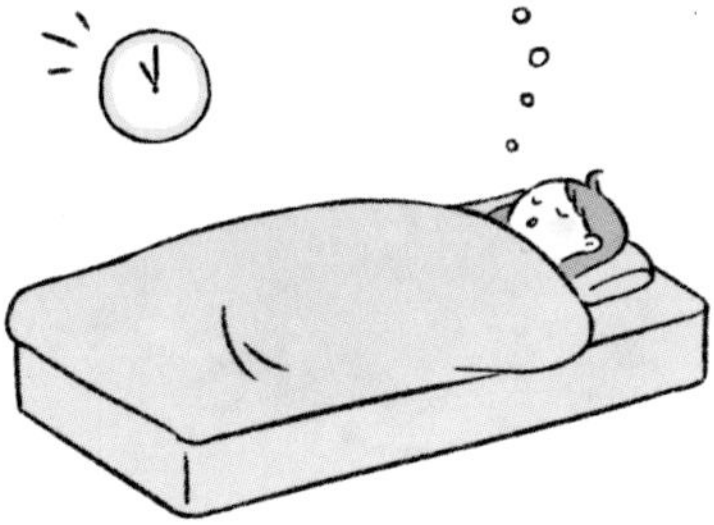

豆知識

ノンコメドジェニックって何？

スキンケアやメイク製品のパッケージやカタログに「ノンコメドジェニック」と記載されたものがあります。「コメド」とは毛穴詰まりやニキビのもとのこと。「ノンコメドジェニック」とは、「コメドをつくりにくい成分でつくっている」もしくは、「コメドができにくいテスト済み」であるサインです。

ノンコメドジェニック製品を使えばニキビが改善する、というわけではありませんが、リスクを減らすことはできます。ニキビができやすい、毛穴詰まりが起きやすい人は、化粧品を選ぶときに意識して「ノンコメドジェニック」の化粧品を選んでください。

ニキビにならないための食事、治すための食事

脂質の多い食事は、体内で余った油がニキビの発生につながると言われています。また、糖質のとりすぎは血中の中性脂肪が増え、皮脂分泌量が上がる原因になります。さらに、糖質、脂質の多い食事やアルコールは、肌を健康に保つために必要なビタミンを奪います。肝臓の負担も大きく、肝機能の低下はニキビやしみといった肌荒れにつながります。

美肌のためには、偏った食事を減らし、ビタミン・ミネラルをしっかりと摂取することが大切です。肉など動物性の食事が多いと、皮脂の粘度が上がって固まり、ニキビになりやすくなります。

ニキビができている人はまず、クレンジング洗顔でメイクがしっかりと落ちているか、保湿と紫外線対策が充分かを見直しましょう。また、日常で摩擦や触りすぎがないか振り返ってみましょう。炎症ニキビの場合は、鎮静作用のある製品に切り替えて。また、湯船に浸かる、食事の見直し、早めに就寝するなど生活面からの取り組みも行いましょう。

DOCTOR'S **VOICE**

皮膚科のニキビ治療の現在

日本でのニキビ治療は、長く抗生物質とビタミン剤が主流でしたが、最近はよい薬が増えています。毛穴の詰まりを取り、ニキビの発生原因自体を抑えて炎症ニキビへの進行を防ぐアダパレン（ディフェリンゲル）、角質をはがし殺菌作用のある過酸化ベンゾイル（ベピオゲル）など。しかし、乾燥やヒリヒリ感、赤みやかゆみといった副作用やデメリットがゼロではないので、皮膚科で相談しながら使用しましょう。

また、クリニックでは、薬剤を顔に塗布し、ニキビやニキビ痕を改善するケミカルピーリングを行っているところもあります。悩んでいる人は、どの方法が向いているか、医師に相談してください。

ニキビ痕には美白成分の化粧品を気になる人は美容クリニックへ

ニキビ痕は大きく分けて2種類あります。炎症後色素沈着といって、ニキビの炎症の痕が赤くしみのように色が残るタイプ。もうひとつが、クレーターのように窪んでしまう凹凸タイプです。

色が残るタイプは、炎症が治れば自然になくなることもありますが、日焼けをしたり摩擦が加わったりすることで、しみとして痕が残ることも。ケア方法としては、摩擦・紫外線を避け、ビタミンCやハイドロキノンといった美白成分配合の化粧品を使用します。

凹凸タイプは、自力でのケアが難しいので、ニキビをこれ以上つくらないこと、摩擦と紫外線を避けることが重要です。

ハリや弾力が落ちて肌がやせると凹凸感が目立ったように見えるので、エイジングケア成分の配合された化粧品の使用もおすすめです。自宅ケアで激的な変化は望めないので、美容クリニックで相談してもいいでしょう。凹凸は真皮層のほうまでえぐれてしまっている傷跡なので、レーザーなど肌の奥に働きかける治療が必要です。

DOCTOR'S VOICE

市販のニキビ薬やニキビ用化粧品がニキビ悪化の原因に！？

皮脂分泌の過剰でできてしまうシンプルなニキビには、イオウ配合の塗り薬やコスメが効果的なことがあります。昔から使用されていて、殺菌作用や肌を柔軟に保つなどの作用があります。しかし、イオウは脱脂力も高く、乾燥を招くことがあります。乾燥肌のニキビや大人ニキビには逆効果になりえるので避けたほうが無難です。一度使用して変化が見られなかったら、自己判断せず皮膚科を受診しましょう。

TROUBLE 10
敏感症状

赤ら顔

意外に多い！
肌の弱りや乾燥による赤み

赤ら顔は、肌が赤くなる症状です。酒《しゅ》さ、毛細血管拡張症、クーパーローズなどと呼ばれるものです。ニキビやニキビ痕の赤みが強い状態を赤ら顔ということも。ほてり感を伴うこともあります。原因はさまざまですが、ニキビやアトピー、皮膚ダニなどの炎症系、小鼻の溝など脂漏性のもの、乾燥性のものがあり、摩擦など肌負担がかかると肌を修復するために血液が集まり、赤くなることもあります。お風呂上がりなど、血行がよくなったときに、一時的にほてりや赤みが出て、そのあとすぐ戻るようなら問題ありません。

赤ら顔は肌の乾燥やバリア機能の低下から起こることも多いです。乾燥による症状は冬場によく起こりますが、慢性的な場合、赤みが強い場合は皮膚科を受診しましょう。

DOCTOR'S VOICE

酒《しゅ》さ・酒《しゅ》さ様皮膚炎は皮膚科で治療を

ほおなどを中心に長く続く赤ら顔のことを「酒さ」といいます。くり返すほてり感や、ほお、鼻、額、眉間、首などに赤みが出ます。悪化するとニキビに似た発疹があらわれ、長期間持続します。ひどくなると鼻が赤く腫れ、しこりが見られます。放置すると、鼻瘤《びりゅう》と言って団子鼻のようになることも。

はっきりした原因はわかっておらず、ヨーロッパなど西洋人に多いことから遺伝的な要素が大きいといわれています。紫外線、寒暖差、飲酒や刺激物の摂取が悪化の要因と言われ、セルフケアでは治りにくいので、皮膚科での診療が必須です。紫外線や摩擦を避けるなどの日常ケアは悪化させないためにも大切です。

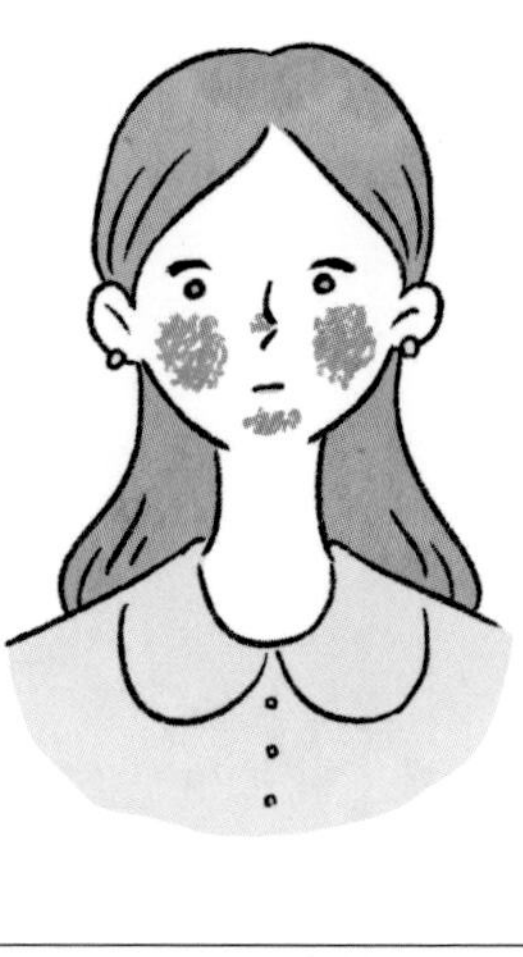

TROUBLE 10
敏感症状

かぶれ

化粧品によって起こることもある

かぶれは接触性皮膚炎とも言われ、肌に化学物質などがふれることで起きる皮膚の炎症です。だれにでも起こる一次刺激性と、特定の人のみがなるアレルギー性があります。かぶれを予防するには、原因になる物質を避けるしかありません。症状が軽い場合は、原因を避けることで自然に治りますが、症状が強い場合は、かいたところからバイ菌が入ったり、炎症が痕になったりすることもあるので、皮膚科を受診しましょう。

アレルギーを多くもっている人は、新しい化粧品を使うときや購入前に、パッチテスト（１４９ページ参照）を行うと安心です。クレンジングや洗顔など洗い流しが必要なものは、水と混ぜて薄めた状態でテストしましょう。

接触性皮膚炎	特徴	原因や対策
一次刺激性 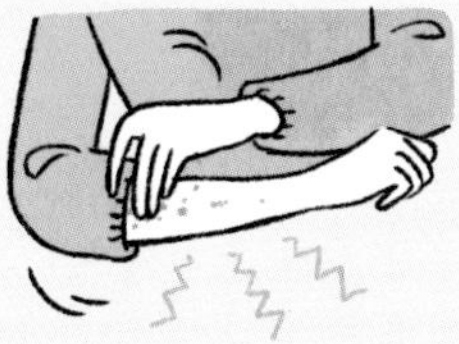	刺激物質にふれると起こり、離れると治る皮膚炎。だれにでも起こりえる。 石けんや洗剤が洗い流せておらず長時間肌に付着していたときや、薄めて使用するような洗剤を原液のまま使うなどしたときに起こる。	刺激物資をしっかり洗い流し、原因のものから離れれば症状もおさまる。化粧品や薬品の間違った量や使い方でなることも。すぐに反応が出ることが多く、原因がわかりやすい。
アレルギー性 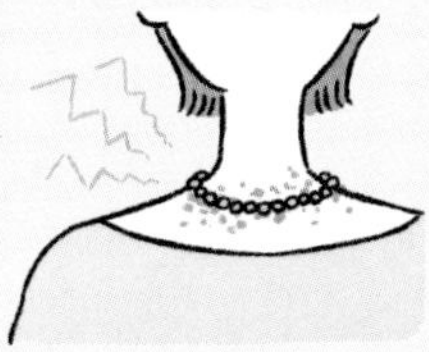	アレルゲンにふれると起こる皮膚の炎症。かゆみやはれを伴うことも。症状があらわれるのに24〜48時間かかると言われる。金属アレルギーやアルコールアレルギーなどが知られている。	植物、金属、化粧品、医薬品など、さまざまなものがアレルゲンになりえる。アレルゲンと自覚しているものや、アレルギー検査で当てはまるものにふれない（例：金属、うるし、ヘアカラー）。

TROUBLE 11

大人になってから発症することもある
アトピー

悪循環をくり返しやすいので治療と並行したスキンケアを

アトピーは、乾燥と同時に強いかゆみを伴なったり、目のまわりだけ赤くカサカサしたりする皮膚炎です。最近は大人になってから発症する例も増えています。

お風呂上がりなど血行がよくなったときや、副交感神経が優位になる夜のリラックスした状態のときに、症状が強く出る傾向にあります。

アトピーの方の肌は皮脂量が少なく、極度の乾燥状態になっています。医師の治療と並行して、肌の調子を整えるスキンケアが必要です。ピーリング成分が入っている化粧品は避け、セラミドなどの保湿成分配合の化粧品で保湿を徹底しましょう。

子どものアトピー

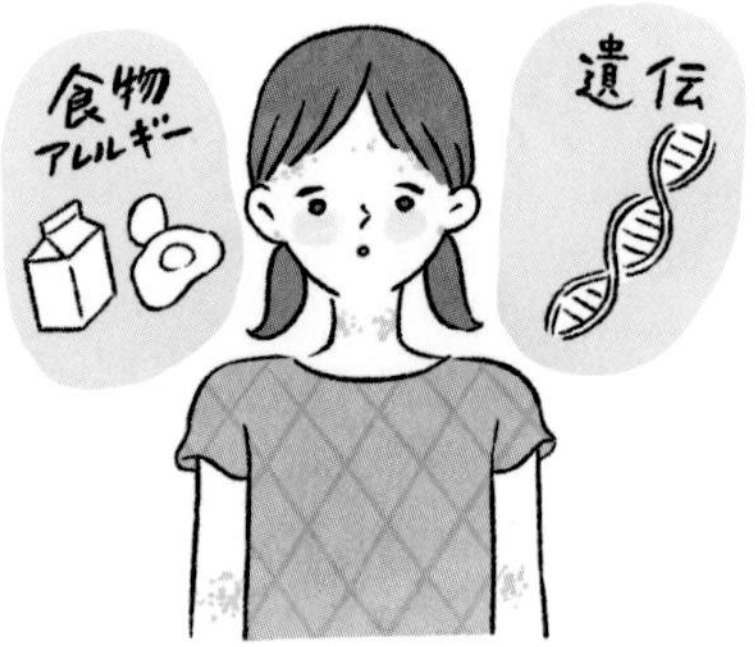

20～30％が遺伝子の異常で起こる。食物アレルギーで起こることも。軽度の場合、汗をかくひじやひざの内側の関節に症状が出やすい。重症化すると全身に広がり、顔つきが変化したり、毛髪に影響が出たりすることもある。

大人のアトピー

軽度でも首、顔、頭皮などの上半身に症状が出やすい。悪化すると全身に広がり、薄毛などに悩まされるケースも。化学物質や食品添加物、ハウスダストなどの刺激のほか、さまざまなストレスなども原因になる、

【アトピー肌のスキンケア】

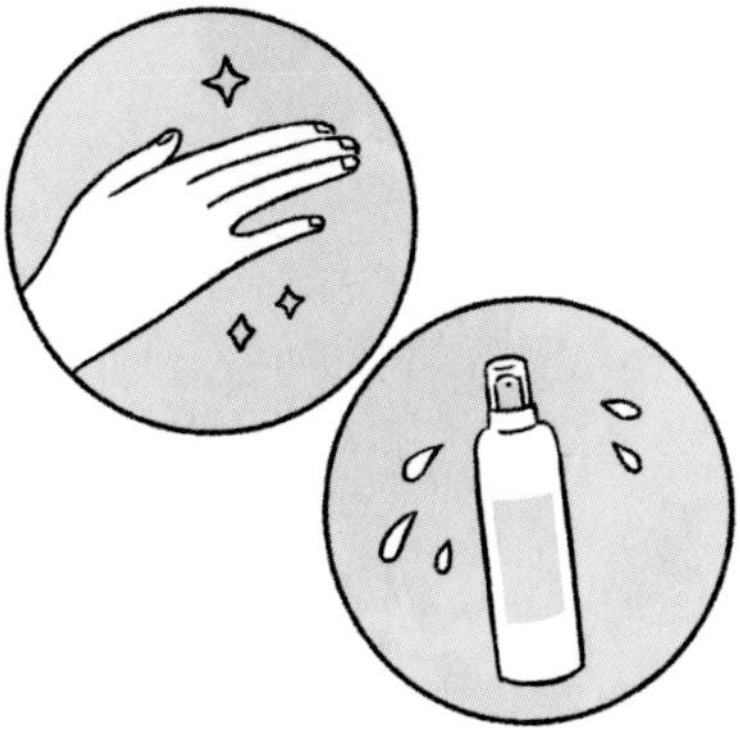

1. マッサージ、拭き取りなどの物理的な刺激は避ける
2. ピーリングやスクラブはNG、化粧品の使用数も少なめに
3. 洗浄力の強いクレンジング、洗顔、ボディソープを避ける
4. スチーマーなどを使わない、熱い温度での洗顔などに気をつける、温熱系のコスメは避ける（ホットクレンジングなど）
5. かゆみがあるときはかかず、冷やして落ち着かせる

6. つめは短く、清潔に保つ（無意識にかいてしまったときの負担を減らす）
7. シンプルな保湿メインのスキンケアにし、ビタミンC入りは避ける
8. 紫外線を含む外部刺激から守るために日焼け止めを使用
9. オーガニック製品や天然オイルなどはなるべく避ける。オイルを使う場合は、精製度の高いもの

DOCTOR'S VOICE

アトピーの人は超乾燥肌

アトピーの人は皮脂量が少ないため、健康な皮脂膜がつくられず、細菌繁殖や感染を起こしやすくなっています。細胞間脂質であるセラミドや、水分保持の役割があるNMF（天然保湿因子）が少なく、極度の乾燥状態になっています。

乾燥によって肌のバリアが低下→外部刺激に弱くなる→よけいにかゆみを誘発→かいてしまい症状が悪化、という悪循環に陥っているのです。このため、とにかく保湿が大切になります。

アトピー性皮膚炎の治療は？

「アトピー」という言葉は、もともとギリシャ語のアトポスが由来で、「奇妙な」という意味をもっています。アトピー性皮膚炎という疾患が医学史に登場したのは1920～1930年代。まだ100年ほどしか経っていない新しい皮膚疾患です。「奇妙な」という言葉のとおり、原因がはっきり特定できない皮膚病と言われています。

アトピー自体を治す治療法は確立されていないため、薬を使用してかゆみを止め、かいて傷ができる→炎症が起こる→さらにかゆみが出る、という悪循環を断ち切っていく治療を行います。

炎症や湿疹に対しては、ステロイド外用薬の処方が基本です。ヒルドイドなどの保湿外用薬を処方する場合もあります。

もともとステロイドは、副腎でつくられるホルモンで、その作用を応用した薬がステロイド薬です。外用薬（塗り薬）以外にも、内服や注射、点滴などが利用されています。炎症を鎮める作用が強いため、アトピー性皮膚炎や湿疹、皮膚炎などにステロイド外用薬が処方されます。

気になるステロイドの副作用

ステロイドは肌や体に悪いと取り沙汰されることも多い薬です。たしかにステロイド外用薬で毛細血管拡張、酒《しゅ》さ様皮膚炎、ステロイド内服薬で感染症の悪化、骨粗しょう症や糖尿病の誘発などの副作用の可能性があります。しかし、薬である以上副作用がまったくない薬はなく、強いステロイドを長期間使うなどしなければ通常は起こりません。

副作用を避けるためには、しょっちゅう皮膚科を変えたり、自己判断で使用を止めたり頻度を変えたりせず、注意事項を守り、信頼できる医師の指導のもと使用しましょう。

DOCTOR'S **VOICE**

抗生物質などの薬は医師の指導を守って！

皮膚科でもらった薬が思ったように効かないという声を聞きます。しかし、合う合わない以前に、自己流で薬を塗っている人も多いようです。抗生物質や殺菌剤を使用すると、肌の上の菌のバランスが変わるなど、デメリットもあります。使う、やめる、薬を変えるなどは自己判断せずに、医師の指導を守りましょう。合わない・効かないと思ったら、医師に相談を。

PART2

若返るケア、老けさせるケア

ANTI-AGING SKIN CARE

この章では、「やらなさすぎ」「やりすぎ」「間違ったケア」に気づいて、スキンケアに必要なことが選べるようにお伝えしていきます。化粧品を上手に活用して、肌老化の進みをゆるやかにし、年齢を重ねても美肌でいるための味方にしていきましょう。

ANTI-AGING
SKIN CARE
1

多様な化粧品の成分、本当に有効なのは？

化粧品の成分に症状をよくする力はないが…

化粧品の成分は肌に浸透させることで、健康な肌づくりやエイジングケアなどのサポートをしてくれます。しかし、化粧品は医薬品ではないので、肌そのものをつくったり症状を治したりする強い力はありません。

肌をつくる材料は化粧品ではなく、あなたが今日まで食べてきたものです。また化粧品の効果は、肌タイプや使用法によって個人差があります。それを頭に入れたうえで、化粧品の成分を知っていきましょう。

一般的に化粧品と呼ぶもののなかには、「化粧品」と「医薬部外品」があります。

医薬部外品は、化粧品と医薬品の間に位置するもので、薬ではなく、化粧品として販売されます。厚生労働省が「何らかの効果がある」と認めた成分が入っていることや、成分の濃度など細かい安全基準を満たしていることが、医薬部外品の条件です。必ずしも化粧品より優れているわけではありません。

豆知識

植物成分は危険も多い

精油は植物の成分を凝縮したものですが、刺激もかなり強いです。日本では精油は雑貨扱いでだれでも加工・取り扱いや販売ができますが、海外では国家資格がないと扱えない国もあります。原液での使用は厳禁。肌につける場合は、植物油などのキャリアオイルで1%程度に薄めます。ホルモンバランスや血圧などにも作用します。肝臓などの負担になったり体内に蓄積されたりする可能性も。アレルギーリスクも高くなります。精油やアロマオイル使用の化粧品は、よく注意してください。

【化粧品と医薬部外品の違い】

化粧品

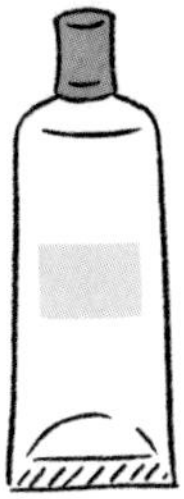

特徴

人の肌、身体、髪を清潔に保ち、保護する「衛生を保つ」もの。見た目を美しく変える、整える「美容目的」のもので、作用が穏やかなもの。

有効成分 なし（基本的に効果をうたえない）

効果 衛生やうるおい保持、メイク効果など効果・効能は限定的

安全性 日常的に安全に使用できる

全成分表示 表示義務あり

医薬部外品

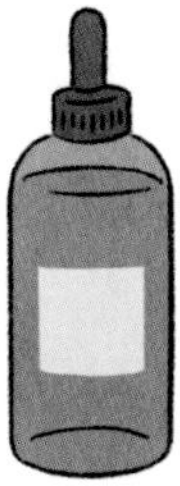

特徴

おもに「予防や改善」を目的にしたもので、厚生労働省によって医薬品よりも穏やかな作用と安全性を認められた成分が配合されている（106ページ参照）。薬用化粧品とも言う。

有効成分 あり（認められたもののみ）

効果 予防効果があればうたえる

安全性 日常的に安全に使用できる

全成分表示 なし

医薬品

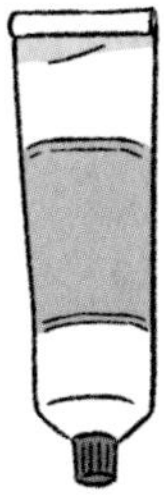

特徴

病気の治療や予防のための薬。厚生労働省により効果効能が承認された成分が配合されている。医師の処方薬である医療用医薬品と、ドラッグストアなどで市販されている一般用医薬品がある。

有効成分 あり（認められたもののみ）

効果 治療、治癒する

安全性 治療のために使用し、副作用がある

全成分表示 表示義務あり

SKIN CARE 1

これだけは知っておきたい化粧品成分

基本の成分は水溶性、油溶性、界面活性剤

化粧品は基本的に3つの成分グループで成り立っています。保湿や引き締め、感触をよくするなどの役割をもつ水溶性成分。肌から水分が蒸発するのを防ぎ、柔軟性を保つ油溶性成分。水溶性成分と油溶性成分をあわせもち、汚れの洗浄をする界面活性剤です。この3つの配合によって、石けんや化粧水、乳液、クリームなどの製品になります。

美容成分は「水の形（水溶性）が得意」なものと「油の形（油溶性）が得意」なもの、「両方OK」なものがあり、それぞれの個性やバランス、組み合わせで製品はつくられます。

なお、化粧品の成分が浸透するのは、基本的には角質層までで、真皮層には届きません。

化粧水、乳液、クリームなどの配合のバランスは？

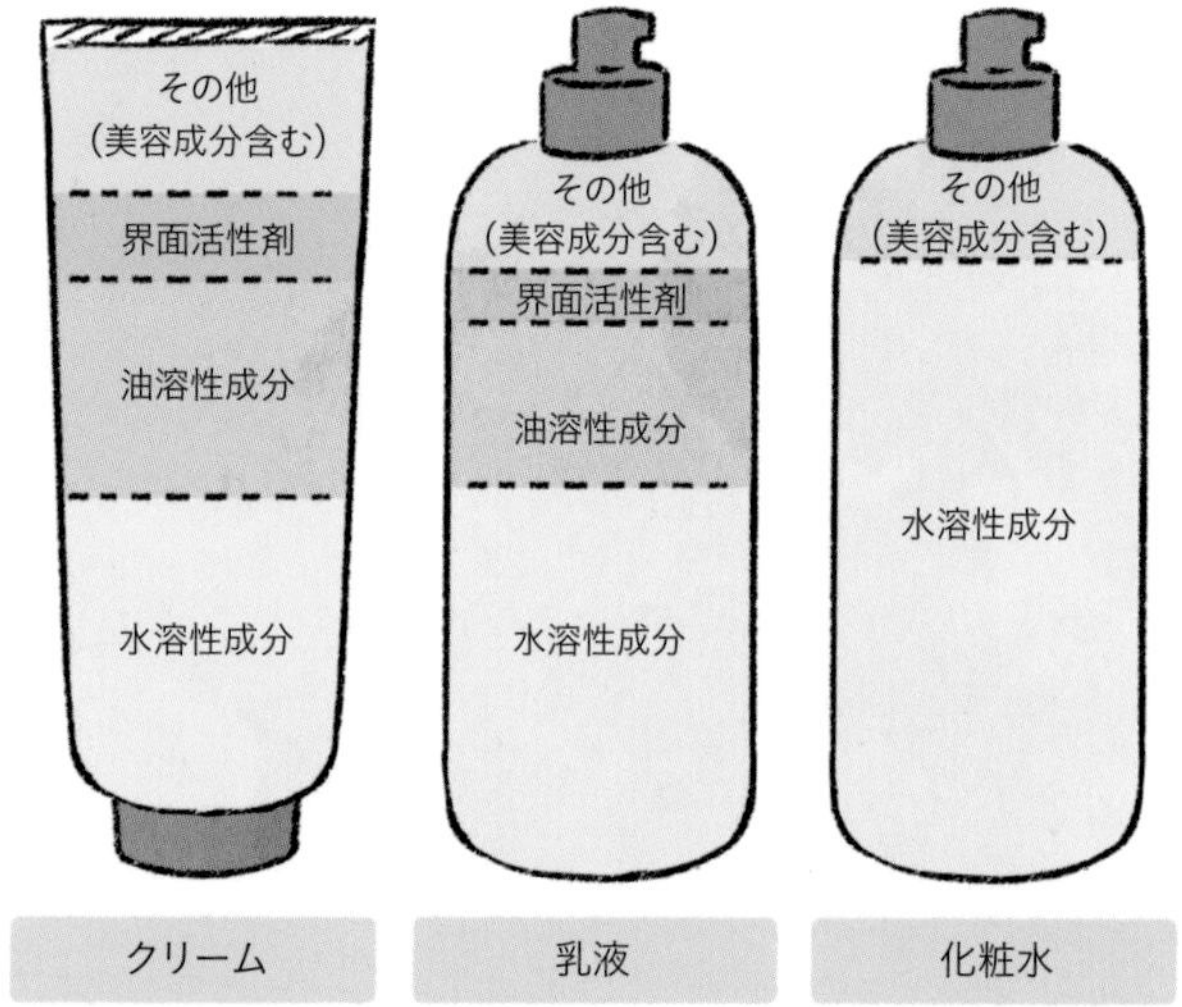

化粧水は8割以上が水溶性成分でそのほかに美容成分が含まれている。乳液とクリームを比べると、クリームのほうが油溶性成分が多く、こってりした質感がある。

【化粧品のメイン「基剤」に含まれる成分】

1

水溶性成分

「化粧水のほとんどは水」という話を聞いたことがある人もいるでしょう。もちろん、ただの水道水が入っているわけではなく、ミネラルや細菌を除去した精製水や、温泉水、場合によってはローズ水など花から抽出したフローラルウォーターが配合されます。エタノールは清涼感があり、さっぱりした質感で抗菌剤としての役割も。グリセリンは高い保湿性があり、温感を与える成分としても使用されます。

2

油溶性成分

油溶性成分の基剤としては、ミネラルオイル、パラフィン、ワセリンなどが有名です。肌を柔軟にする、水分の蒸散を防ぐ、テクスチャーをよくするなどの働きがあります。石油由来成分が多いですが、植物から採れる油分としてオリーブ油、ツバキ油、アルガン油などもあります。ほかにもロウ（ワックスエステル）、エステル、シリコーンなどの油溶性成分があります。

3

界面活性剤

汚れを落とし洗浄したり、泡立ちをよくしたりする成分です。化粧品でのおもな役割は、水と油を混ぜる「乳化」を起こし、化粧品のテクスチャーをよくすることです。

界面活性剤は皮膚刺激が多少あるものもあり、何かと悪者にされがちです。とはいえ製品に配合されているのは少量で、そこまで神経質になる必要はありません。

ただし、一部の界面活性剤で肌荒れを起こしてしまう人は、特定の成分を避けて製品を選んでください。

【界面活性剤の4つのタイプ】

スキンケア製品では肌への刺激が弱いとされる「両性イオン」「ノニオン型」が使用されることが増えています。洗剤やヘアケア製品、制汗剤によく使われる「カチオン型」は肌刺激がやや強めな成分も。心配な人は避けましょう。

【肌への刺激】

◎ほぼない／○弱い／△比較的弱い／×やや強い

アニオン型 △

水に溶けると陰イオンになり、洗浄をする、泡立ちがよいという特徴をもつため、石けんやシャンプー、洗顔料などに配合されることが多い型です。刺激は比較的弱いと言われています。

例：～石けん、～硫酸Naなど

カチオン型 ×

水に溶けると陽イオンになり、洗浄や泡立ちの働きをもつため、トリートメントやコンディショナーなどヘアケア、制汗剤などに配合されます。殺菌力が強く刺激がやや強いのが特徴です。

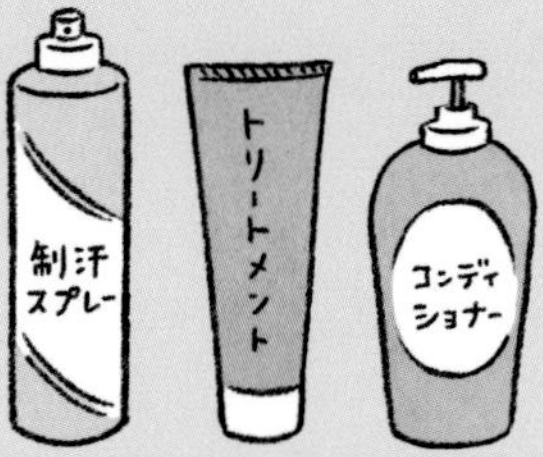

例：「～アンモニウム」「～クロリド」など

両性イオン ○

陰イオンにも陽イオンにもなる界面活性剤で、洗浄力は穏やか、乳化の助けをする成分として配合されることも。高価格帯のシャンプーやリンス、子ども用や敏感肌用など「肌にやさしい」ことをうたう製品によく配合されています。

例：「～ベタイン」「～スルタイン」「～アンホ～」など

ノニオン型 ◎

水に溶けてイオン化しない界面活性剤。乳化作用に優れ、油を溶かしたり、洗浄をしたりなどさまざまな目的で化粧品に使用される成分。乳液、クリームなどに使用されることが多く、刺激は非常に弱いのが特徴。

例：「～水添ヒマシ油」「～グリセルズ」「～PEG-数字」「～ソルビタン」「～ポリグリセル-数字」

近ごろ増えてきた「ナノ化」化粧品とは

ナノ化化粧品という、ナノテクノロジーを応用した化粧品も現在販売されています。ナノテクノロジーは医薬品や食品などにも利用される技術。大きさの単位である「ナノ」は、1㎜の100万分の1の大きさで、目には見えません。

これは化粧品の成分をナノ化（超微細化）することで、本来ならブロックされて到達できない肌の奥まで美容成分を浸透させ、効果を高めることを狙っています。

肌にはバリア機能があり、通常であれば肌の奥に化粧品を含む「異物」を通さないようにします。この働きのために、肌の健康は保たれるのですが、一方で有効成分や美容成分も肌の奥に入り込めません。そこで化粧品をナノ化することで、解消が期待できます。

より浸透する、より効果的、という期待ができます。

その反面、本来は到達できない場所に浸透させる技術のため不安の声もあり、動物実験などでは安全性が疑われる結果もあるようです。信頼できる製品を選ぶことが大切ですね。

Q&A 界面活性剤ってなぜ悪いと言われていたの？

本来混ざることのない水と油を混ぜ合わせる、浸透を促す、汚れを落とすなどの役割がある界面活性剤は、シャンプーや洗顔、洗剤などに配合されます。「肌に悪い」「必要ない」などネガティブなイメージが一人歩きし、悪者扱いされがちですが、「肌にやさしい」イメージの石けんも界面活性剤でできています。

界面活性剤にも種類があり、なかには脱脂力が強い、刺激があるといわれているものもあります。

水を加えた瞬間に白く濁るタイプのクレンジングには界面活性剤が多く含まれる傾向にあります。油分汚れを取り除く際に、肌の油分も少なからず取り去ります。シートタイプやオイルタイプのクレンジングは界面活性剤が多く含まれるため、洗浄力が強くなっています。しかし、安全性が懸念されているものは配合量の規制があるなど、法律で定められています。あまり神経質にならなくても大丈夫です。

【ほかにもよく見る化粧品成分と名称】

3つの基材のほかに、化粧品を保つために必要なさまざまな成分があります。
なかには肌に不必要な成分も含まれているので、
ここで一度確認しておきましょう。

○ 入っていてもOK　△ できれば避けて

5　着色剤

安全度 △（メイク用品は○）

見栄えがよくなるように化粧品に色をつけたり、肌に色をつけたりするために配合される成分。メイク製品に使用されるタール色素には、顔料と染料の2種類があります。

染料は肌に密着する、落ちにくい、発色がきれいなどのメリットがある代わりに、刺激になりやすく、アレルギーや皮膚刺激のリスクがあります。「落ちないリップ」「ティントリップ」などの口紅やファンデーションで肌荒れしやすい人は、染料の刺激に弱い可能性が高いです。

顔料タイプの商品を選ぶと、肌が荒れにくくなります。顔料は粒子が粗く、肌の凹凸に入りこみにくいため、安全性が高いです。

顔料と染料を見分けるのは難しいので、オーガニック系や自然派コスメなどで探すと失敗が少ないでしょう。

1　増粘剤

安全度 ○

カルボマー、キサンタンガムなど、とろみをつけ、ジェルをつくる成分です。テクスチャーをよくするために使われることもあります。

2　PH調整剤

安全度 ○

酸性、アルカリ性のバランスを調整する成分。化粧品を弱酸性に保つ役割に使われることが多いです。

3　酸化防止剤

安全度 ○

酸化しやすい成分の品質を保持するために配合される成分。

4　キレート剤

安全度 ○

化粧品の劣化の原因になる、金属イオンを取り除くために配合される成分。

6　防腐剤

安全度　○

防腐剤は微生物の繁殖を抑える成分。もし防腐剤を入れなければ、菌の繁殖から化粧品が腐って、刺激や肌荒れの原因になることもあります。シートマスクの大容量タイプなどは、開封後の空気や雑菌にふれても大丈夫な状態にしているため、防腐剤が多いと予想されます。比較的防腐剤が少ないのは、個包装タイプ、使い切りタイプ、開封後の使用期限が明記されているものです。

ただし現在の防腐剤は、刺激が弱いかほとんど刺激がないとされるものを適性な量で配合するので、あまり神経質にならなくてもよいでしょう。

7　殺菌剤

安全度　△

殺菌剤は、細菌や微生物を殺すために使われる成分で、防腐剤よりも効果的な分、肌への負担も強めです。悪い菌を殺す一方で、よい菌も殺してしまうため、肌の常在菌のバランスを崩すことも考えられます。肌には本来自浄作用で菌の繁殖を防ぐ力があるので、化粧品の品質を保つには防腐剤で充分。殺菌力が強く、刺激が懸念される成分には、ベンザルコニウムクロリド、セチルピリジウムクロリドなどがあります。

殺菌剤入りの化粧品は、長期使用を避けたほうがよいでしょう。

8　香料

安全度　○（アレルギー体質、肌の弱い人は△）

化粧品に香りをつける成分で、なんと3000種類以上あると言われます。大きく分けると、植物などの天然成分から抽出する天然香料と、化学合成される合成香料の2つがあります。

天然香料のほうが肌にやさしそうなイメージですが、精油（エッセンシャルオイル）は香りの化学物質のかたまりで、不純物を含むこともあり、刺激やリスクは高くなります。一方、合成香料は、天然由来のもの、石油から合成したものなどいくつかの種類に分けられます。どれも単一成分であり、不純物が少ないので安全性が高いのが特徴です。

香り成分は分子が小さく、肌に合わないことはありえるので、心配な人や、肌が敏感になっているときは、無香料のものがおすすめです。

天然成分
天然成分には不純物が含まれる。

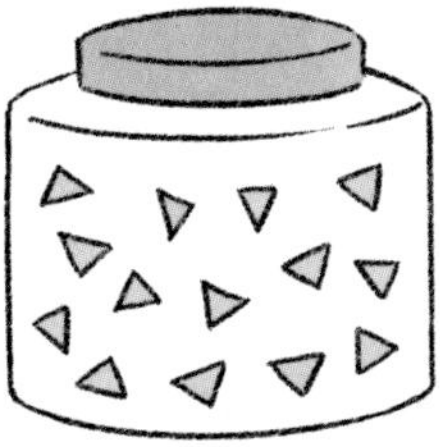

合成成分
単一成分で不純物が少ない。

日本の薬機法は厳しいものですが、それでも、肌に不必要なものはつけたくない方、敏感症状が出る方のために、肌の負担になりかねない成分をご紹介します。

エタノール

アルコールのことで、さまざまな液体を溶かして混ぜたり、皮脂や汚れを取り除いたりします。肌を引き締める、清涼感があって爽快感を与えるなどの役割があります。

アルコールは肌を乾燥させる性質があり、ピリピリするなど刺激を感じたり、赤みが出たりするなど肌に合わない人も一定数います。肌が乾燥しやすい、弱い人は、「〇〇アルコール」「セタノール」「〇〇エタノール」という表記のものは避けましょう。無添加系のコスメに配合されている「フェノキシエタノール」は、安全性の高い防腐剤で、いわゆるアルコールとは違います。

PG（プロピレングリコール）

さっぱりした感触の保湿剤で抗菌性もあるため、製品の安定化も兼ねて配合されていた成分です。皮膚刺激はほとんどないと言われていますが、くり返し使うことで刺激を感じたり、皮膚に異常が見られたりする事例があります。PG配合の製品は減少傾向にあり、代わりに性質が似ているグリセリン、BG（ブチレングリコール）、DPG（ジプロピレングリコール）といった成分が使われています。DPGも皮膚への刺激の可能性はあります。

ミネラルオイル

石油を精製してつくられるオイルで、安全性が高く低刺激で安価、さらっとしたテクスチャーでさまざまな化粧品や医薬品に配合されています。皮膚表面をラップのようにおおい水分蒸散を防ぐ役割があります。以前は、精製度が低い、不純物が多いことで肌トラブルを引き起こした事例もありましたが、現在はかなり改善されているようです。基本的には安全性の高い成分ですが、まれに毛穴詰まりの原因になります。また、クレンジング剤に配合されている場合は被膜感を落とすために、洗浄力の高い洗顔料が必要となり、その影響で肌の乾燥や刺激につながることもあります。よく見極めて選んでください。

※ペンチレングリコール、ヘキサジンオールは新しい成分ですが、動物実験が禁止されている現在、毒性などははっきりわかっていないようです。避けたほうが無難です。

ラウリル硫酸Na

アニオン界面活性剤の一種で、皮脂に対しての洗浄力などがあり、ほかの成分との組み合わせで乳化の働きや製品の使用感などを高めます。肌への浸透力が高く、皮膚刺激がある成分のため、洗剤やシャンプー、歯磨き粉など「洗い流す」製品に使われます。

ただし洗い流しても皮膚刺激を起こす人もいます。配合量や肌にどの程度残るかなど、条件によって安全性も変わります。ラウリル硫酸Na配合のシャンプーを使うと頭皮や背中が荒れる人や、敏感症状のある人は使用を控えて。

ラノリン

羊の脂《あぶら》を精製してつくる動物性のロウ。人の皮脂に似た機能があり、保湿力が高く、軟膏のような硬さがあるため化粧品に多く使用されてきました。以前はアレルギーが多く報告されていましたが現在は精製度が高く、アレルギーの原因を除去した吸着精製ラノリンがあり、ラノリン=アレルギーの危険とは言えません。ただし化粧品の表示に関しては、精製度合いに関わらず「ラノリン」なので、気になる場合はメーカーに問い合わせてください。

Q&A 「経皮毒」って何?

経皮とは、皮膚を通すという意味です。化粧品は肌の表面(角質層)までしか浸透しない、と言われています。化粧品は法律で「皮膚に吸収されてはいけない」という決まりがあり、皮膚に吸収されるのは医薬品のみです。たとえば、湿布やステロイドなどの医薬品は、経皮吸収させて効果や効能を与えます。医薬部外品も、化粧品と同様、経皮吸収されません。

「経皮毒」は、もともとラウリル硫酸NaやPGの経皮吸収のことを指した造語で、そこから話がふくらみ、「化粧品や洗剤には毒が入っている」「界面活性剤や防腐剤は悪」という偏った考えが聞かれるようになりました。ラウリル硫酸NaやPGは、皮膚刺激が報告され、洗い流しをしないと刺激になるなど問題点も指摘されているため、現在は配合されることが減っています。

また、精油や香料などの芳香成分は分子が小さく油溶性の成分のため、身体に吸収されやすく、また蓄積されやすい成分です。アロマテラピーなどで使用される精油が、化粧品として認められずに雑貨扱いをされるのはこうした背景もあります。

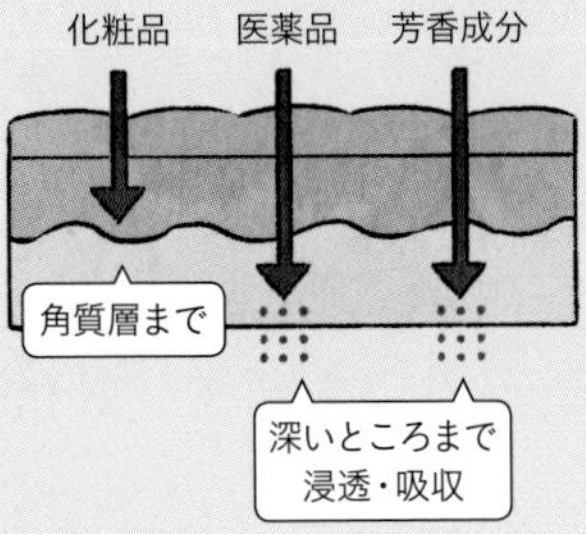
化粧品
医薬品
芳香成分
角質層まで
深いところまで
浸透・吸収

ANTI-AGING
SKIN CARE
2

肌トラブルにならないために「保湿」は欠かせない

肌のうるおいは自分で生み出す 外から補うのが「保湿」の基本

スキンケアの基本は「保湿」と「美白」「エイジングケア」の3つです。これらは健康的な肌をつくるうえで欠かせないポイントなので、詳しく知っておきましょう。

まず保湿。肌は保湿成分を生み出し、それを肌内で保つ機能をもち合わせています。しかし、加齢や栄養不足、紫外線、メイクなどの顔にダメージを与えるさまざまな要因は、「うるおいをつくり、保持する」機能を低下させます。それを外から化粧品を塗ることで補うのが、保湿の役割です。

あくまで「補う」のが役割で、保湿がいらない状態が本来の正常な肌の状態です。とはいえ、メイクを行う現代の大人が何も塗らないというのは、乾燥を招く可能性が高く、エイジングケアなどもできません。

化粧水での保湿は保湿成分を重視して

肌の水分量が減ると、乾燥してつっぱったり、粉をふいたり、小ジワが増えたりします。やがては肌の防御機能が衰えて化粧品がしみる、ヒリヒリする、かゆみや赤みなどの敏感症状につながることもあります。

化粧水の主成分は水ですが、肌表面の角質は一定量しか水分を含まず、肌のバリア機能が働くため、たくさんの水を塗ってもあまり意味がありません。乳液やクリームなどの油分でフタをしても、そのすき間から水分は蒸散します。結局は肌内に水分保持をしている成分がなければ時間とともに乾燥するのです。そのため、水分・油分だけではなく、水分を抱えてキープしておけるセラミドなどの保湿成分も一緒に補います。

乳液や美容液だけでも、保湿成分は補うことはできます。しかし、洗顔後に化粧水を使用することで美容液や乳液の浸透を助けたり、肌に水分を与えたり、柔軟にしたりするなど、化粧水には化粧水の役割があります。化粧水、美容液、乳液、クリームをバランスよく使用しましょう。

乾燥した肌

保湿で補う！

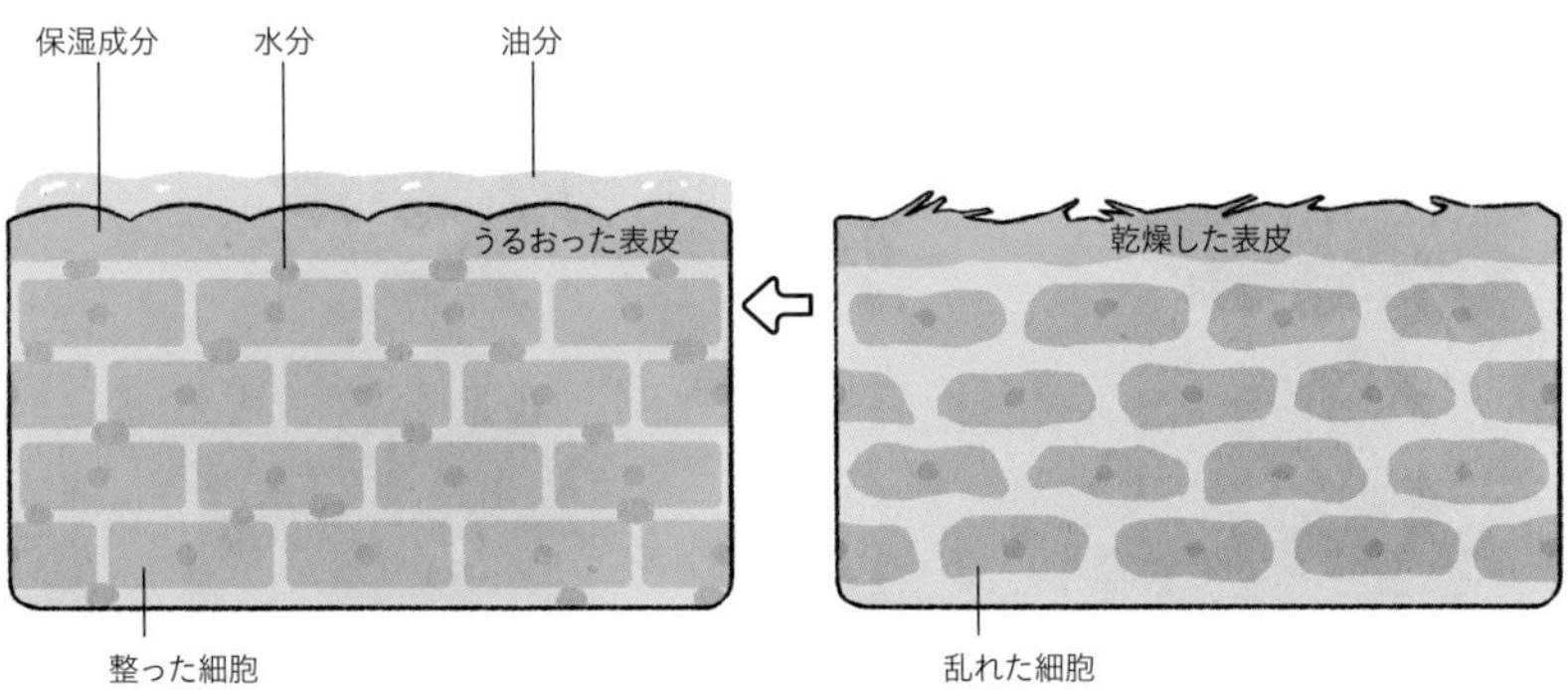
乾燥した表皮
乱れた細胞
保湿成分
水分
油分
うるおった表皮
整った細胞

季節や室内環境によって乾燥し、保湿をしないでいると、肌から水分が蒸散していきます。また、角質層の保湿成分が減ることで肌の保湿力が低下します。

適切な保湿によって、角質層が保湿成分をたっぷり蓄えることができます。また、油分で肌のバリア機能を補います。

SKIN CARE 2

ハリのある肌に効く、第一の成分「保湿成分」

化粧品の成分で代表的なのが保湿成分です。肌のうるおいを補う成分を化粧品として塗布し、肌表面のうるおいを保つ効果があります。

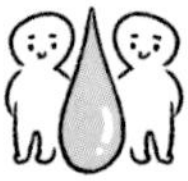

水分をはさみ込む セラミド

保湿成分の代表格セラミドは、角質層に存在するうるおい成分「細胞間脂質」の主成分。水分と油分が交互に重なるラメラ構造をつくるのに欠かせません。化粧品に配合されるセラミドには、「動物型」「ヒト型」「擬似型」という3種類があり、それぞれ特徴が違います。

最近増えているヒト型セラミドは、「セラミド1,2,3,6」といった表記で配合されています。セラミド2はもっとも保水力に優れ、セラミド3はバリア機能の回復に優れているので、敏感肌用の化粧品によく配合されています。乾燥肌の人、敏感症状のある人はもちろん、混合肌だけどつっぱりを感じる、皮脂は出るけれど水分不足という人にも補ってほしい成分です。

水分をつかむ アミノ酸

肌の角質層にある天然保湿因子の半分以上がアミノ酸です。単体ではうるおいのキープ力は少なめですが、分子が小さく浸透しやすいため化粧水などに配合されています。日本酒配合コスメや発酵コスメは、このアミノ酸を多く含んでいます。

水分を抱え込む ヒアルロン酸

ヒアルロン酸は、1gで2L以上の水分を抱えることができる保湿成分です。もともとは真皮層内にあり、コラーゲンやエラスチンなどのすき間を埋めることで、うるおいやハリ、弾力をキープしてくれます。体内でのヒアルロン酸のピークは12歳と言われ、歳を重ねるごとに減っていきます。しかし、化粧品に含まれるヒアルロン酸は分子量が大きいため、角質層までしか浸透せず、真皮層には届けられません。そのため、分子を小さくしたり、機能性を高めたりしたヒアルロン酸がつくられています。エステやクリニックでは「エレクトロポレーション」を使用することで肌の奥に浸透させることができます。角質層に届くだけでも保水効果は期待できるので、乾燥肌の人や敏感症状のある人にはおすすめの成分です。

水分を抱え込む
コラーゲン

真皮層内に存在し、肌のハリや弾力などの若々しさを司る成分のひとつです。分子が大きいため、化粧品として真皮層まで届けることはできません。しかし肌表面の水分蒸散を防ぐ役割や、肌表面の保湿、水分保持に役立つため、化粧品全般に配合され、サプリメントや美容ドリンクにも入っています。

肌に密着
リピジュア

細胞膜の構成成分をもつ高分子の成分で、保湿力が高く低刺激。肌表面に吸着し、しっとり感を与えてくれます。洗っても落ちないため、スキンケア全般やヘアケアなどの製品に利用されています。界面活性剤による刺激を抑え、肌荒れを防いでくれるため、乾燥肌や敏感肌向け製品にも使用されています。

水分を抱え込む
糖類

しっとりした感触のため保湿剤やテクスチャーをよくするのに使われます。空気中の水分を引き寄せる、角質の水分蒸散を防ぐなど肌のうるおいを保つために役立ちます。トレハロースとグリコースを結合されたグルコシルトトレハロースはとくに保湿力に優れ、肌荒れの予防にも効果的と言われています。

水分を抱え込む
プロテオグリカン

鮭の軟骨由来のプロテオグリカンは、真皮層内にも存在し、ヒアルロン酸のような役割をしています。ヒアルロン酸よりも30%ほど高い吸水力があるといわれ、化粧品に配合することで肌表面のうるおい保持に役立ちます。保湿だけではなく、シワなどのエイジングケア効果も期待できることから、アンチエイジング製品によく配合されています。

豆知識

ヒルドイド（ヘパリン類似物質）に要注意！

ヒルドイドは保湿、血行促進、抗炎症作用のあるヘパリン類似物質を配合した処方薬です。ネットやSNSなどの口コミで「高級な化粧品よりもしっとりする」と話題になりました。ですが、ヒルドイドは医薬品です。乾燥や肌荒れ、しもやけなどに効く一方、血行促進作用があるため、副作用として皮膚炎、赤み、かゆみ、紫斑《しはん》などが報告されています。化粧品として使用するのは、絶対にやめましょう。

ANTI-AGING
SKIN CARE
3

「美白」は老化を防ぐいちばんの要になる

大切なのは紫外線対策
美白は時間をかけて行うもの

「肌は白ければきれい」とは言い切れませんが、透明感があり、しみや色ムラがない状態のほうが若く、健康的できれいな肌に見えるでしょう。美白の基本は、このしみや色ムラの予防です。できたしみや色ムラは、セルフケアですぐに解消するのは難しいため、しっかりとした予防が大切です。

そのための第一歩は紫外線対策。まずは日焼け止めの使用を徹底することです。美白成分入りの化粧品は、夏だけでなく1年を通して使いましょう。美白はすぐに結果が出ないため、長い時間をかけて予防していくものです。美白成分入りの化粧品をラインでそろえる必要はありませんが、美容液などプラスアルファのケアを毎日行っていきましょう。

美白化粧品の効果

① メラニンをつくる指令を止める

② メラニンをつくる酵素チロシナーゼを止める

③ 酸化を止めて「茶色いメラニン」になるのを防ぐ

④ メラニンを早く排出させる

美白とエイジングケアで老化のスピードを遅らせる

美白ケアがエイジングにつながる、というと驚かれるかもしれません。しかし、しみの原因である紫外線はシワやたるみ、黄くすみの原因になり、老化の原因の80％以上が紫外線と言われます。しみやシワ、たるみなどの肌老化は、だれもがいずれ直面します。けれども、早めのケアをすることで肌老化の出現を遅らせ、よい肌状態を長く保てます。

しみやシワに効くエイジングケア系の成分は、敏感症状がある人には刺激になるので注意します。また、保湿力が高く油分量の多いアイテムが多いので、オイリー傾向の人は油分の少ない製品を選ぶなど工夫してください。

豆知識

ふたつの紫外線がシワの原因になる

紫外線にはふたつの種類があります。ひとつは肌を真っ赤に日焼けさせるサンバーンと、色を黒くするサンタンを引き起こす、波長が短くて強い紫外線B波。もうひとつは、強い日焼けは起こさないものの波長が長く、真皮層にある「若々しい肌」の要であるコラーゲンやエラスチンを少しずつ破壊、変質させてしまう紫外線A波です。

紫外線A波は、今日浴びて今日シワができるわけではありませんが、日々積み重なることで、水面下でコラーゲンやエラスチンが壊され、肌老化を進行させます。

真皮層は基本的に化粧品を塗っただけではアプローチできない奥の層です。だからこそ、紫外線を浴びない、日焼け止めを毎日塗る習慣をつけて過ごすのがいちばんのアンチエイジングケアと言えます。

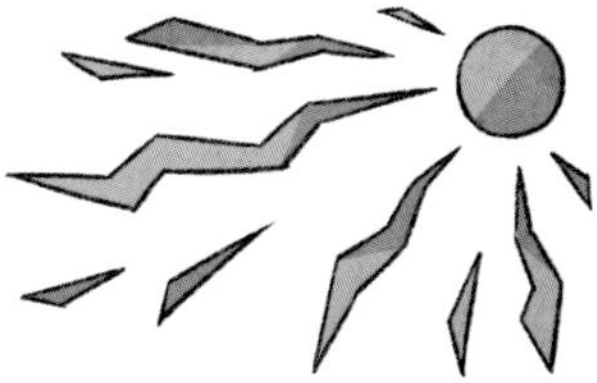

SKIN CARE 3

しみやくすみから肌を守る「美白成分」

紫外線対策は肌の老化を考えると必須です。プラスで有効なのが、化粧品にふくまれる美白成分です。いくつかご紹介します。

予防　うすくする

厚生労働省承認

医薬部外品

ビタミンC誘導体

ビタミンC（アスコルビン酸）はそのままだと不安定で、すぐに酸化し、肌に浸透しません。そこで成分を安定化し、浸透を助ける成分をくっつけた「ビタミンC誘導体」という形にします。ビタミンC誘導体は肌内でビタミンCに戻り、効果を発揮します。チロシナーゼ酵素やメラノサイトの働きを抑え、しみを予防する、できてしまったメラニンの色を薄くするなどの美白効果が期待できます。ほかにも、コラーゲンの生成を助ける、炎症を抑えニキビを予防する、皮脂の分泌を抑えるなどの美肌効果も期待できます。

予防

厚生労働省承認

医薬部外品

アルブチン

メラニン生成に関わるチロシナーゼという酵素の働きを抑制し、しみやそばかすを予防する効果があります。

予防

厚生労働省承認

医薬部外品

エラグ酸

マメ科植物のタラやイチゴ由来の成分です。シミの原因になるチロシナーゼの活性を邪魔することで、紫外線によるシミやソバカスを予防します。

予防

医薬部外品

コウジ酸

味噌、醤油、日本酒に色や風味を与えるコウジカビの培養液からできる成分です。メラニン生成に関わるチロシナーゼによる色素沈着を抑制します。ほかにも、AGEs産生によるシワ、たるみ、黄くすみなどの肌老化を防ぐ作用があります。

予防

厚生労働省承認

医薬部外品

トラネキサム酸

(m-トラネキサム酸)

もともと肝斑治療や湿疹や炎症を抑えるための医薬品として使用されていた成分。2002年に医薬部外品として承認されましたが、化粧品としては認可を受けていないため、化粧品には配合できない成分です。メラニン生成を促す伝達物質プラスミンをブロックし、しみを防ぎます。また、肝斑を改善する成分として知られています。ほかにも抗炎症作用があり、ニキビ痕や虫刺され痕、摩擦によってできる目元のしみの予防も。肌荒れ防止の有効成分でもあります。

豆知識

美白化粧品は使い方を間違うと、効果が出ない

夏になるとたくさんの美白化粧品が並びますが、夏だけ使ってもあまり効果を発揮しません。しっかりとしみを予防したいのなら、1年を通して使用する必要があります。保湿力が弱いものもあります。そこでおすすめしたいのは「ライン使い」ではなく「一点使い」。化粧水や乳液・クリームなどは肌の油分量に合わせて、美容液だけ美白のものを使います。

予防

厚生労働省承認

医薬部外品

ルシノール

(4-n-ブチルレゾルシノール)

1998年に美白有効成分として承認された成分で、しみの原因になるチロシナーゼの活性を抑え、しみを予防します。肝斑《かんぱん》の改善の効果も報告されています。

予防

厚生労働省承認

医薬部外品

リノール酸S

サフラワー油などから抽出するリノール酸の美白効果を高めた成分です。しみの原因になるチロシナーゼを分解し、メラニンの排出を促進する効果も期待できます。色素沈着も予防します。

予防

厚生労働省承認

医薬部外品

カモミラET

キク科のカミツレの花から抽出されるエキスで、油性成分のスクワランで抽出した花王の独自成分です。保湿などの効果があるカミツレ花エキスとは異なります。カミツレはカモミールとも言い、ハーブやアロマでも利用され、鎮静や抗炎症作用に優れています。しみに対しては、メラノサイトを活性化させる情報伝達物質を邪魔することで、メラニン合成を抑制します。

予防

マグノリグナン

医薬部外品

(5,5`-ジプロピルビフェニル-2,2`-ジオール)

植物由来の成分で、メラニン生成に関わる酵素チロシナーゼが成熟するのを阻害する作用があります。コウジ酸やアルブチンよりも優れたメラニン生成抑制作用を持つ検証結果が出ています。

予防

4MSK

医薬部外品

(4-メトキシサリチル酸カリウム塩)

資生堂が開発したサリチル酸の誘導体で、4-メトキシサリチル酸カリウム塩のこと。メラニン生成に関わるチロシナーゼの活性を抑えて、メラニン生成を抑えます。ほかにもしみ部分に生じるターンオーバーの乱れに作用して、たまったメラニンを排出する役割があります。

予防

厚生労働省承認

医薬部外品

プラセンタエキス

おもにブタの胎盤から抽出、精製される成分です(化粧品の場合)。10種類のアミノ酸、ビタミン、ミネラル、酵素、成長因子などさまざまな栄養を含んでいます。メラニン生成を抑制する効果以外にも、ターンオーバーを促しメラニンの排出を促します。肌荒れ予防、ハリや弾力アップ、保湿などの作用もあり、サプリメントなどにもよく配合されています。

予防

アセロラ果実エキス

中南米原産の赤い果実アセロラから抽出したエキス。ビタミンCが多く含まれるため、チロシナーゼ活性阻害、メラニン生成の抑制といった働きや抗酸化作用が期待できます。ポリフェノールを多く含み、収れん作用や皮膚を柔軟にする作用もあります。

豆知識

美白成分は速攻で肌を白くするものではない

じつは化粧品の美白成分には肌を白くする力やできたしみを薄くする力はほとんどありません。正しいケアによってくすみや黒ずみが薄くなったり、ニキビ痕やごく初期のしみが薄くなったりすることはあります。しかし、塗ってすぐに「しみが消えた!」ということはありえないのです。

美白成分の役割には、しみの原因であるメラニンの生成を防ぐもの、メラニンの酸化を防ぐ・還元するもの(茶色く変化していくのを防止する)、肌の代謝を上げてメラニン排出を促したり特殊な方法でアプローチしたりするものがあります。

予防

カンゾウ根エキス

漢方薬としても利用されてきたマメ科のカンゾウの根から抽出した成分で、フラボノイドを含む植物エキスです。抽出方法で成分が異なるため、名前も変わります。医薬部外品として認可されているのは、カンゾウ抽出液、カンゾウフラボノイド。チロシナーゼ生成を阻害ししみを抑制する作用や、保湿、肌荒れ予防、ニキビ予防、消炎作用が期待できます。

予防

ローズマリー葉エキス

シソ科植物ローズマリーの葉から抽出されるエキス。古くからハーブとして活用されてきたローズマリーは、高い抗酸化力があり、色素沈着抑制や抗炎症、抗アレルギーなどさまざまな効果が期待できます。肌荒れ、ニキビ、ヘアケア製品など多岐にわたって利用されています。

うすくする

ハイドロキノン

強い漂白作用があります。皮膚刺激や白斑のリスクがあるとして医薬部外品としては認められていません。もともと皮膚科で取り扱う漂白剤のような成分です。現在はさまざまな美白化粧品に入っており、刺激が起こりにくい製品も出てきています。

予防

プルーン分解物

バラ科植物セイヨウスモモの果肉から得られるエキス。アミノ酸、糖類、ビタミン類、フラボノイド類などが含まれ、保湿やメラニンを運ぶのを阻害する色素沈着抑制作用があります。

Q&A ハイドロキノンには副作用がある？

ハイドロキノンは「肌の漂白剤」と言われるほどパワフルな成分です。濃度が高くなると刺激も強くなり、皮膚炎やアレルギー性のかぶれなどの懸念もあります。

日本の法律では安全と言われる1.9%以下の配合までしか認められておらず、それ以上は皮膚科での処方などが必要です。高濃度のハイドロキノンは肌の奥での色素沈着や、色素が脱落してしまう白斑など副作用の可能性もあります。

個人輸入など自己判断で使用するのは肌トラブルのもと。日本の法律に則った製品を使う、皮膚科で相談して使用するなど安全に使用しましょう。

SKIN CARE 3
エイジングケアのための「シワ有効成分」
エイジングケアで大切なのがシワの予防です。ここではシワに有効な成分をご紹介します。

シワ改善

厚生労働省承認

医薬部外品

レチノール

ビタミンAの一種で、肌の代謝（ターンオーバー）を促進し健康な肌に導く成分です。表皮のヒアルロン酸生成を促進してシワを改善します。抗シワ成分として配合される場合は「純粋レチノール」と区別されます。油溶性成分のため、クリームなどに配合されます。紫外線で壊れやすい、製品化が難しいといった難点も。ほかにもニキビや毛穴開き、肌荒れ予防などの目的で使われます。

シワ改善

厚生労働省承認

医薬部外品

ナイアシンアミド

ニコチン酸アミド、ビタミンB_3の一種で水溶性ビタミン。活性酸素を除去し、エラスチンやコラーゲン生成をする線維芽細胞に働きかけ、シワを改善します。血行促進によるターンオーバー促進、消炎作用、美白作用なども。美白とシワ改善のふたつで、医薬部外品として認められています。

シワ改善

厚生労働省承認

医薬部外品

ニールワン

（三フッ化イソプロピルオキソプロピルアミノカルボニルピロリジンカルボニルメチルプロピルアミノカルボニルベンゾイルアミノ酢酸Na）

ハリや弾力を司るエラスチンやコラーゲンを分解する「好中菌エラスターゼ」の働きを抑制することで、シワを改善する効果があります。化粧品メーカーPOLAが発見し、日本で初めてシワ改善効果が認められた成分です。

ハリ・弾力

幹細胞培養液

（ヒト脂肪細胞順化培養液など）

ヒトの身体には37兆個の細胞があり、その「元」になっている細胞が幹細胞です。ノーベル賞で話題になったiPS細胞やES細胞も幹細胞のひとつ。ヒトの皮下脂肪から採取したヒト幹細胞から培養した液やエキスを「ヒト幹細胞培養液」と言い、アンチエイジングに効果的な成長因子が多く含まれています。リンゴなど植物由来のものも多くあります。

ハリ・弾力

GF (グロースファクター)

(ヒトオリゴペプチド-1など)

「特定の細胞の増殖を正常化する働きのある物質」ペプチドのこと。ペプチドは体内にもともとあり、新しい細胞を正常につくる役割をもっていますが、年齢とともに減っていきます。そこでGFは肌の生まれ変わりを正常にする効果が期待できます。さまざまな種類があり、代表的なものにEGF（上皮細胞増殖因子)、FGF（線維芽細胞増殖因子)、KGF（毛母細胞増殖因子）などがあります。とくにEGFは医療機関でやけど治療や皮膚再生などで使われてきた成分。細胞を増やす美肌成分です。

豆知識

朝使ってはいけない化粧品に注意！

化粧品のなかには使う時間帯に注意したい成分もあります。シワ改善成分として認められ脚光を浴びているレチノール（ビタミンA）は、紫外線を浴びると赤みやかゆみを引き起こす性質があるのです。レチノール配合の美容液などは朝の使用を控えましょう。

また、美白成分のハイドロキノンは紫外線に当たると、逆に「しみ」を濃くしてしまうことも。製品や濃度にもよりますが、基本的には1日1回、夜の使用が推奨されています。

ハリ・弾力

卵殻膜

(加水分解卵殻膜)

ニワトリの卵殻膜（卵の殻と白身の間の薄い膜）から得られる成分。卵殻膜は細菌の浸入などから卵を守り、内部へ酸素や栄養を送ります。古くから傷の手当てに使われ、皮膚の再生を促す働きがあります。年齢とともに減るコラーゲンを多く含み、コラーゲン生成をサポートする役割も。水分量アップによる保湿作用、肌の弾力改善によるエイジング作用などが期待できます。

抗酸化

コエンザイムQ10

(ユビキノンなど)

ビタミンEに負けない高い抗酸化力のある油溶性成分で、細胞内でエネルギー代謝に関わる補酵素のエイジングケア成分。肌表面で油分の酸化を防ぐ、肌トラブルの予防、細胞を活性化して若々しい肌に導くなどの効果が期待できます。サプリメントにも広く使用されています。

DOCTOR'S VOICE

細胞から元気にする成分がある

肌にあるコラーゲンやエラスチンは、真皮層にある線維芽細胞がつくり出し、この線維芽細胞は真皮幹細胞がつくり出しています。こうした栄養をつくり出す部分を元気にするのが成長因子や幹細胞です。化粧品の成分としても注目されています。

ANTI-AGING
SKIN CARE
4

「天然成分は肌にやさしくて合成は悪い」は幻想

古い基準の「無添加」だから必ずしも安全とはいえない

　無添加化粧品というと、「肌にやさしい」「肌によい」というイメージがありますが、この「無添加」は、古い法律で定められた古い基準です。１９８０年の薬事法で肌にトラブルを起こすリスクのある成分が指定され、この成分が添加されていないものを無添加化粧品と呼ぶようになりました。

　しかし、近年では旧薬事法による「旧表示指定成分」以外にもリスクのある成分がわかってきており、逆に以前はリスクのあった成分が改良されて使えるようになっています。つまり、もはや無添加化粧品だから安全とは言えないのです。特定のアレルギーなどがある場合以外は、あまりこだわらなくてもよいでしょう。そもそも、「まったく何も添加しない」のは化粧品として成り立ちません。

DOCTOR'S VOICE

旧表示指定成分とは

　1970年代に起こった症例をもとに、アレルギーや皮膚炎、発がん性など化粧品によるトラブルを起こす可能性がある約100種類の成分が厚生労働省より定められています。この成分が化粧品に入っている場合は明記しなければならないと義務づけられました。これが旧表示指定成分です。2001年に法律が改正され、今では化粧品に配合されている成分はすべて表示されています。

　現在では、化粧品に関する法律は「薬機法」によって定められています。

旧表示指定成分の代表例

パラベン類（防腐剤）、ラウリル硫酸塩（界面活性剤）、天然ゴム、ラノリン、オキシベンゾン（紫外線吸収剤）など

香りのいい植物エキスには刺激もアレルギーリスクもいっぱい

オーガニックという言葉は、人にとっても環境にとっても魅力的に響きます。しかし、オーガニック化粧品は敏感症状の出やすい肌の人には向いていません。オーガニックとは、「有機栽培」のことで、有機栽培された植物エキスが配合されている化粧品を「オーガニック化粧品」と呼びます。植物エキスとは、植物の芳香成分などを抽出して薄めたものです。植物天然成分だからこそ、多数の物質を含み、合成成分より刺激もアレルギーリスクも増えます。

豆知識

オーガニックブランドのこだわり

オーガニックの農産物は化学肥料を使わず、土壌の力を生かして栽培する農法のため、地球や土地などの環境への負担の少ない、持続可能なビジネスと言えます。またオーガニックコスメをつくる会社は、栽培法だけではなく、工場の製造過程や製品の梱包・輸送時、消費者の手に届いたあとも、ゴミや有害物質が極力出ないように配慮していることが少なくありません。

DOCTOR'S VOICE

海外のオーガニックの基準は超厳しい

海外のオーガニック認証を受けた製品は、「オーガニック成分が化粧品全体の○%以上入っていること」「化学原料は○%以下」、遺伝子組み換え植物や石油系成分の使用制限、容器や製造過程で環境に配慮されているかなどの厳しい基準をクリアしています。

世界基準のオーガニック認証機関には、ECOCERT（エコサート）、EUのNATRUE（ネイトゥルー）、アメリカのUSDA Organic、オーストラリアのACO（オーストラリア認定オーガニック）などがあります。

しかし日本では明確な基準がなく、有機栽培の成分が0.001%しか配合されていなくても「オーガニック化粧品」と名乗ってもいいのです。日本のあいまいな定義に比べ、海外のオーガニックは厳格です。

SKIN CARE 4

精製と未精製、どちらが安心？ 肌にやさしいオイルを選ぼう

保湿に使用するオイルですが、トラブルを避けるには肌のタイプや状態に合わせて選ぶことが大切です。

植物オイルの中には、「精製」「未精製」のタイプがありますが、じつは精製タイプのほうが肌にやさしいことはご存知でしょうか？

オイル100％のものの場合、健康な肌でエイジングケアをしたいなら未精製のものを、敏感肌や肌荒れしやすい人は精製されたものを選びます。

石油系で精製されているものというと、やはり白色ワセリンです。保護の役割があり、アレルギーが多い人や敏感症状が出やすい人、赤ちゃんでも安心して使えます。

ホホバオイル *Jojoba oil*

脂性　乾燥

美白△　保湿◎　シワ○　ヘアケア◎　酸化しにくさ○

ホホバという植物の種子からとれる液体ワックスで、未精製の黄金色のものと、精製した透明のものがあります。安定性と耐温性が高いため、品質が長く保たれ、ほかの植物油と比べると、酸化しにくく保管や使用が楽なオイルです。皮脂バランスの調整、抗炎症、シワやしみの予防効果が期待できます。また、肌の水分を蒸散しないようふたをする役割も。肌タイプをあまり選ばず、スキンケアだけではなくヘアケアにも使えるオイルです。

	精製されたホホバ	未精製のホホバ
色	透明	黄色
メリット	刺激が少ない、酸化しにくい	栄養が多い
デメリット	栄養が少ない	酸化が早い

ワセリン *Vaseline*

乾燥　敏感

美白×　保湿○　シワ△　ヘアケア×　酸化しにくさ◎

白色ワセリン、プロペトとも言われる石油由来の半固形の成分です。粘度が高く、ベタつく質感で、スキンケア効果はほぼなく、肌にほとんど浸透しません。でも肌表面で膜を張り水分蒸散を防ぐ力が高いため、強い乾燥の際に使うと効果を実感できます。

肌に膜を張る性質が毛穴詰まりを起こすリスクもあります。また、ワセリンでかゆみが出る人の多くは、皮膚にふたをした状態で熱がこもるためです。使用すると油分でベタベタになるので、赤ちゃん以外が日常的に顔に使うのはおすすめしません。

オリーブオイル *Olive Oil*

乾燥　敏感

美白○　保湿◎　シワ○　ヘアケア△　酸化しにくさ△

オレイン酸、リノール酸、ビタミンA、Eが含まれており、とくに乾燥肌の人に向いたオイルです。肌の柔軟性を保ち、シワやしみを予防します。ただし、オリーブオイルに含まれるオレイン酸などは、皮膚の表面で分解されて脂肪酸という刺激物質をつくることも。肌の上に残ると、毛穴トラブルやニキビのリスクもあります。クレンジング剤など洗い流す目的の使用なら問題ありませんが、脂性肌傾向の人は保湿剤として使用するのは避けたほうが無難です。

豆知識

オリーブオイルはグレードを確認しよう

化粧品によく配合されているオリーブオイルはエキストラバージンオイルです。エイジングケア、つめや頭皮、髪、クレンジングオイルなどに向いています。単品だと、化粧用オリーブ油、局方オリーブ油などがアロマショップや薬局で販売されており、精製・脱臭されているため使いやすいです。食用と化粧品ではグレード〔IOC（International Olive Council）という国際機関が定めた基準〕が違うので、必ず化粧品として販売されているオリーブオイルを使用しましょう。

ツバキオイル *Tsubaki Oil*

乾燥　敏感

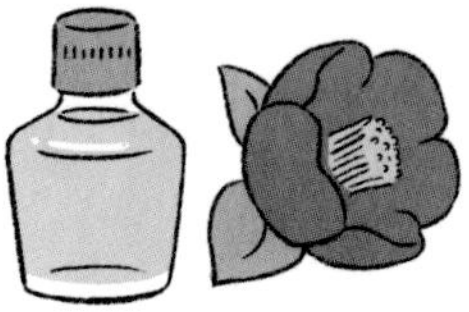

美白○　保湿◎　シワ○　ヘアケア◎　酸化しにくさ○

油っぽい質感ですが浸透しやすく、強い乾燥を感じる人や、皮脂の分泌が極端に少ない肌の人にもおすすめ。育毛、切れ毛や抜け毛の予防など髪のケアにも向いています。

アルガンオイル *Argan Oil*

乾燥　敏感

美白△ 保湿◎　シワ◎ ヘアケア○　酸化しにくさ△

オレイン酸、リノール酸、若返りのビタミンとも言われるビタミンEを含み、高い抗酸化作用が期待できます。肌なじみがよく、比較的サラッとした質感。皮脂バランスの調整がしやすいため、乾燥も皮脂分泌も両方気になる肌におすすめです。

ローズヒップオイル *Rosehip Oil*

乾燥　敏感

美白◎　保湿◎　シワ◎　ヘアケア△　酸化しにくさ×

アンチエイジングオイルとして人気のローズヒップは、ビタミンCが多く、抗炎症作用、美白効果などが期待できます。ハリや弾力のアップなど、エイジングケアに向いています。ただし酸化が早いため、新鮮なうちに使い切りましょう。単体ではなく、ブレンドでの使用が一般的です。

スイートアーモンドオイル *Sweet Almond Oil*

乾燥　敏感

美白△　保湿◎　シワ△　ヘアケア△　酸化しにくさ△

ゆっくりと浸透してやさしくなじむオイル。保湿、肌を柔軟にするなどの作用があり、日常的に使用でき、使い勝手のよい万能オイルです。抗炎症作用があるため敏感症状の出る人、かゆみがある人、赤ちゃんのケアにも。

ココナッツオイル（ヤシ油） *Coconut Oil*

乾燥　敏感

美白○　保湿◎　シワ○　ヘアケア○　酸化しにくさ△

ココヤシ（ココナッツ）の種子からとれる植物油脂。融点が高く、冷えると固まってペースト状になります。石けんに配合されることが多く、硬さの調整として使われます。感触をよくするためにも利用されます。エイジングケアに嬉しいビタミンE、保湿や紫外線ダメージケアによい中鎖脂肪酸が豊富です。なお、パーム油とは別のものです。

スクワランオイル *Squalene Oil*

乾燥　敏感

美白○　保湿○　シワ○　ヘアケア○　酸化しにくさ○

もともとは鮫の肝油由来。近年はオリーブオイルやコメヌカ油など植物油から抽出されたものも。肌へ浸透しやすく、ベタつきがなくサラッとしており、水分保持力があります。マッサージオイルや保湿用としてそのまま使用するほか、スキンケア製品や医薬品の軟膏の基剤としても使用されます。

Q&A　クレンジングとしても使用可能？

植物オイルなど、オイルのみでもクレンジング剤として使用することはできます。しかし、オイルの種類によってはベタつきが強い、洗い流しても肌表面に油分や汚れが残りやすいなど、製品化されたものと違って不便を感じることもあります。

洗い残しや、洗い残しによる肌トラブルの懸念もあるので、クレンジング剤として販売されている製品を選んだほうが無難です。

豆知識

ミネラルオイルはワセリンの兄弟

ベビーオイルやクレンジング剤などに使われるミネラルオイルはさらっとしたテクスチャーで伸びがよく、酸化しづらいオイルです。ワセリン、パラフィンと同じ石油由来です。

パラフィンは、石油から精製してつくられる固形の炭化水素です。クリームなどの硬さ調整として利用されたり、口紅などスティック系の製品に利用されたりする成分です。エステやネイルサロンでパックとして使用されることもあります。

ANTI-AGING
SKIN CARE
5

効果を感じられる化粧品の使い方がある

1本分使い切ってから判断しよう

　化粧品には即効性を感じるものとそうでないものがあります。たとえば、化粧水、乳液、クリームなどの保湿剤は、つけてすぐに「今うるおっている」という実感があるでしょう。しかし、しばらくたつと乾燥します。乾燥を感じにくい肌になるには何日も時間がかかります。

　また、毛穴の黒ずみや詰まりが取れたり、しみが薄くなったりするには、1か月以上かかります。化粧品で肌の悩みを解消させるのは短時間では難しいです。

　このため、化粧品の効果を実感するには、目安として1本分使い切ってみるのがおすすめです。何も変化がないなら、化粧品を変えてもよいでしょう。しみやシワ、たるみについては、長い年月をかけて予防していく必要があります。

豆知識

オイルクレンジングは乳化をうまく使おう

　オイルタイプのクレンジングは、すすぐ前に顔に軽く水をつけてくるくると指を転がすと、水と油が混ざった状態になり、メイク汚れが溶けやすくなります。これが乳化です。クレンジング内の界面活性剤には水にくっつく部分と油にくっつく部分があり、それらがうまく作用することで、油分の多い汚れがとれるのです。

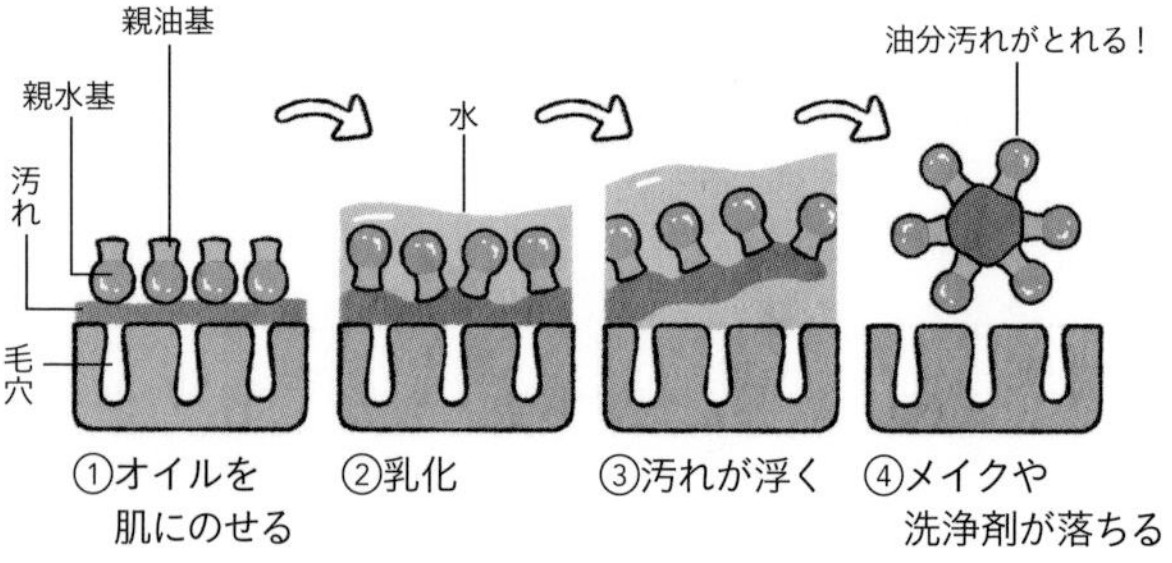
親油基
親水基
汚れ
毛穴
水
油分汚れがとれる！
①オイルを肌にのせる
②乳化
③汚れが浮く
④メイクや洗浄剤が落ちる

【化粧品の効果の感じ方（目安）】

毛穴のざらつき

即効性を感じやすく、酵素洗顔や角質ケア剤なら一度で変化を感じることも。ただし、肌質や状態を考慮して頻度などは工夫を。ケアのやりすぎによるトラブルに気をつけましょう。

ニキビ痕のしみ

比較的変化が早く、徐々に薄くなっていくケースが多い。1か月、もしくは1本使い切って何も変化なければほかの製品に変えても。毎日の変化はわかりにくいので写真を撮っておくとよいです。

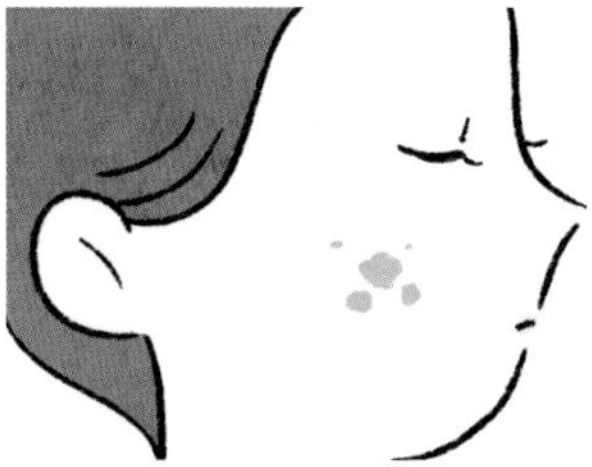

日光によるしみ

すぐに変化はありません。しみ用化粧品を使い始めて、まわりから欠けてくる、散らばって増えて見える、ほかの部分との色の差が濃くなっていると感じたら、効いていると思ってよいので、使用を継続しましょう。

ニキビ

赤みが減った、毛穴の詰まりが減った、もしくは小さくなった、治りが早くなってきたなら、ニキビ用化粧品の使用を継続してみて。薬ではないので一気によくなるよりも「赤みが減った」「治りが早くなった」など小さな変化を感じることが多くあります。ただし、ホルモンバランスや体調、食事などに大きく影響を受けます。

乾燥

肌のつっぱりや小ジワが減ったと感じたら、保湿化粧品の使用を継続しましょう。季節やエアコンや湿度などの環境の影響も考慮します。

TECHNIQUE

クレンジング

目的 油溶性の汚れ（スキンケア・メイク製品、排気ガスなどの化学汚れ、皮脂など）を落とすためのステップ。

メイクの濃さに合わせて洗浄力を使い分けて

クレンジングの役割はメイクをしっかりと落とすこと。肌質を考慮しつつ、メイクの濃さでクレンジング剤を選びます。

肌に密着する化粧品を使用した際は、オイルクレンジングや洗浄力が高めのジェルタイプを選びましょう。たとえば日焼け止め、下地のＳＰＦ値が高い製品、紫外線吸収剤を使用した製品、リキッドファンデーションなどを使用したときです。逆に落としやすい化粧品や石けんで落とせるような化粧品のみを使用した際は、ミルクタイプや、洗浄力のやさしいジェルやクリームのタイプを選びます。

クレンジング不足はメイク製品や汚れが毛穴をふさぎ、ニキビなどの肌トラブルに。また、クレンジング剤そのものが肌に残っても肌荒れの原因になります。

肌質によるクレンジング剤の選び方

皮脂の量が少なく、乾燥しやすい人

乾燥肌　混合乾性肌

↓

ミルクやクリーム、ジェルタイプ

皮脂の量が多く、洗浄力がほしい人

脂性肌　混合脂性肌

↓

オイル、ジェルタイプ

クレンジングのコツは とにかく摩擦を抑えること

クレンジングではとにかく「摩擦」に気をつけることが重要です。摩擦は色素沈着、乾燥、バリア機能の低下からピリピリや赤みなどの肌トラブルにつながりかねません。オイルよりもクリームやジェルなど厚みがあるタイプのほうが、クッションの役割をして、肌への摩擦が軽減できます。

ポイントメイクは必ず専用のクレンジング剤を使用しましょう。目元や口元の負担を軽くする意味もありますが、マスカラや眉マスカラ、アイシャドウのラメなどの大きめの汚れを全体のクレンジングで落とすと、ゴミが肌の上をこすっている状態になり、肌負担が大きくなります。

ミルクやジェルのタイプは肌にやさしいですが、アルコール配合のものが多いです。アルコールNGな方や乾燥傾向の人はチェックしてから購入を。

豆知識

迷ったらベースメイクとクレンジング剤は同じブランドのものでそろえる！

メイクがしっかり落ちなくてついこすってしまう、ファンデーションが落ちている気がしないという場合は、ベースメイクとクレンジング剤を同じブランドにするのがおすすめです。メーカーは、同じブランドのファンデーションを落とせることが前提でクレンジング剤をつくっています。同じブランドでなくても、近いコンセプトのものでそろえると、失敗が少なくなります。

クレンジングタイプ別の洗浄力

強 ←→ 弱

オイル　ジェル　クリーム　ミルク　シート

クレンジングタイプ別肌負担の大きさ

強 ←→ 優

シート　オイル　ジェル　クリーム　ミルク

注：あくまで目安。製品により異なります。

NG 落ちないから肌荒れにつながる

メイクはしっかりカバーしてくれるデパートコスメの外資系ブランドを使っているのに、クレンジングは肌にやさしいオーガニックコスメ。

ポイントメイク落とし

顔全体のクレンジングをする前に、まずマスカラや眉マスカラ、口紅など落ちにくいポイントメイクを落としましょう。顔のなかでもとくに濃いメイクをあらかじめしっかり落とすことで、あとで行う全体のクレンジングで肌を傷つけない、という目的があります。ポイントメイクリムーバーをぜひ活用しましょう。

目元や口元は、摩擦の影響が大きく、しみやシワができやすい部位です。皮脂の分泌が少なく皮膚が薄いため、クレンジングで強い刺激を与えると、乾燥や小ジワを招きやすく、ハリや弾力を低下させるリスクも高まります。だからこそ、専用のアイテムを使ってやさしくメイクをオフします。

準備

- コットン3～4枚
- 綿棒
- メイク落としリムーバー

コットンは水で濡らして軽く絞り、ウエットコットンにしておくと毛羽立ちが抑えられる。

※稗《ひ》粒《りゅう》腫《しゅ》のある人は二層式のリムーバーは一部詰まりを起こしやすいのでジェルタイプなどを選んで。

※メイク落としリムーバーは長時間肌にふれていると、乾燥や肌荒れの原因になるので注意。

クレンジングウォーター

コットンにクレンジング液を染み込ませて拭き取るものです。ポイントメイク落としとしても使えます。洗い流すタイプより肌への負担はかかりますが、クレンジングシートよりは負担が軽いです。厚みがあって肌あたりの優しいコットンを使用し、たっぷりと染み込ませましょう。アルコールフリーで肌に優しい商品が多くあります。

クレンジングシート

クレンジング剤がシートに染み込んだものです。摩擦による肌負担が大きく、拭き取り式のため毛穴の汚れまではなかなか落ちません。どうしても使うなら、旅行や疲れていて顔を洗う気も起きないときに限定して。アルコール入りのものが多いので、アルコールでピリピリ・赤みが出る人や乾燥傾向の人はアルコールフリーのものを選んでください。

目元のケア

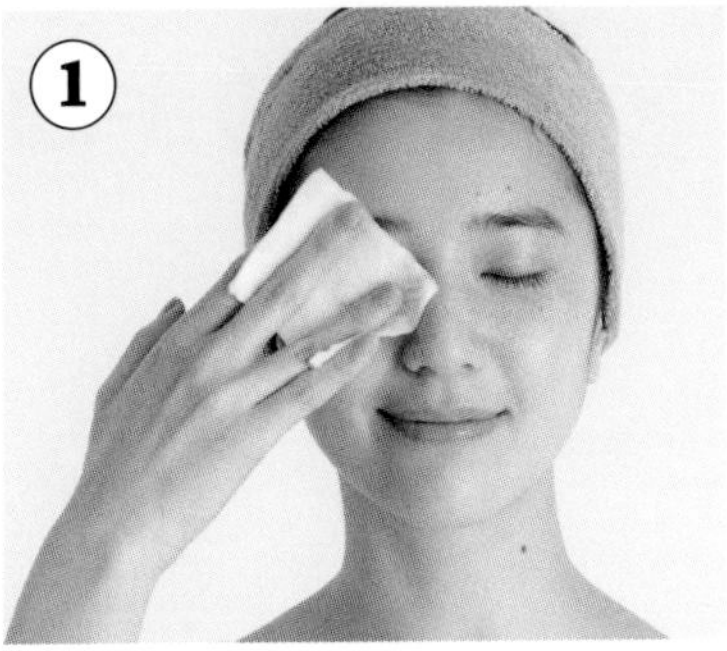
①

まぶたに10秒ほど押し当ててなじませ、内から外へ拭き取る。

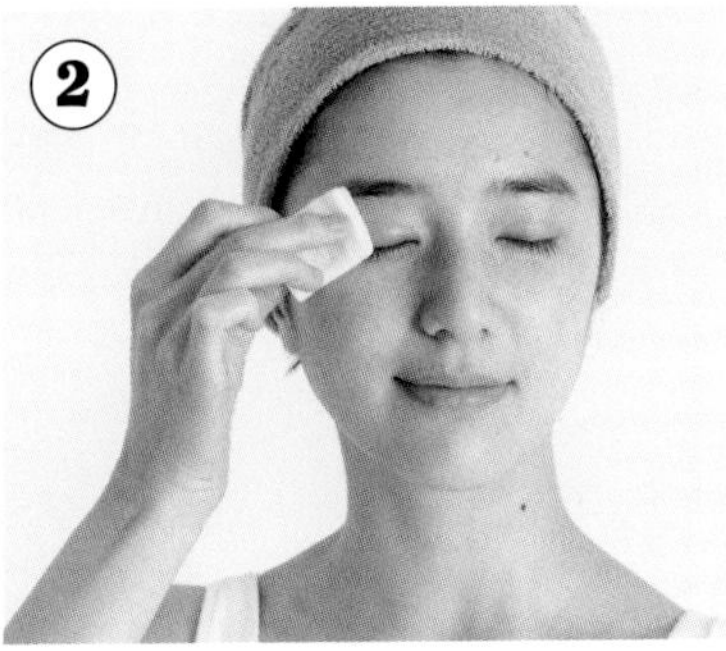
②

コットンを折り、きれいな面で残りのアイメイクを拭き取る。

③
まつ毛の下に
コットンを

マスカラは上から下に、綿棒を回転させるように落とす。

くちびるのケア

①

くちびるに10秒ほどリムーバーをなじませる。

②

くちびるの形が変わらない程度のやさしい圧で拭き取る。

③
皮膚を
張りながら

コットンを折りたたみ、縦ジワに入った部分を縦方向に落とす。

正しいクレンジングの手順

1 髪をしっかり上げる

ヘアバンドなどを使って前髪を上げる。生え際や首すじがしっかり洗えるように準備する。

2 皮脂の多い Tゾーンからのせる

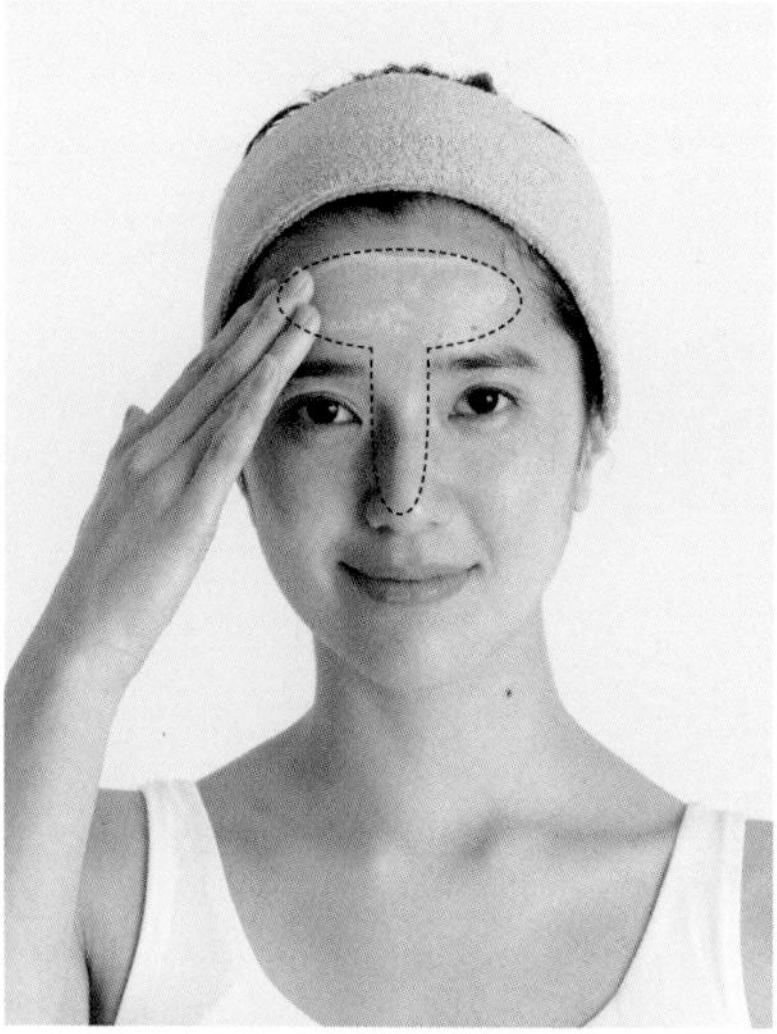

クレンジング剤を適量取り、Tゾーンからのせ、顔の中心から外側に向かって全体になじませる。メイクが濃い場合や肌が摩擦に弱い場合は、規定の量よりも多めに。

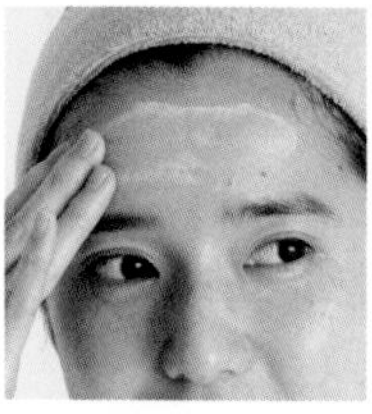

クレンジング剤がクッションになるように。皮膚を動かさないようにやさしくのせる。

スキンケアアドバイス

- メイクの濃さに合わせてクレンジング剤を2種類くらい用意しておくと便利（メイクの薄い日用と、濃い日用）
- 1分でメイク汚れがなじまないなら、メイクに対してクレンジング剤が弱い証拠

NG

- クレンジング剤の量をけちる
- 1分以上時間をかける
- クレンジングをほおからのせる

3 細かい部分をなじませる

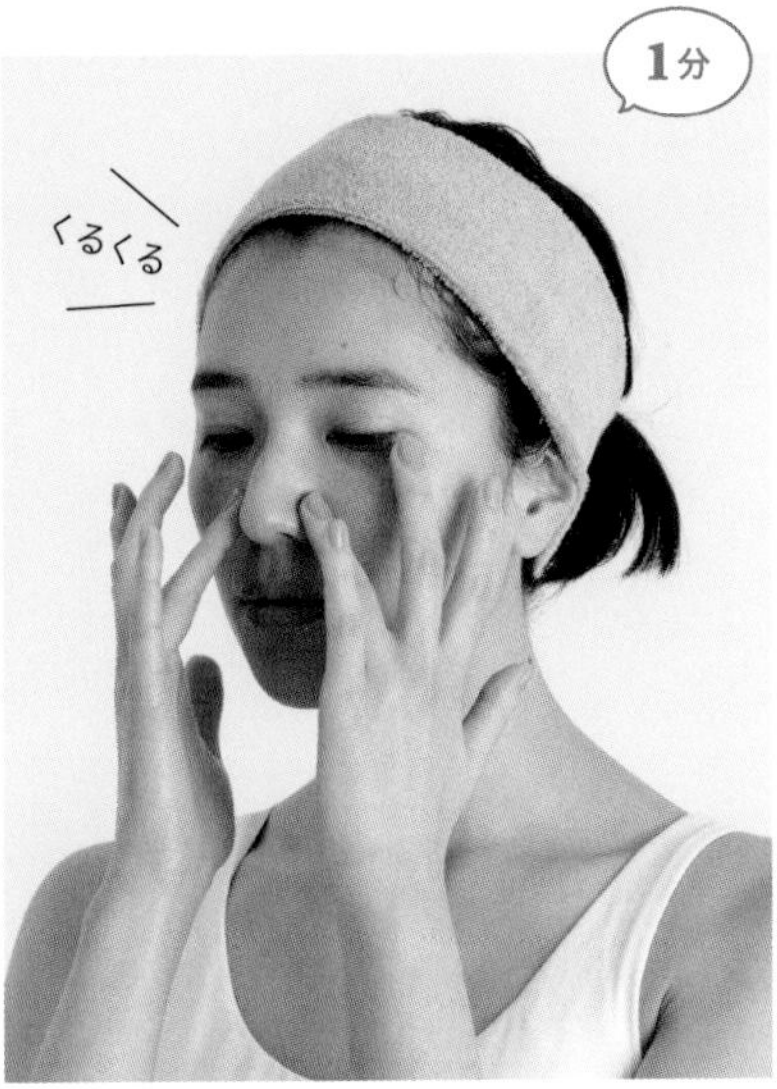
1分
くるくる

小鼻や眉間、眉は指の腹を使ってやさしく、くるくるなでるようになじませる。指の力を抜いて「むいた桃を触るように肌に触る」イメージで。なじませる時間は1分が目安。それ以上は肌負担が増える。

4 ぬるま湯で洗い流す

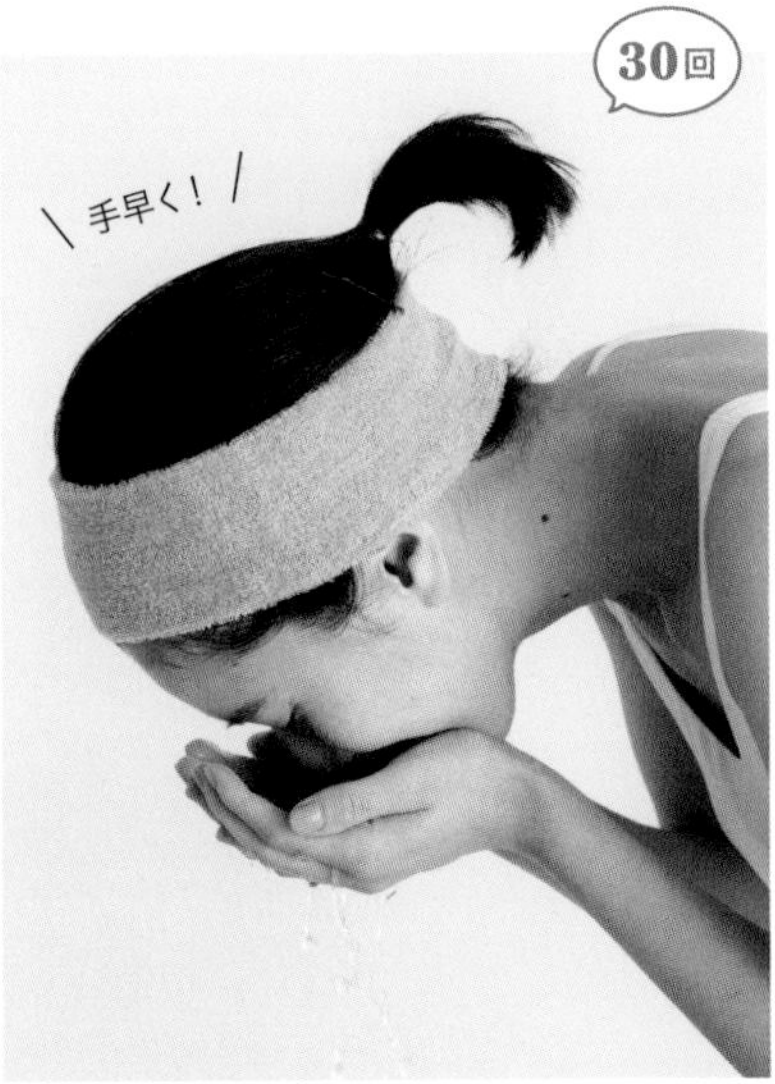
30回
手早く！

ぬるま湯を使い、さっと手早く洗い流す。すすぐ目安は30回。多少のベタつきがあっても続けて洗顔料を使って洗顔を行えばOK！

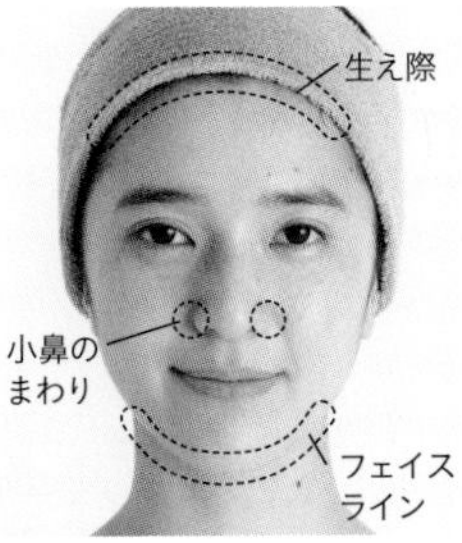
生え際
小鼻のまわり
フェイスライン

30回すすぐワケ

クレンジング後のすすぎが少ないと、目に見えない小さな洗浄成分などが肌の上に残り、それが乾燥やニキビなどの肌トラブルの原因になることも。洗い残しを避けるためにも30回はすすぎましょう。洗浄剤が残っていると乾燥など肌トラブルの原因になります。

洗い残ししやすいところ

TECHNIQUE

洗顔

目的 水溶性（クレンジング剤の残り、ほこり、花粉、空気の汚れ、角質など）の汚れを落とす。

洗顔料は朝も夜も使うのがセオリー

洗顔は、水の温度が高くても低くても肌への刺激になるので、ぬるま湯で行ないます。日常の汚れや排気ガスを取り除くことも考慮すると、洗顔料はやはり必要です。ぬるま湯だけの洗顔では、余分な角質、空気にふれて酸化した皮脂を落とすのは難しく、毛穴トラブルやニキビ、くすみなどほかの問題が出てくることもあります。

肌への摩擦を軽減するために泡立てネットを使用し、泡にクッションの役割をさせながら洗いましょう。広告などで「たっぷりもこもこの泡で洗う洗顔風景」をよく見ますが、肌にやさしい洗顔料は泡立たないタイプのものが多いです。クレンジングと同じブランドなど、相性を考えて選ぶのがおすすめです。

洗顔料の洗浄力と肌負担

強
弱
固形石けん
パウダー
泡
クリーム・ジェル
泡立たないタイプ

落ちにくいメイクをしていたり、洗浄力が高いクレンジングや洗顔料を夜に使用したりする人は、朝だけ洗浄力のやさしい洗顔料に変更すると肌負担が軽くなります。

クレンジング・洗顔時の水温の目安

水の温度が上がるほど皮脂やうるおいを落とす傾向がありますが、そのぶん刺激も強くなります。水温は以下を目安にしてみてください。

敏感症状のあるとき	30度〜32度のぬるま湯。冷たいくらい
乾燥肌	32〜34度
混合肌	32〜36度
脂性肌	36〜38度

Q&A 朝はぬるま湯だけで洗顔したほうがいい？

朝は洗顔料を使わないほうがよいという噂が広まったのは、ドラッグストアなどで売っている洗浄力の高い洗顔料を使う人が多いからです。でも寝ているあいだは余分な皮脂が出るうえ、夜にたっぷりつけた化粧品は一晩で酸化し、詰まりの原因になります。肌にやさしい洗顔料で翌朝落としましょう。

ただし肌に敏感な症状が出ている人や強い乾燥を感じる人は、一時的ケアとして肌負担の軽いぬるま湯洗顔でも構いません。日常的には洗顔料は必要です。

Q&A 洗顔後に冷水で引き締めるのって意味がある？

これはほぼ意味がありません。高温での洗顔は肌を乾燥させますが、洗顔後に冷水を使っても、数分後には皮膚の温度は戻って毛穴も元通りに開きます。逆に、冷水での洗顔は、皮脂が固まってしまうので汚れが落ちにくいです。

石けんが「肌にやさしい」というイメージは勘違い

固形の石けんは肌にやさしいイメージがありますが、高い洗浄力があるため、じつは肌が強い人向けのものです。

石けんの成分はアルカリ性で、汚れや皮脂をしっかりと取り去ると同時に、皮脂膜を洗い流して肌の水分も奪います。肌のＰＨ《ピーエッチ》を一時的にアルカリに傾けるため、人によっては雑菌繁殖につながり、かゆみやニキビの悪化になることも考えられます。

なお、ＰＨとは「水素イオン指数」で酸性／アルカリ性の度合いをあらわします。ＰＨ７が中性で、それより低いものが酸性、高いものがアルカリ性です。日本の水道水はほとんどが中性です。また、健康な肌のＰＨは4.5～6.5の弱酸性です。

半透明タイプの固形石けんのほうが、肌への負担は少ないと言われています。泡立った状態で出てくるポンプ式の洗顔料は、手軽で便利ですが、界面活性剤や泡立たせるための発泡剤（肌には不要な成分）の配合量が多いことも。肌の様子を見ながら使用しましょう。

Q&A クレイ洗顔ってどうなの？

クレイ（泥）は古くから美容目的でパックや洗顔として使われてきました。種類によって効果効能はさまざまですが、ベントナイトやカオリンは洗顔料に配合すると皮脂汚れを効率的に除去できることで知られ、脂性肌傾向の人に向いています。

配合量が多いクレイパックや洗顔は高頻度に使用すると乾燥の原因になることも。乾燥肌の人は配合量の少ない製品を選び、頻度も少しずつ様子を見ながらにしましょう。

Q&A 酵素洗顔ってどうなの？

酵素が配合されたパウダー状の洗顔量は、角質がたまりやすい人、毛穴詰まりができやすい人に向いているアイテムです。肌の代謝を整え、しみの予防や化粧品の浸透を助けるなどの効果も期待できます。

しかし、乾燥肌の人には刺激になることもあり、頻度が高いと気づかないうちに摩擦が強くなるデメリットも。エステサロンや美容皮膚科などの専門機関でケアしている人はやりすぎになる可能性もあるので、避けたほうがよいかもしれません。

洗顔料はソープ成分のないものを選んで

現代人のほとんどは肌の水分・うるおい不足です。洗顔料は石けん成分（ソープ成分）が入っていないタイプを選び、水分を奪われすぎないようにしましょう。乾燥肌傾向の人は、クリームやジェルなど、泡立たないタイプの肌にやさしいものを選びます。ただし、洗浄力は低めなのでクレンジング剤との相性も考慮してください。

「肌にやさしい」とうたっていたり、美容成分が配合されていたりしても、クレンジング剤も洗顔料も刺激の強い「洗浄成分」であることに変わりありません。洗浄成分が肌に残ることで肌荒れを起こすこともあります。肌にのせている時間に気をつけて、しっかりと洗い流しましょう。

また、ピーリング成分入りの洗顔料なども現在は増えています。過剰にならなければ、たまに使用してしっかり保湿することで、毛穴詰まりの予防やくすみ解消が期待できます。ただし摩擦や頻度に注意し、乾燥肌傾向の人は控えましょう。

豆知識

日本の水は安全だけど…

ヨーロッパは硬水なので、洗顔後は水ですすがずに化粧水での拭き取りが基本です。一方、日本は水が豊富で水道水の質もよく安全なため、クレンジングや洗顔のすすぎにも充分に水道水を使用できます。

ただし、水道水に含まれる塩素は肌をわずかに乾燥させます。肌が敏感な人や気になる人は、塩素やトリハロメタンを除去できるシャワーヘッドが販売されているので、それをつければ、よりよい水を使用できます。

毛穴が大きくて汚れがたまりやすい肌の人が洗顔ブラシを使用すると、肌がつるっとし、毛穴がきれいになった気がするかもしれません。しかし、摩擦による刺激が大きく、長期使用すれば確実に皮膚が肥厚し、詰まりを起こしやすい肌になります。毛穴が広がり、しみなどのリスクが増えることもあるので、ご注意ください。

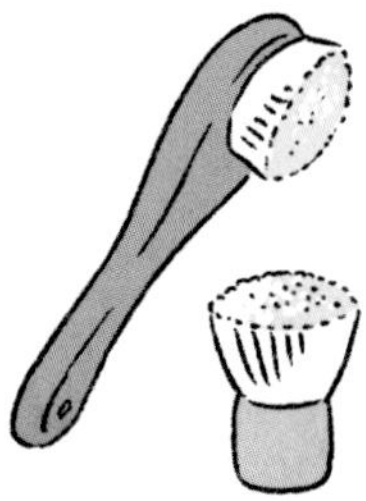

HOW TO
FACE WASH

正しい洗顔の手順

1 ぬるま湯で顔を濡らし、洗顔料を泡立てる

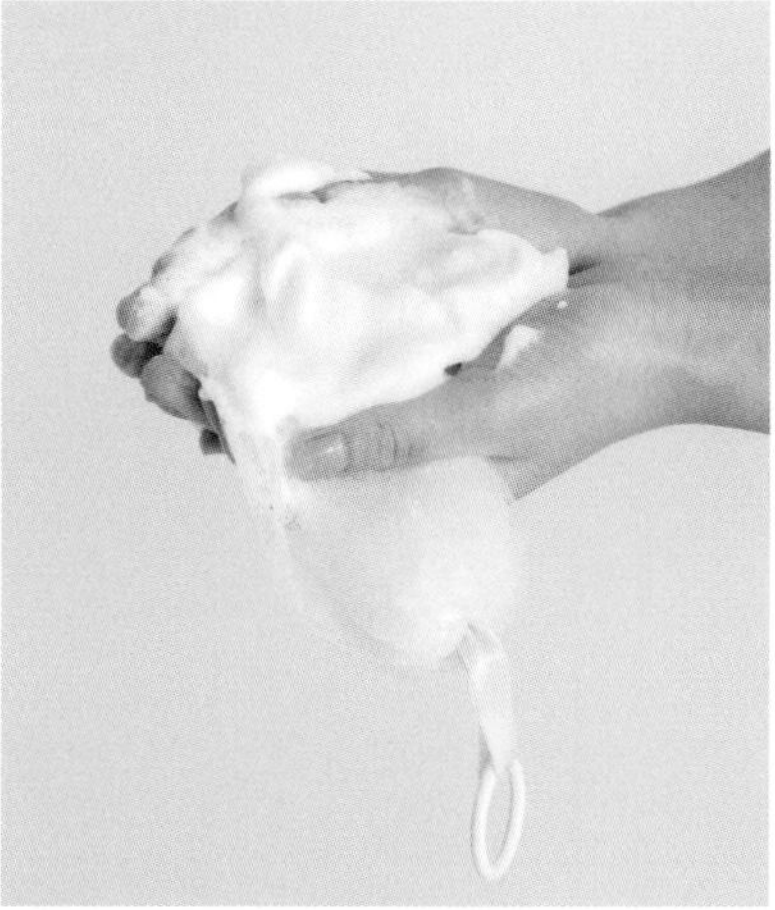

まずは手を洗って雑菌を落とし、そのあとに人肌程度のぬるま湯で顔全体を濡らす。洗顔料を手に取り、水を加えてしっかり泡立てる。泡の量が少ないと、摩擦の原因になる。

2 やさしくTゾーンから洗う

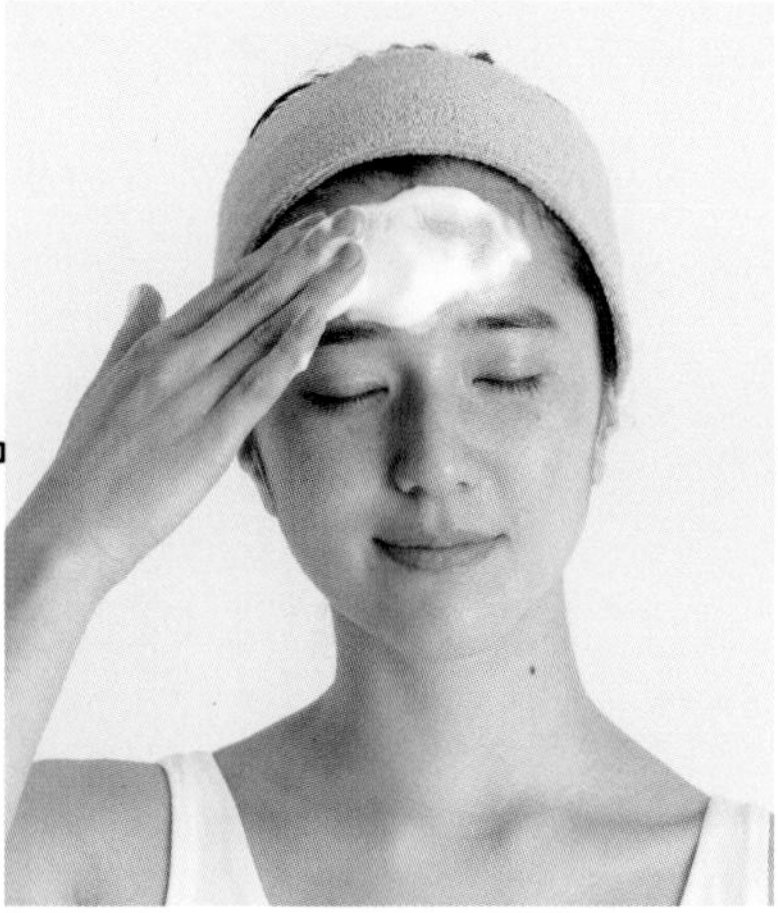

おでこや鼻にかけてのTゾーンに泡をのせる。円を描くようにやさしい力で汚れを落とす。泡を転がし洗うようなイメージで。

洗顔のポイント

POINT❶
洗顔の時間は1分が目安！
洗顔料をつけている時間が長いほど、肌への負担がかかる

POINT❷
洗顔後のすすぎは、ぬるま湯で30回以上
回数を重ねることで洗顔料が肌に残らないようしっかりすすげる

POINT❸
シャワーヘッドを当てて流すのはNG！
圧力が強くかかり、乾燥やシワ、たるみの原因になる

NG

- 頬からのせる（クレンジングと同様にNG）
- 顔の上で泡立てる
- 泡でパックする
- 洗顔の泡での顔剃り（乾燥の原因になるので絶対NG）

3 Uゾーンから細かい部分を洗う

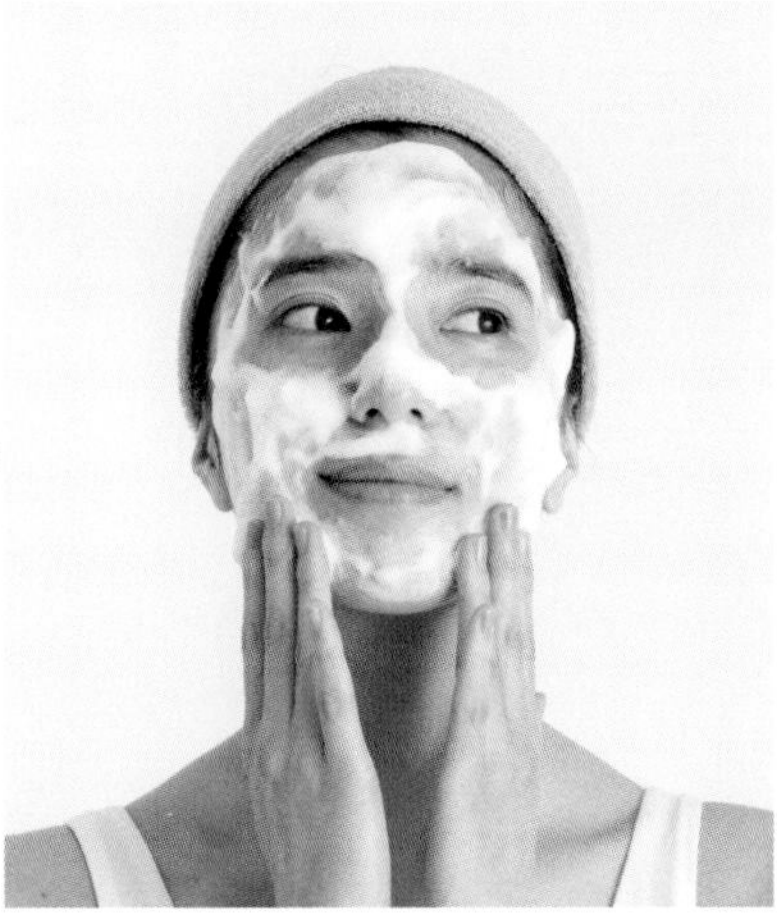

ほおからあごにかけてのUゾーンにも泡をのせる。目元や口元などの細かい部分までしっかりなじませる。

4 ぬるま湯で洗い流す

ぬるま湯でていねいに洗い流す。こめかみやフェイスライン、髪の生え際までしっかり流すように。

泡立てネットの使い方

洗顔料を手に取ったら、たっぷりの水を使って泡立てましょう。水の量が少なかったり、しっかり泡立っていなかったりすると、洗顔料の濃度が濃いまま肌にのせることになります。泡のクッションができるくらいにしっかり泡立てましょう。また、泡立てネットは使用後に洗って乾かしておき、衛生面にも気をつけます。

TECHNIQUE

化粧水

目的 肌に必要な水分を補いバランスを整えること。収れん（引き締め）効果のあるものも。

化粧水は規定量を使用し手でやさしくつける

角質に浸透できる水分量は決まっています。化粧水をたくさんつけると、一瞬肌がふやけてプルプルになっている感じを味わえますが、あまり意味はありません。規定量を使用しましょう。

化粧水をつけるときは、できるかぎりやさしく肌に触れます。パッティングは絶対にNGです。何度も肌をたたくと、肌の赤み、ハリや弾力の低下、色素沈着などの原因にもなりかねません。

肌への負担を考えると、基本は手でつけるほうがおすすめです。コットンを使うと肌に摩擦が起こるうえに、繊維の刺激で肌に小さな傷がつき、乾燥や赤み、キメの乱れの原因になります。

Q&A 拭き取り化粧水って、いいの？

拭き取り化粧水とは、洗顔の代わりに化粧水で汚れを拭き取ったり、角質ケア成分を含む化粧水をコットンでつけたりするもの。もともとは硬水のために水道水で顔を洗えないフランスで生まれた文化です。日本は水事情がよいので、あえて拭き取り化粧水を使う必要はありません。「拭き取る」という行為自体が肌に摩擦を引き起こすので、毎日のケアからは省きましょう。

肌タイプ別【化粧水の選び方】

脂性肌傾向

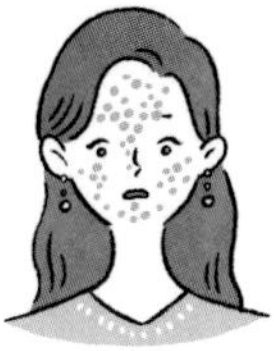

脂性肌向けの収れん系の化粧水は、引き締め効果はあるが、アルコールなどの成分が配合されているので、水分不足を起こしやすい。皮脂コントロールや皮脂くすみ予防、ニキビや毛穴トラブル予防にはビタミンC配合の化粧水を。

乾燥肌傾向

アミノ酸、ヒアルロン酸、コラーゲン、セラミドなどが配合のものがおすすめ。とくにセラミドはうるおい補給や肌荒れ予防にもなり、テカりは出るけれど乾燥するような混合肌の人にも。

敏感なとき

ふだん使っているものが急にしみる、ピリピリすると感じるのは、成分が肌に合わないか、肌のバリア機能が弱っている証拠。そんなときは化粧水を省いてOK。赤みや炎症がある場合は、抗炎症作用のあるアラントイン、エーデルワイス、カミツレ、グリチルリチン酸2Kなどが配合のものを。

Q&A いつも使っていた化粧水がしみるように……なぜ？

それは肌荒れをしている可能性が大きいです。その化粧水の使用をすぐにやめましょう。ちょっとの肌荒れなら大丈夫と思いがちですが、水分の多い化粧水ほど刺激になっていることもあります。スキンケアをシンプルにして様子を見ます。ワセリンなどの低刺激なもので保湿をして、もしずっと続くようなら皮膚科に行きましょう。

HOW TO APPLY
FACE LOTION

正しい化粧水のつけ方

1　清潔な手のひらに出す

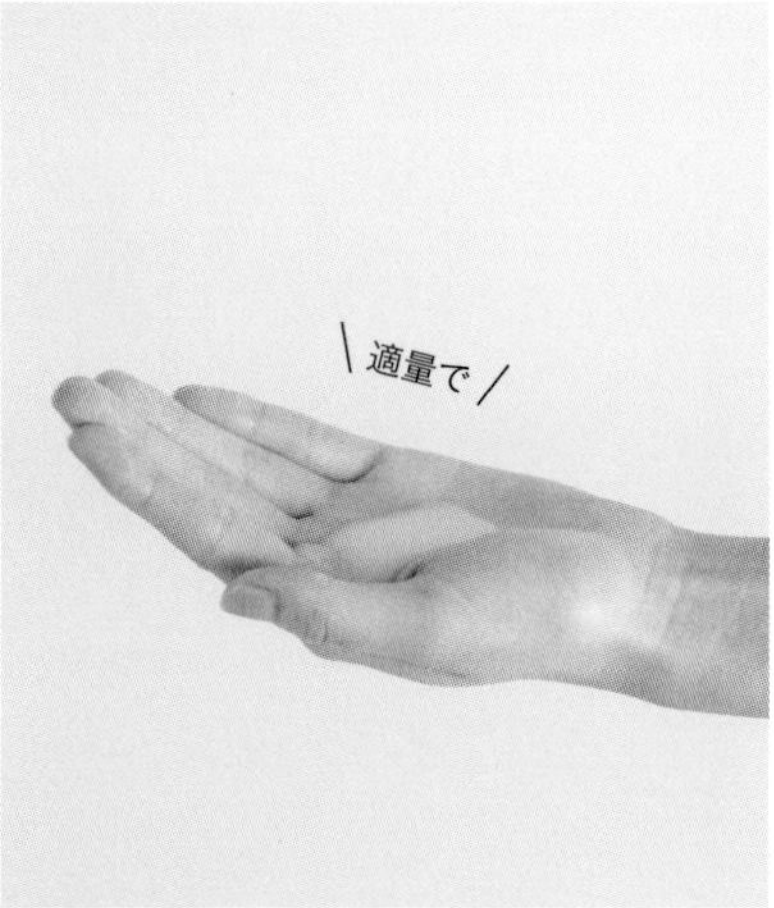

取扱説明書を参考にして適量を手のひらに出す。手のひらは清潔にしておく。

2　内から外に向かって なじませる

手のひらで顔全体になじませる。内から外に向かい、目元や口元など細かい部分にも手で押さえつけるように。

化粧水のポイント

POINT❶　少なすぎ、多すぎに注意
適量は化粧水によるので説明書に従う。基本は500円玉大。水っぽいものは2回に分けてもOK

POINT❷　乾燥しやすいところにしっかりと
目元や口元などの乾燥しやすいところ、くぼんでいるところに、よりしっかりとなじませる意識で

POINT❸　コットンを使うならひたひたに
コットンを使う場合は量をたっぷりとり、全体がひたひたになるくらいまで使う

スキンケアアドバイス
化粧水は手を使って摩擦が起きないようにつけます。力の入れすぎやパチパチと強いパッティングは厳禁。しっかり量を手に取り、首やデコルテ、余ったら手の甲にもつけるのがおすすめです。

【すぐにできるコットンパックの方法】

今日は日差しを浴びた、乾燥している、パックをしたいけれど手元にない、というときにも簡単にできるコットンパックの方法を紹介します。

1 化粧水を顔全体になじませる

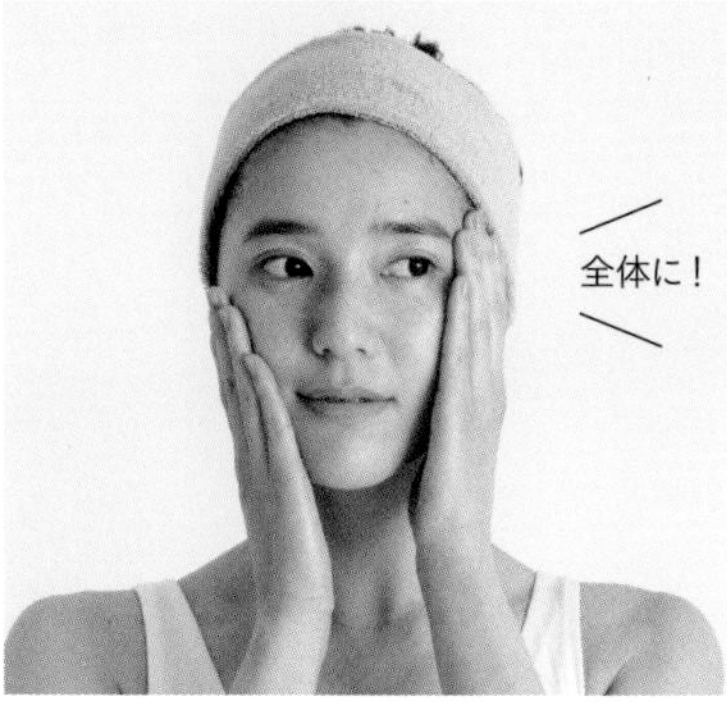

まずは通常通り、化粧水を肌になじませる。

2 コットン全体に化粧水をひたす

コットンがひたひたになるくらい、しっかりひたす。大判サイズのコットンや、はがせるタイプがおすすめ。

POINT 普通のコットンの場合、化粧水をひたしたあと2枚にはがすと、薄くなって密着しやすくなります。

3 顔全体にコットンをのせる

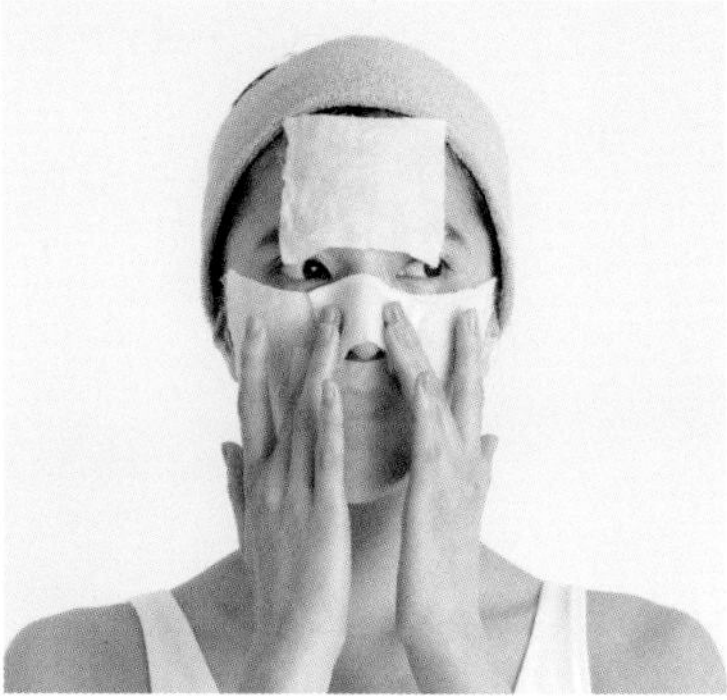

ほお全体をおおうように伸ばしながら貼る。両頬→額→口→鼻の5か所に。

4 数分たったら取りはずす

水分はどんどん蒸発していくので、長時間はNG。5分くらいを目安に。

メイクをしたあとも乾燥対策をしっかりと

肌のうるおいを保つには乾燥対策は重要です。メイクの上から使えるミストやスプレータイプの化粧水を使用する人もいるでしょう。しかし、化粧水の主成分は水ですから、メイクの上からでは美容成分はしっかり浸透してくれません。また、化粧水の中には肌を乾燥させるアルコールが配合されていることもあります。

メイクの上から保湿をするなら、乳液がおすすめ。油分が含まれているので、化粧水よりも保湿効果が期待できます。ただし、メイクが落ちてしまうのでメイク直しが必要です。

また、強い乾燥などが原因で肌のバリア機能が低下していて化粧品に刺激を感じるときは、水の量が多い化粧水でさえしみることもあります。そのようなときは、化粧水や水溶性の美容液などを省き、乳液やクリーム、オイル美容液など油分量の多いアイテムのみに切り替えます。肌のバリアが回復するまではこうした「保護」主体のシンプルケアを行いましょう。

豆知識

マスク対策には化粧水の押し拭きを

マスクで肌荒れする人は、肌当たりがやさしい生地や、通気性のよいマスクに変えるのがいちばんです。ただ、それでも自分の呼気でマスク内の温度は上がり、雑菌が繁殖しやすくなります。吹き出物が増える人におすすめなのが、抗菌作用のある成分配合の化粧水、弱酸性の化粧水などをコットンなどに含ませて押し拭く方法です。

【乳液で保湿＆メイク直し】

1 メイクになじませる

コットンに乳液をたっぷりひたし、乾燥した部分やメイク直ししたい部分になじませる。

POINT なるべくこすらないように、やさしくなじませて。コットンを水で湿らせて、軽く絞ってから乳液をひたすとなじみやすく、毛羽立ちにくい。

2 乳液で保湿する

浮いたメイクを軽く拭き取り、乳液を手元に出して保湿し、なじませる。

3 油分をティッシュオフする

よけいな油分をティッシュオフして押さえる。

4 メイク直しをする

下地、ファンデーションやコンシーラーでメイクを直す。

POINT ファンデーションは少量で。

TECHNIQUE

美容液

目的 さまざまな有効成分が含まれ、肌にうるおいや栄養を与える。

悩みにフォーカスした美容液を選ぼう

美容液は、化粧水や乳液よりも美容の「有効成分」が多く含まれているものが多いようです。形状は、水ベース、油ベース、天然植物油１００％のものなどがあり、目的も乾燥、シワ、たるみ、毛穴、ニキビ、敏感症状用など多岐にわたります。

基本のスキンケアアイテムは、肌の油分量に合わせて選びますが、美容液は「悩み」にフォーカスして選ぶのがおすすめです。水分、油分の補給やバランスはそのほかのアイテムに任せて、いちばん気になる肌の悩みやトラブルを解消するアイテムを選びます。美容液の特徴、含まれている成分を確認しましょう。

しみ対策やエイジングケアなどを目的に美容液を使用する場合、一朝一夕で結果が出ることはありません。基本的には1年を通して使い続けましょう。

２つ以上の美容液を使うときは、水っぽいもの→油っぽいものの順で使うと、浸透しやすくなります。使用量は現在の肌の状況に合わせて。朝と夜で量を調整するなども大切です。

豆知識

敏感症状があるときは美容液を省いて

肌が弱っているときは、有効成分の量が多く配合された美容液は刺激になることがあります。省いてしまってOKです。もし使うのであれば、セラミドなどの保湿成分など、肌を守る目的の美容液を選んでください。

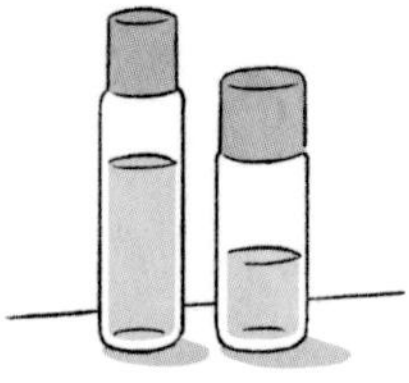

HOW TO APPLY
SKIN ESSENCE

正しい美容液のつけ方

1 美容液を手に取る

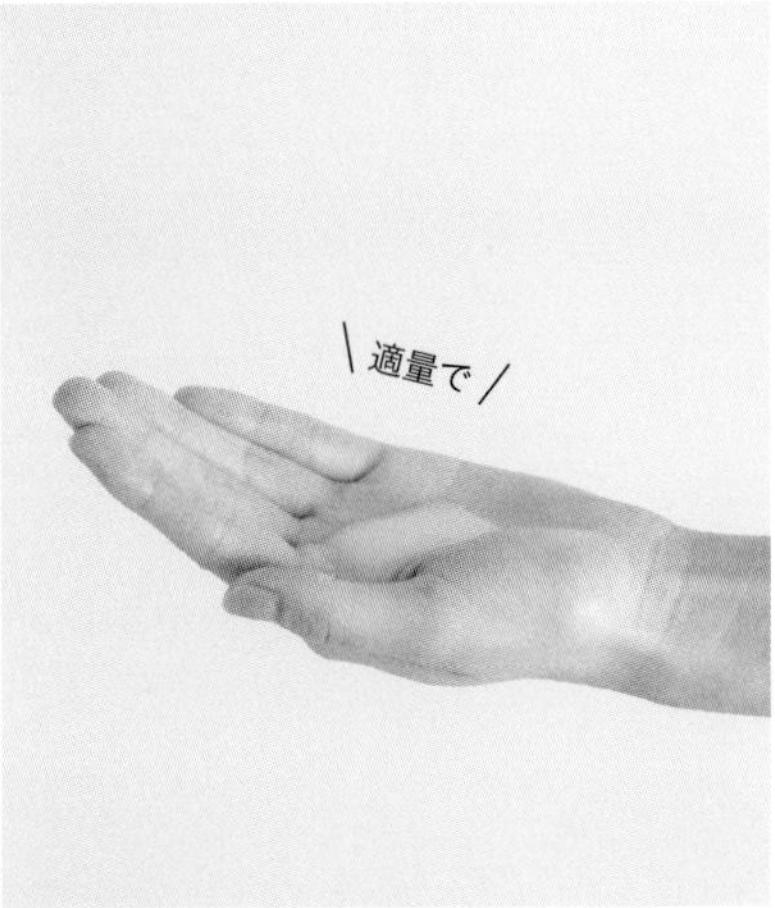

取扱説明書にある適量を清潔な手に取る。油分が多いものの場合は、自分の肌の状態で量を調整する。

2 押さえつけるように顔全体に塗る

両手に美容液を広げ、顔全体になじませる。目のまわりやフェイスラインなど、指の腹を使って細かい部分までしっかり押しこむ。

タイプ別【美容液の選び方】

保湿美容液	肌の水分をキープするヒアルロン酸、セラミド、コラーゲンなどが含まれる。
美白美容液	メラニンの生成をブロックするビタミンC誘導体やアルブチンなどが含まれる。
アンチエイジング美容液	ハリ・弾力を補うコラーゲン、シワを改善する成分レチノールやナイアシンアミドなどが含まれる。

TECHNIQUE

乳液・クリーム

目的 皮脂の代わりになる「油分」を補う。肌を柔軟にする効果もある。

大人の肌に足りない油分は化粧品で補う

メイクやスキンケアの開始年齢が早くなり、気候条件や住環境の変化で空気の乾燥が増している現代では、大人の肌の油分補給は重要になっています。脂性肌の人や油分分泌が活発な若い人は不要と思われがちですが、肌の乾燥を防ぐために乳液やクリームで油分を補いましょう。洗顔後に油分を補給せずにいると、肌を乾燥させまいと皮脂分泌が増えます。

洗顔前に鏡で顔を観察するクセをつけましょう。油分の多い場所、乾燥してくすんだり小ジワになったりしている場所をチェックします。

乾燥しやすい場所

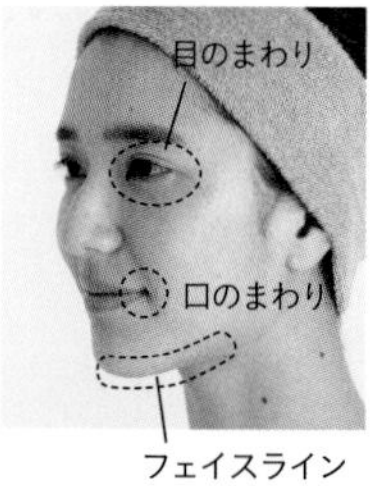

肌タイプ別

【乳液＆クリームの選び方】

乾燥肌	両方もしくはクリーム
脂性肌	乳液もしくは乳液の代わりにオイルフリーのジェルなどでもOK
混合肌	季節や年齢、環境によって油分量が変動しやすいのでその時々で変える。クリームだけだと肌が硬くなると感じる人は、乳液に切り替えるか、ダブル使いを

クリームのほうが乳液よりも油分が多く保湿力が高いので、皮脂の量に合わせて選びます。季節などによっても変わってくるので、状態を見ながら選びましょう。

HOW TO APPLY
FACE LOTION & FACE CREAM

正しい乳液・クリームのつけ方

1 硬いものは手のひらに出す

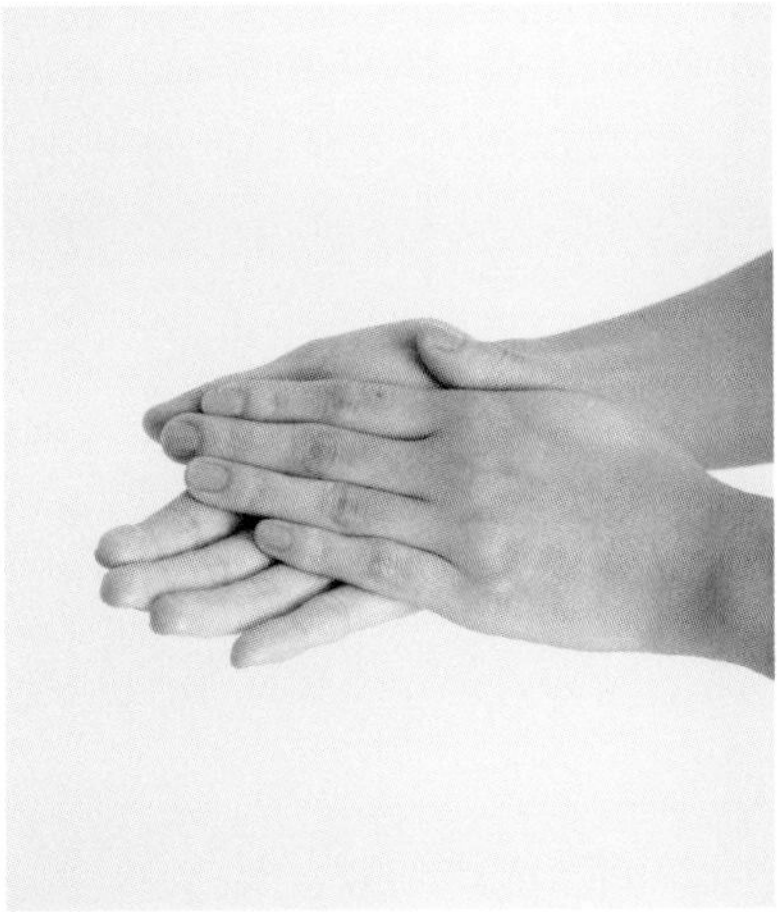

クリームやテクスチャーが硬いものは手のひらに出して、温めてから伸ばす。

2 中心から外になじませていく

均一につけるときは5か所に置いて、中心から外になじませる。こすらないように手の力を抜いて。

肌悩み別 おすすめのアイテム

毛穴詰まり **ニキビ肌**

毛穴詰まりの原因になりにくいノンコメドジェニック製品を選ぶ。皮脂分泌がしっかりある場合はジェルタイプやオイルフリータイプがおすすめ。

シワ **たるみ**

ビタミンACEやレチノール、プロテオグリカン、EGF（上皮成長因子）・FGF（線維芽細胞増殖因子）などが入ったものがおすすめ。

乾燥傾向

セラミドやヒアルロン酸、コラーゲンなど保湿成分配合のものや油分の量が多めのクリームを。乾燥するけれどテカりやニキビができる人は「ノンコメドジェニック」や油分の少ない乳液を選び、塗る量や部位の調整をする。

TECHNIQUE

オイル

目的 乾燥を防ぐ、肌を保護する、肌を柔軟に保つなどの美肌効果が期待できる。

「植物性」か「動物性」かでオイルの役割は違う

オイルは、油性成分として化粧品に配合されたり、アロマテラピーでの植物オイルとして精油を希釈して使用したり、スキンケアやヘアケア、マッサージなどに使用されたりと、用途は多岐にわたります。植物由来、動物由来、石油由来などがあり、オイルごとに特徴や使用感などが異なるため、肌質や好み、使用用途で適したものを選びましょう。

油性成分は性質によって炭化水素、油脂などの7つに分類されますが、肌のうるおいを保つ、柔軟にする、肌から水分が蒸散するのを防ぐ、などの役割は共通です。

植物の種子や果実から抽出した植物オイルは単体で使用されることが多く、オレイン酸、リノール酸などの脂肪酸や、ビタミンなどの美肌にプラスになる成分を多く含んでいます。

ただし、使い方や相性によっては油分過多になったり、酸化や毛穴詰まりなどの肌トラブルになったり、ニキビの原因になったりする可能性もあります。

オイルの種類については１０８ページからを参考にして肌悩みに合ったものを選んでください。

豆知識

オイルは使用期間に注意して

天然の植物油で、とくに栄養の多い未精製のものは、酸化が早い傾向があります。必要なタイミングで購入し、開封したら使い切ってしまう、フタを開けたままや直射日光を避けるなど管理や使用期間は注意を払いましょう。

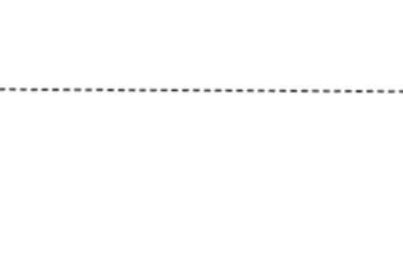

ミネラルオイルは肌を乾燥させやすい!?

石油由来のミネラルオイルは、ベビーオイルや安価なクレンジングオイルに含まれています。しっかりと精製されて不純物が含まれていなければ、天然の植物油よりも安全性が高く、肌荒れを起こす心配もほとんどありません。

しかし、保湿のために使用すると、肌が本来もつ肌内部の油性の栄養がミネラルオイル側に移動して、肌内部を乾燥させてしまう、ということが起こります。また、肌表面をラップのようにおおってしまうため、洗浄力の強い石けんでなければ落としきれません。肌をきれいにするような栄養や美肌効果はないので、健康な肌の人、美肌になりたい人が保湿剤として長期で使うものではありません。

オイルクレンジングが「洗浄力が強い」「乾燥肌に向かない」と言われるのは、ミネラルオイル配合のクレンジングオイルが多いからです。植物油などの油脂系のクレンジングオイルなら、乾燥傾向の肌の人が使用しても問題ありません。

Q&A オイルを塗ってから化粧品をつけるとより浸透するの？

肌の乾燥が非常に強く、皮脂分泌があまりできていない場合や、洗浄力の高いクレンジングを使用している場合、洗顔後に油分を補給すると、次に使用する化粧品の浸透を助けてくれることがあります。ただし、ワセリンやミネラルオイルなどの炭化水素や、ホホバやミツロウなどのロウ類の油分を塗ると、肌にフタをして次に使うものが浸透しにくいので注意して。また皮脂分泌がしっかりとある人だと、油分過多でのトラブルにつながることもあります。

first
油分を補給
Second
化粧水が浸透

TECHNIQUE

日焼け止め

目的 肌老化の原因の80%である紫外線から防御する。

日焼け止めで肌荒れする、敏感な症状がある、炎症ニキビがある、という人は散乱剤タイプを選ぶようにしましょう。

肌に合わせて選びたい日焼け止めのタイプ

日焼け止めには「紫外線吸収剤」と「紫外線散乱剤」の2種類があります。肌が敏感な人や炎症ニキビが気になる人は、吸収剤の含まれていないクリームや乳液タイプを選ぶと安心です。以前は独特の匂いや白浮き、重さなど使用感に問題のあった紫外線散乱剤タイプは、近年使用感がぐんとよくなり、紫外線予防効果も高くなっています。

日焼け止めにはさまざまなタイプがありますが、ジェル、ローション、スプレーなどは使用感が軽く手軽で、ベタつきが苦手な人に好まれます。ただし、さっぱりした質感のものはアルコールが含まれていることも多いので、乾燥肌やアルコールで赤みが出る、ヒリヒリ感を感じやすい人は購入前に成分を確認しましょう。

DOCTOR'S VOICE

生理前・妊娠中・ピル服用時はとくに紫外線に注意

黄体ホルモンは紫外線の影響を受けやすくするので、日焼けしやすくなります。産後や授乳中も、ホルモンバランスからしみができやすいことも。生理前や妊娠中、ピル服用時は念入りに日焼け止めを塗りましょう。ニキビ、ニキビ痕や肌の赤みといった敏感症状が見られるときも細心の注意を払ってください。

【日焼け止めは大きく分けて２種類ある！】

	紫外線吸収剤	紫外線散乱剤（反射剤）
特徴	紫外線を吸収し、肌の上で化学反応を起こして熱エネルギーに変換するタイプ。まれにアレルギー反応を起こす人も。	酸化チタン、酸化亜鉛などが配合され、紫外線を肌の上で反射させて予防するタイプ。吸収剤フリー、ノンケミカルなどと表示されることが多い。
メリット	伸びがよい、匂いが少ない、色がつかないなどの使用感がよいものが多い。下地やファンデーションに多く入っている傾向がある。紫外線予防効果が高い。	肌負担が軽く、環境にもやさしいものが多い。熱を発生させないので肌トラブルのある人も比較的使用しやすい。
デメリット	紫外線を一度熱に変換するため、炎症ニキビや赤みやかゆみが出やすい人には成分が合わないことも。肌への負担が多く、海の汚染につながるため使用禁止の海水浴場もある。	最近は改良されたものも多いが、白浮き、匂い、なじみにくいなど使用感に問題があることも。紫外線予防効果はやや低めの傾向がある。

注意　金属アレルギーの人は、紫外線散乱剤に含まれる酸化亜鉛で症状が出ることもあります。酸化チタン配合のタイプを選び、パッチテストをしてから使用しましょう。

Q&A　ファンデに入っている日焼け止めでもいい？

下地やファンデーションに日焼け止めの成分が入っている製品も増えていて、「日焼け止めは塗ってないけど、下地とファンデで対策している」という人は多いでしょう。しかし、日焼け止めは塗る量が大事。少量だと、記載されているSPFの数値をしっかりと発揮してくれないこともあります。また、色つきの下地やファンデでは、日焼け防止の効果は少ないです。日焼け止めの上に下地やファンデを重ねることで万全の対策をしましょう。

豆知識

マスクの下も日焼け止めは必要

マスクに限らず、衣類や繊維はシワやたるみの原因になる紫外線A波を通してしまいます。マスクをしていれば強い日焼け（サンバーン）はかなり予防できますが、肌の老化は少なからず進行します。マスクの下もしっかりと日焼け止めを塗る習慣をつけましょう。

日焼け防止効果をあらわす数字を確認しておく

日焼け止めには「ＳＰＦ」「ＰＡ」という２つの数値があります。ＳＰＦは紫外線Ｂ波防止効果を指し、肌を赤くする日焼け（サンバーン）を起こすまでの時間をどのくらい延ばせるかをあらわします。炎天下やスポーツ、屋外での活動時間が長いならＳＰＦ３０以上が目安。ＰＡは紫外線Ａ波の防止効果をあらわします。夏場や外出時間が長い日は非常に効果があるＰＡ＋＋＋以上がおすすめです。

紫外線にはおもに、ＵＶ－Ａ、ＵＶ－Ｂ、ＵＶ－Ｃという３つの波長がありますが、ＵＶ－Ｃは、ほとんど地表に届かないと言われます。

ＵＶ－Ａは波長が長く、じわじわ肌の細胞を傷つけます。天気の悪い日でも冬でも出ており、窓ガラスや衣類の繊維をも透過します。一方、ＵＶ－Ｂはエネルギーが強く、肌表面を強く攻撃します。

また蛍光灯やスマホからも紫外線は出ています。このため、室内にいても日焼け止めは３６５日必要です。一度開封したら連続で使用して、使い切りましょう。

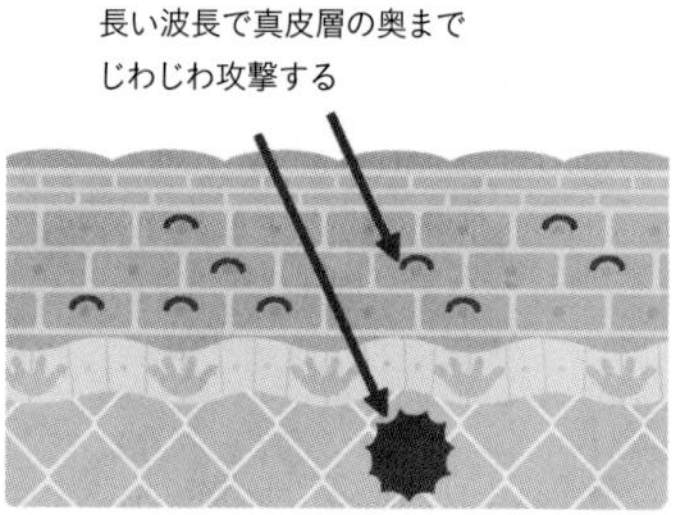
長い波長で真皮層の奥まで
じわじわ攻撃する

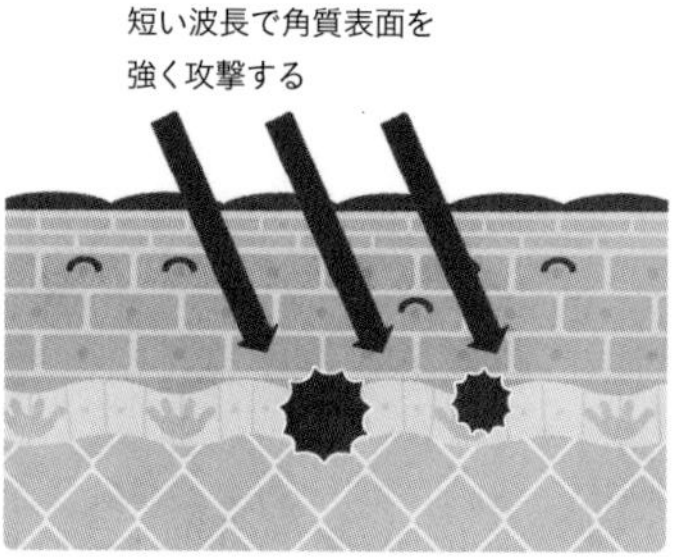
短い波長で角質表面を
強く攻撃する

シワ・たるみをつくる

UV-A波

弱い波長の紫外線。強い日焼けは起こさない長い波長のため、肌の真皮層内まで到達し、コラーゲンやエラスチンといった肌のハリ・弾力を司る部分を徐々に破壊、劣化させる。

→UV-Aを防ぐ力は「PA＋」～「PA＋＋＋＋」の4段階であらわす。

しみをつくる

UV-B波

強く短い波長の紫外線で表皮までしか届かない。海や山などのレジャーで真っ赤に日焼けさせるのは紫外線B波。炎症を起こすので、夏場に屋外で過ごすなど、レジャーの予定がある場合はSPF値が高い日焼け止めを選ぶ。

→UV-Bを防御する力は「SPF○○（数字）」であらわす。

HOW TO APPLY SUNSCREEN

正しい日焼け止めのつけ方

POINT

●出かける20〜30分前につける

日焼け止めは塗った瞬間から効果を発揮するのではなく、15〜30分程度で肌になじみ日焼け防止効果が出てくる。出かける30分ほど前には塗り終えるのが理想。

●外出しない日も365日つける

天気に関わらず毎日塗る。蛍光灯、スマホからの紫外線やブルーライトをカットするため、家にいる日も塗る。

●パウダーを使って塗り直しをする

汗などで効果が落ちるのを防ぐため、塗り直しをする。顔の塗り直しはパウダータイプのファンデーションやプレストパウダーでもOK。

身体は直塗り

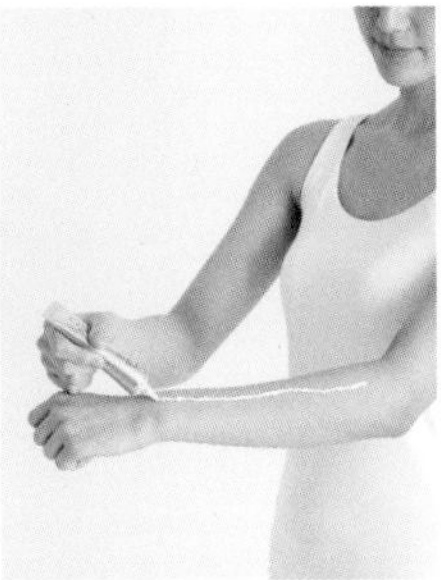

塗る面積が多い身体は日焼け止めを直接肌に出して塗るほうが塗り残しを防げます。

顔は5点塗り

塗り残しがないように、額、鼻、左右のほお、あごの5か所に日焼け止めを出してから塗っていきます。

豆知識

肌を老化させるブルーライトは日焼け止めでもカットしよう

PCやスマホの画面、電球などのLEDから出ているブルーライトは、目だけではなく肌の老化を進めるということがわかっています。紫外線A波と同じように、コラーゲンやエラスチンを破壊し、シワやたるみ、黄ぐすみを加速させるのです。

PCやスマホの使用時間が長い人は、ブルーライトもカットする日焼け止めを選びましょう。

その他の日焼けを防ぐアイテム

●サングラス、日傘

UV防止効果は徐々に弱くなるので、2〜3年に一度は買い替えを。

●UVカット加工のパーカーやストール

洗濯などにより、UVカット加工が徐々に落ちるため、ワンシーズンで買い替えを。

●UV防止の生地でできた製品

布自体にUVカット効果があるため、洗濯をしても半永久的に効果が落ちない。

●飲む日焼け止め

ハーブから抽出した成分や活性酸素を除去する成分が配合されたサプリメント。日焼け止めの効果は高くないため、塗る日焼け止めと併用を。

TECHNIQUE

下地・ファンデーション

目的 肌をきれいに見せ、外部刺激から肌を保護する。

きれいに見せて気持ちもアップ ベースメイクで肌を保護する

化粧下地は、ファンデーションの前に肌に塗って、ベースメイクの土台をつくります。下地を塗っておくことで、皮脂によるメイク崩れを抑えたり、ファンデーションによる乾燥を防いだりします。下地には肌の色を整えるもの、毛穴などの悩みをカバーするものもあります。化粧下地を含む、ＢＢクリームやＣＣクリーム、ファンデーション、ルーセントパウダーなどのパウダー類を総称してベースメイクと言います。

下地やファンデーションに日焼け防止効果があっても、夏場や屋外にいる時間が長い人は日焼け止めの併用がおすすめです。パウダータイプのアイテムは紫外線を反射する紫外線散乱剤が配合されていることが多いので、ベースメイクの仕上げに使いましょう。

ベースメイクの役割

化粧下地
肌や毛穴の凹凸を整えなめらかに。色ムラを均一にして、ファンデーションを密着させ、メイク崩れを防止する。

ファンデーション
肌の凹凸をなめらかにし、キメ細かく美しい肌に見せる。なりたい肌を演出するアイテム。紫外線など外部刺激から肌を保護する役割もある。

フェイスパウダー
ファンデーションの油分を抑え、皮脂や汗によるメイク崩れを防ぐ。

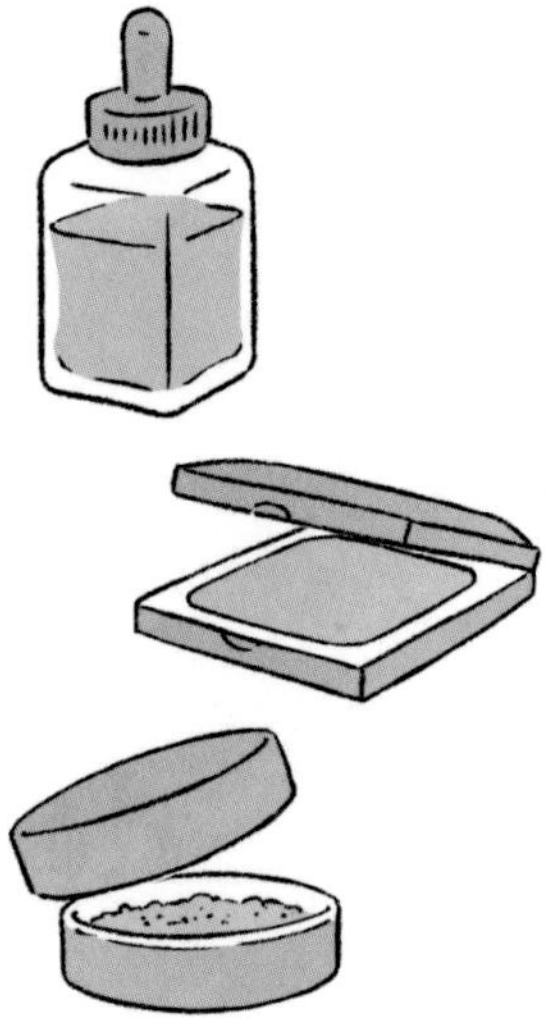

下地

肌タイプに合わせて化粧下地を選ぶ

もともと化粧下地は、くすみや色ムラをきれいに見せる色補正効果、ツヤや立体感をつくる光効果、紫外線や大気汚染から肌を守る保護効果の3つの役割があります。また、ファンデーションののりをよくし、メイク崩れを防止します。

機能性の高い下地が多く、種類も多いため、肌タイプ別のおすすめを見ていきましょう。

皮脂を吸着し、肌表面をさらさらに保ってくれるオイルコントロール系の下地もあります。成分として、皮脂吸着ポリマーやタルク、カオリンやシリカ、酸化亜鉛などが配合されています。ただしこの成分の配合量が多い製品は、乾燥肌の人が使用すると乾燥しやすく感じることもあります。混合肌の人はTゾーンのみ使用するなど、使用箇所を工夫してください。

肌タイプ別【下地の選び方】

乾燥肌	みずみずしい質感で、エモリエント効果※の高い下地を選ぶ。パール配合の製品はツヤや立体感を出してくれるので、乾燥してツヤ感が出にくい乾燥肌傾向の人におすすめ。夏場に汗でメイクが崩れるからといって、オイルコントロール系のアイテムを使うと乾燥による肌荒れにつながることも。
混合肌	混合乾性肌は、乾燥時期は乾燥肌と同じようなタイプを選ぶ。混合脂性肌は、夏場は脂性肌と同じような製品を選ぶ。部分的にテカりや皮脂、崩れが気になる場合は、オイルコントロールアイテムを。顔全体用ではなく、部分用の下地がおすすめ。
脂性肌	毛穴が大きい傾向のある脂性肌は、細かいパール配合製品は毛穴にパールが入りこみ時間がたつと悪目立ちすることも。基本的には油分が少なめで、オイルフリータイプの下地を。全体的にテカりが強い場合は、オイルコントロールタイプがおすすめ。

※エモリエント効果…皮膚からの水分蒸散を抑えてうるおいを保ち、皮膚を柔らかく保つこと

【肌悩みを飛ばす色補正のコツ】

ベースメイクをきれいに仕上げるコツは「色味」です。下地には、コントロールカラーとして使えるものや、下地と併用するコントロールカラー単体の製品があります。肌がきれいな人は必要ありませんが、まったく悩みがない人は少ないはず。色を上手に使えば、厚塗りしなくても肌悩みをきれいに解消してくれます。

赤みがある肌

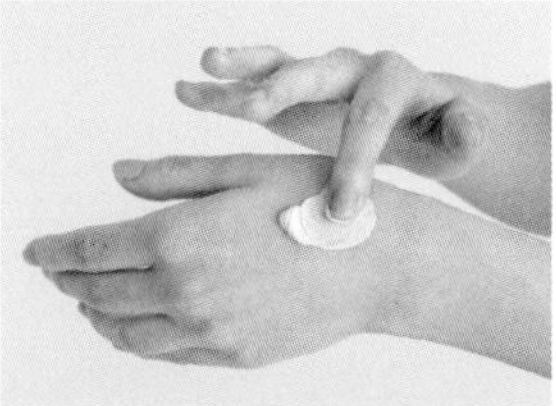

赤ら顔、ニキビやニキビ痕の赤みなどには、グリーン系の下地やグリーンのコントロールカラーを使用すると赤みを打ち消してくれる。全体に赤みが気になる人はグリーン系の下地、部分的に赤みのある人はコントロールカラーを。

色白・血色がほしい肌

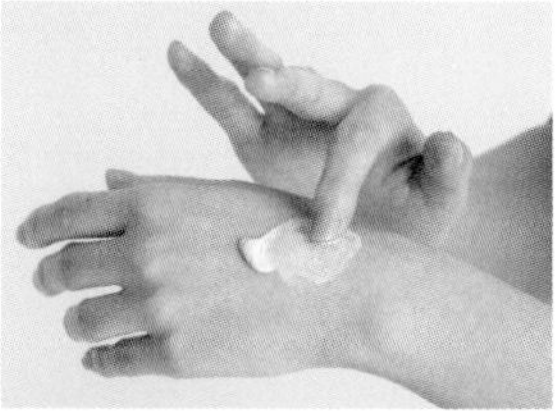

色白で、顔色が悪く見られる、または少し若々しく血色のある肌色を演出したいときにはピンク系の下地を。ほんのり顔を明るく生き生きとした印象に。

くまやくすみのある肌

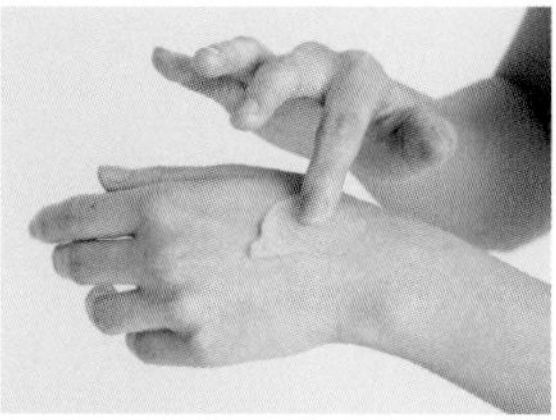

顔全体がくすみがちな人はオレンジ系の下地を、目の下のくまが気になる人はオレンジ系のコントロールカラーやコンシーラーで部分的に補正を。くまを消すとグッと若々しい印象になる。

透明感がほしい肌

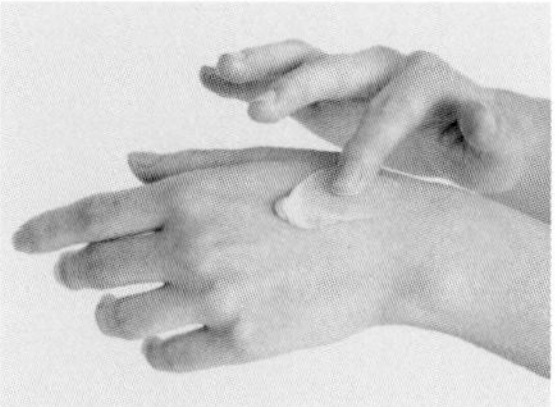

透明感を出したり軽いくすみを飛ばしたりするならパープル系の下地がよいでしょう。黄ぐすみが気になる年齢肌にもおすすめのカラー。

ファンデーション

顔と首がなじむ色を選んで、薄づきに

肌の悩みをカバーしようとファンデーションを厚塗りすると、老けて見える、色が浮く、メイク崩れなどの原因になります。ほおの外側、首との境目で色を選んで、薄づきにするのがきれいなベースメイクのポイントです。首の色とフェイスラインがなじむ、自然な色を選びましょう。冬と夏では、肌の色味や気候条件、肌の油分量は変わるので季節でアイテムを変えます。

ファンデーションの密着度や落ちにくさに比例し、クレンジング・洗顔は洗浄力の高いものを選ぶのがおすすめです。

しみや赤みなど肌の悩みを隠したい、肌を白く見せたいなどの願望は、ファンデーション単体で何とかしようとすると厚塗りの原因に。悩みや願望は下地やコントロールカラーを使ってカバーしましょう。またミネラルコスメ系のブランドだと、着色剤による肌荒れのリスクは低くなります。

肌タイプ別【ファンデーションの選び方】

乾燥肌	油分を多く含むクリームファンデーションがおすすめ。ただし高密着タイプの場合は落ちにくいものもあり、洗浄力の高いクレンジング剤が必要です。肌の乾燥が強いときや、肌の調子が悪いときは落としやすいミネラルファンデーションなどの使用が○。
混合肌	季節や皮脂分泌の量によって変動するが、乾燥するときはリキッドやクリームタイプ、夏場や皮脂が多く崩れやすいときは、脂浮きを抑えるパウダーファンデーションやリキッドファンデーションがメイクもちがよいのでおすすめ。
脂性肌	パウダーファンデーションやルースタイプがおすすめ。混合肌の人にも言えるが、毛穴詰まりやニキビが気になる人は、ノンコメドジェニックの下地・ファンデーションを選ぶとリスクを減らすことができる。

TECHNIQUE

フェイスパウダー

目的 メイク崩れを防ぎ、肌をきれいに見せる。

メイクを密着させ、きれいに仕上げる

ファンデーションを肌に密着させてメイク崩れを防ぐのが、フェイスパウダーです。皮脂を抑える働きがあるため、つけすぎると肌が乾燥することも。気になる人はTゾーンなど崩れやすい場所だけに使いましょう。

形状は2種類あります。ルースパウダーは粉末状で、ふんわりした印象になり、メイクの仕上げに向いています。プレストパウダーは携帯しやすくメイク直しに向いていて、ルースパウダーよりも少しシャープな印象になります。

フェイスパウダーの質感は、ツヤ出しに向いたパール配合の光沢感のあるタイプ、マットな質感で陶器のような肌を演出するタイプがあり、色も透明タイプ、色がつくタイプなど、さまざまです。肌トラブルを防ぐには、下地やファンデーションで色を仕上げ、透明タイプのフェイスパウダーを使うのがおすすめです。軽く仕上げたい、ツヤ感を出したいときはパウダーブラシで軽くつけ、マット&しっかり感を出したいときはパフでつけるときれいに仕上がります。

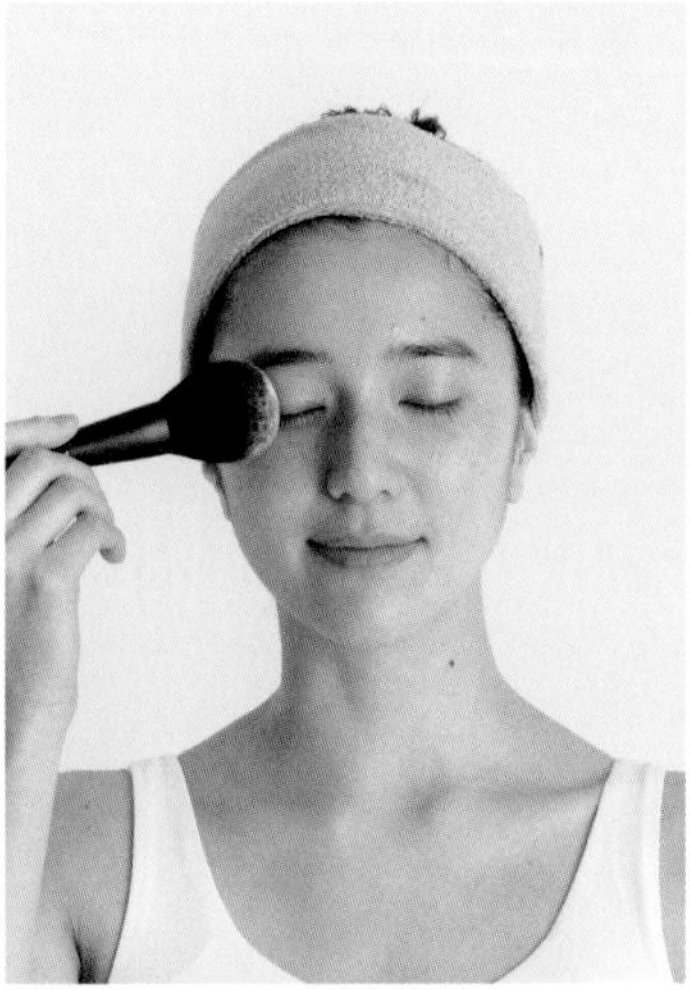

アイメイクや眉メイクの前に、眉毛や目元に軽くパウダーをのせるとポイントメイクがにじまず、メイクが崩れにくくなります。

【フェイスパウダーの種類】

フェイスパウダーには次の3つの種類があります。
おしろいは、ルースパウダーとプレストパウダーの両方を指します。

ルースパウダー

仕上がり：ふんわり

特徴　粉白粉といわれる粉末状で、リキッドファンデやクリームファンデーションのあとに使用することで油分やテカりを抑える。メイクのもちをよくする。透明タイプ、ピンクやベージュなど色のバリエーションもある。

プレストパウダー

仕上がり：シャープな質感

特徴　ルースパウダーを少しの油分で固めた固形白粉。仕上げ用、化粧直し用がある。ルースパウダーよりもかっちりした感じ。

ミネラルパウダー

仕上がり：薄づき・ナチュラル

特徴　天然鉱物（ミネラル）を粉状にしたフェイスパウダーなどの製品。ミネラルファンデーションを指すこともある。界面活性剤、鉱物油、タール系色素、シリコンなどが不使用のものが多い。乾燥肌や、化粧品で肌荒れしやすい、毛穴詰まりができやすい人に人気。

豆知識

フェイスパウダーは崩れ防止と質感演出に

　フェイスパウダーは、仕上がりのイメージでアイテムを選びましょう。マットな質感ならプレストパウダー、ツヤ感やふんわり感が好みならルースパウダーがよいでしょう。フェイスパウダーは色つきとカラーレスがあります。撮影やイベントなどしっかりとカバーしたい場合は色つきがよいですが、ファンデーションでカバーや美肌の演出をしたなら、それを活かすためにもカラーレスがおすすめです。

　フェイスパウダーでしみやくまなど肌のあらを隠そうとするとどうしても厚塗りな印象になりがちです。全体のカバーはファンデーション、部分的な悩みはコンシーラーを使います。フェイスパウダーはメイク崩れやヨレ防止、仕上げのツヤ・マットなどの質感の演出だと考えましょう。

ANTI-AGING
SKIN CARE
6

スキンケア用品は、肌の油分に合わせて選ぶのが正解

肌の油分を化粧品で調整する

化粧品の多くが、しみやシワ、敏感症状、ニキビなどの「肌の悩み」にフォーカスするか、年齢別につくられています。

しかしながら、スキンケア用品では基本的に油分の調整に重きを置くのがおすすめです。なぜなら同じニキビの悩みであっても、乾燥肌のニキビと脂性肌のニキビでは必要なケアが異なるからです。自分の肌タイプに合わない油分のスキンケア用品を使うと、「化粧品を使っても何の効果もない」「かえって肌トラブルが増えた」ということにもなりかねません。

乾燥肌なら油分が多く含まれたものを、脂性肌なら油分が少なめのスキンケア用品を選ぶのが基本です。混合肌など、顔の部位で油分量が違う場合は、化粧品をつける量やアイテム数に差をつけましょう。

スキンケア用品を選ぶ基準

夜に使用するスキンケア用品は以下の基準で選んでみてください。

クレンジング

メイクの濃さ（落ちにくさ）を優先し、肌質も合わせて選ぶ

洗顔料

肌質とクレンジングの強さで選ぶ

化粧水　**乳液**　**クリーム**

肌質で選ぶ

美容液

しみ、シワ、たるみなどの肌の悩みで選ぶ

悩みで化粧品を選ぶと、自分の肌に合わないことも

化粧品を選ぶ際は、肌のいちばん気になる悩みにフォーカスした商品を選びたくなります。でもそれでは肌の水分・油分が調整できず、乾燥したり油分過多が起こったりして、結果的に肌の悩みが悪化するスパイラルに陥ることもあります。

たとえば、しみが気になって美白化粧品を使ったとしても、肌が乾燥していると化粧品の刺激で赤みが出ることもあります。こういう方は、保湿をして乾燥を抑え、うるおいのある肌にしていかなければ、せっかくの美白化粧品も意味がありません。肌の悩みを解消するためには、まず自分の肌質に合わせた化粧品選びをしていきましょう。テカリや皮脂分泌の多い肌には、皮脂抑制効果のあるフィチン酸、ビタミンB_6誘導体、エストラジオールなどの成分がおすすめです。

また、皮脂吸着成分としては、シリカや酸化亜鉛などが挙げられ、メイク製品に配合されています。ただし、皮脂吸着はやりすぎると乾燥のもとになるので、1品から使用する、皮脂が多い部位のみにつけるなど様子を見ながら使用しましょう。

失敗しにくいスキンケア用品の選び方

① 皮脂の量に合わせて化粧品を選ぶ

② 乾燥や敏感な状態（赤み・ヒリヒリなど）があるなら、ほかの悩みより優先する

③ 悩みにフォーカスするのは「美容液」で！

④ 毛穴は刺激で悪化するから、摩擦に注意！

朝起きたとき、肌の「皮脂」と「乾燥」をチェックしましょう。ベタベタなら皮脂分泌が活発、もしくは昨夜の化粧品の油分が多すぎた証拠です。パーツによる違いも確認し、乳液やクリームの量を調整しましょう。

豆知識

パッチテストの方法

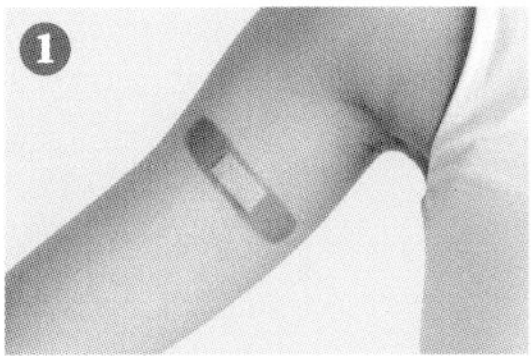

絆創膏に化粧品を塗り、腕の内側に2日間貼っておく。

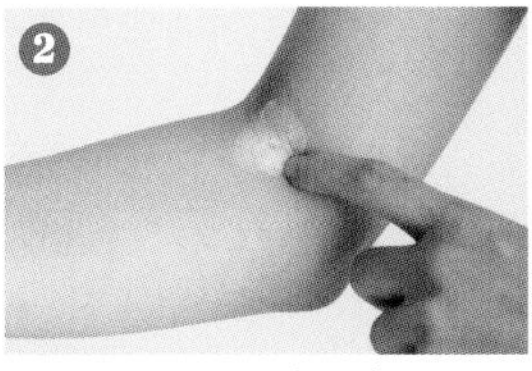

1週間、1日2回、朝と晩にひじの曲がるところに化粧品成分を塗る。

肌タイプ別 【基本のスキンケア術】

SKIN CARE

乾燥肌ケア

皮脂分泌が少なく、化粧品で油分を補う必要があるタイプ。20歳すぎから目元の小ジワが出ることもあるため、若いうちからしっかり保湿とアイケアを行いましょう。エイジングケアも早めにデビューがおすすめです。空気の乾燥にも注意して。

保湿

保湿力の高い乳液・クリームが必須です。セラミド、アミノ酸、ヒアルロン酸などのうるおいを与える成分、スクワランなど皮脂膜の代わりになる成分で保湿します。乾燥がとても強い、敏感症状があるときは、化粧水などの水ものは使わず、ワセリンなどで肌の保護を。

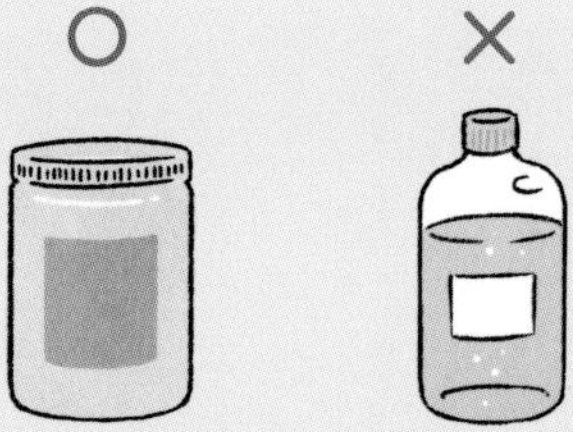

洗顔&角質ケア

朝の洗顔は洗浄力の高いアイテムは避けます。クレンジングはクリームやバームタイプ、肌負担の軽いジェルタイプを。固形石けんや石けん成分入りの洗顔料は落としすぎる傾向があるため、ソープ成分フリーを選びます。角質ケアはしたほうがよいですが、石けんタイプや酵素洗顔などは乾燥を招くので、美容液タイプがおすすめです。

SKIN CARE

混合乾性肌ケア

テカリがあるのに乾燥しているタイプで、油分不足よりも水分不足が考えられます。乳液やクリームなどの使用量を、部位で使い分けましょう。乾燥部位にはしっかり油分補給を。Tゾーンに油分が多い化粧品を使用すると毛穴トラブルを招くため、塗る量は控えめにします。

保湿

セラミド、アミノ酸、ヒアルロン酸などの保湿成分、皮脂の分泌を整え、毛穴・美白・ニキビ予防などで万能なビタミンCでケアをします。クリームよりは、水分と油分がバランスよく配合された乳液がおすすめです。スキンケアアイテムは、ほおの広い範囲の皮脂量に合わせて選びます。

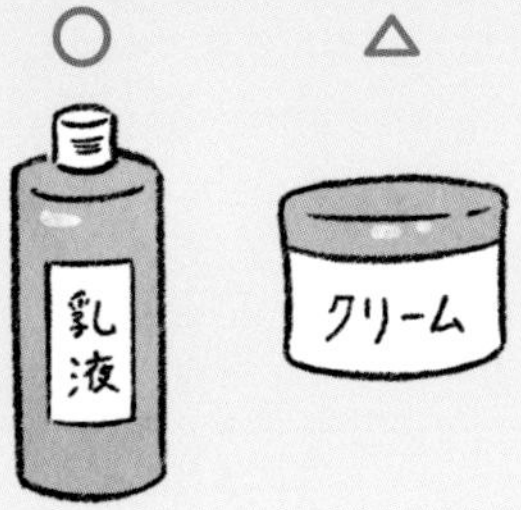

洗顔＆角質ケア

毛穴を気にして洗浄力の強いアイテムを使うと、新たな肌トラブルのもとになります。気になるときはメイクを優しいものにして、クレンジングはミルクやジェルタイプなど比較的洗浄力が穏やかなものを。敏感症状や強い乾燥が肌になければ、朝も洗顔料を使用します。角質ケアでは美容液タイプもおすすめです。スクラブは避け、酵素洗顔なども控えめに。毛穴の黒ずみがあっても、貼ってはがすシートはNGです。

SKIN CARE

普通肌ケア

肌荒れや肌老化が起きにくく、健康を保ちやすい肌です。基本的に何のアイテムを使っても、よくも悪くもあまり変化を感じない人が多いです。30歳を超えると皮脂分泌の低下から乾燥や小ジワが出てくるので、エイジングケアを意識します。

保湿

とくに乾燥や、過剰なテカリなどが気にならないなら、肌の悩みやエイジング予防にフォーカスしたケアをしましょう。

洗顔＆角質ケア

摩擦を避け、基本的なケアをしていればとくに問題は起きにくいです。油断してメイクしたまま寝るなど、ケア不足にならないように注意しましょう。

SKIN CARE

混合脂性肌ケア

皮脂は出るのに乾燥やつっぱりも感じるタイプです。基本的には油分の配合量が少なめの化粧品を。皮脂コントロールや毛穴目立ち解消のためにビタミンC配合の製品や、ノンコメドジェニック製品もおすすめです。

保湿

セラミド、アミノ酸、ヒアルロン酸、ビタミンCは積極的に。油分少なめの製品を選び、肌に膜を張るミネラルオイル 、ワセリン、スクワランなどの使用は控えます。乾燥するからと油分量の多い製品を使うと、毛穴詰まりやニキビのもとになることも。

洗顔＆角質ケア

ジェルタイプのクレンジングなど、ほどよく洗浄力があり肌負担にならないものがおすすめです。夏場や若い人は、オイルタイプもよいでしょう。朝の洗顔では洗顔料を使用して。

角質ケアアイテムは、敏感症状がないなら積極的に行います。毛穴詰まりがある場合は、クレイ洗顔や酵素洗顔などを。

SKIN CARE

脂性肌ケア

皮脂量が多いタイプなので、化粧品は油分の少ないものやオイルフリーのものを選びます。皮脂をとりすぎると水分不足を招くこともあります。皮脂くすみを起こしやすいので、古い化粧品や、開封後時間のたったオーガニックのオイルなどは使わないようにしましょう。

保湿

何も塗らないと水分不足を招くので、オイルフリータイプの乳液や美容液、ジェルなどでの保湿は必須。ビタミンAやビタミンC配合のアイテムは皮脂分泌の抑制や毛穴の詰まり、ニキビ予防にも効果的です。

洗顔＆角質ケア

洗浄力の高いクレンジングオイルや石けん、酵素洗顔なども向いています。皮脂分泌が活発で酸化しやすいため、朝も洗顔料は必須です。ただし洗顔は1日2回まで、洗いすぎには注意します。

皮脂が多いなら、クレイパックやピーリングでバランスをとるのもおすすめです。角質ケアも積極的に行ってください。

「しっとり」か「さっぱり」か 化粧品は肌質で見極めて

化粧品の「さっぱり」と「しっとり」という表記に明確な定義はなく、メーカー独自で決めています。メーカーによっては「さっぱり」でも「しっとり」でも有効成分はほぼ一緒で、テクスチャーだけで違いを出している商品もあるようです。「しっとりと書かれているから保湿力が高い」とは言い切れません。

実際は、化粧水や水溶性美容液は水の配合量が多いためにさっぱりした質感で、乳液、クリームと油分の配合量が増えるにつれてしっとりした質感のものが増えます。肌質に合わせ、油分量をよく見極めて使用しましょう。

ひとつの目安としては、化粧品の全成分表示で最初の部分にどんな成分があるかで見極められます。化粧品成分は基本的に配合量の多い成分から順に書かれています。なお配合量1％以下は順不同となっています。

【表示成分での選び方】

化粧品の成分表示の最初のほうに《グリセリン、ソルビート、PCA-Na》があるものはしっとりした質感が多く、《BG、エタノール、1,2-ヘキサンジオール、PG、DPG》があるものはさっぱりした質感が多いです。ただし、ほかの成分との兼ね合いで変化するので製品により変化します。

アルコール系の成分：エタノール、●●エタノール、●●アルコール、セタノール
※●●にはさまざまな成分名が入ります。ただしフェノキシエタノールは低刺激性の防腐剤のため、一般のアルコールとは違います。

しっとりタイプ の化粧品

油分の配合量が多めでテクスチャーもしっとりとコクや粘度が高いものが多い傾向があります。脂性肌の人は、自分の皮脂で保湿ができるので、使用する場合は油分量に気をつけましょう。

さっぱりタイプ の化粧品

比較的油分量が少ない、テクスチャーがさっぱりしてベタつかないものが多いです。ただし、さっぱりした質感や清涼感を出すためにエタノールなど肌を乾燥させる成分が配合されていることもあります。乾燥肌傾向の人はもちろん、皮脂の多い肌の人でもつっぱりなどの水分不足を感じるなら、エタノールなどが上位に表示されている製品は避けましょう。

ANTI-AGING SKIN CARE 7

より効果の高い化粧品を選ぶなら、成分の「質」にも注目

高級クリームと安価なクリームはほぼ同じ？

以前、約3万円の高級クリームと、数百円のクリームの成分がほぼ一緒、という話がネットでうわさになりました。実際に全成分を比べると、たしかに共通の成分がかなり多くあります。ではなぜ、そんなに値段が違うのでしょうか。

それは、高級クリームには安価なクリームには入っていない有効成分が入っていて、その成分こそがエイジングケアの機能を果たしてくれているからです。

化粧品のベースになる基剤はだいたい決まってきます。大雑把にいうと、化粧品は「水・油・水と油を混ぜる界面活性剤」の3つからできています。その割合や水の種類、水の質、油の質に違いがあり、さらに有効成分にメーカーの研究成果や努力や個性が出てくるのです。

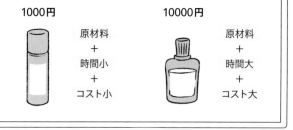

DOCTOR'S VOICE

同じ成分でも品質の違いで効果は大違い

ヒアルロン酸入りの化粧水で、1000円のものと10000円のもの。何が違うのかというと、ヒアルロン酸の質や量、肌に届く形になっているか、一緒に入っているそのほかの有効成分といったところです。安いのがダメで高いものがいい、と一概には言えませんが、原材料や研究にかけた時間やコストは化粧品の値段に確実に反映されます。

1000円

原材料
＋
時間小
＋
コスト小

10000円

原材料
＋
時間大
＋
コスト大

【選ぶときに注意したい化粧品】

化粧品の成分は、品質がよければ肌への効果も高まりますが、
逆に刺激が高まる可能性もあります。以下の化粧品を購入する際は注意しましょう。

海外コスメ

海外で売っている化粧品や並行輸入の海外コスメは、日本での薬機法（日本の化粧品に関する決まりごと）のチェックを受けていません。そのため、日本では安全性が認められていない成分や、日本の法律で定められた量以上の成分が入っていることもあります。日本の薬機法は世界でもかなり厳しいと言われています。

使用に関しては自己責任ですが、肌が弱い人や心配な人は控えたほうが無難です。

オーガニックコスメ

香りによるリラックスや癒やし効果などメリットもありますが、場合によっては刺激もありえると知って、選びましょう。自然の恵みがたっぷりだからこそ、肌が弱い人にはおすすめできません。逆にアレルギーがない健康な肌の人に向いています。

深みのある自然の香りやテクスチャーを楽しみたい人、環境に配慮した会社やブランドを応援したい人など、ポリシーや好みで選びましょう。

豆知識

ベビー用品を大人が使ってもいい？

ベビー用品は刺激が少なく、無香料のものが多いです。香料は天然であっても合成であっても、分子が小さいので肌に入りこみやすくなります。健康な肌なら、よけいな成分が体内に入らないようにバリアが働きますが、赤ちゃんは皮膚の機能が未熟なので、香料を避けているのです。このためベビー用のスキンケア商品はバリアが弱って敏感症状がある大人にも有効と言えそうです。

ちなみにベビー用品に明確な規定はないので、昨日までベビー用に販売していたもののパッケージに「敏感肌用」と書き足して販売することもできます。

赤ちゃんの肌は、産後すぐはホルモンの関係で脂性肌傾向。乳児脂漏性皮膚炎ができやすいのもこの頃です。生後2〜3か月すると今度は急激に皮脂量が減り乾燥肌になります。角質層も薄くNMFなどのうるおい成分も少ないため乾燥によるトラブルに注意します。

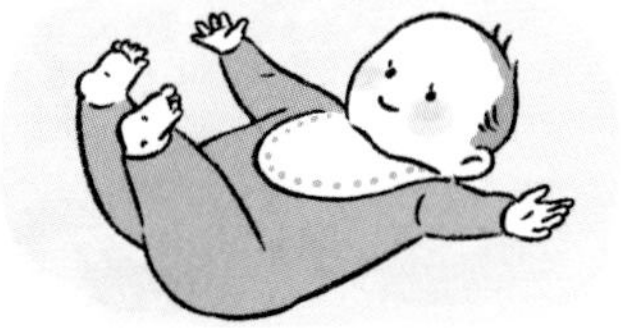

美は細部に宿る

パーツ別スキンケア

ここからは、年齢を重ねてからとくに注意していきたい部位の
ケア方法をまとめて紹介します。気になる部位がある方は、
ふだんのスキンケアに加えて行ってみてください。

EYE CARE 目元編

目のまわり

目元は、皮脂分泌がほとんどなく皮膚が薄いうえに、メイク、瞬きや表情などで負担が大きく、小ジワやしみ、たるみなどが起きやすい場所。紫外線対策と保湿ケアは欠かせません。シワが出てきたら「シワ改善」成分入りのアイケア製品で進行を食い止めて。キワやまぶたには使用できないものもあります。取扱説明書をよく読んで使用しましょう。

まつ毛

年齢とともにまつ毛もやせて、本数が減ってきます。日本のまつ毛美容液は育毛成分を入れられないため、保護・保湿によりまつ毛の傷みを防ぎ、ハリ・コシを与え、切れづらくします。結果「伸びた」「太くなった」と感じることも。美容クリニックでは育毛効果のある美容液（ルミガンなど）を処方してもらえます。

豆知識

つけまつ毛を使うときはケアもしっかりと

つけまつ毛は、目元を華やかに見せるのにとても便利なアイテムです。グルー（専用の接着剤）のアレルギーなどがなければ、使用しても問題はありません。

ただし、まつ毛の根元につける必要があるため、多少なりとも毛の負担にはなります。まつ毛美容液などで保湿ケアをするのをお忘れなく。

また、つけまつ毛をはがすときにまぶたを引っ張るように取ると、まぶたのたるみの原因になりかねません。皮膚が伸びないようまぶたに張り、ゆっくりとていねいにはがすようにしましょう。

アイクリームの塗り方

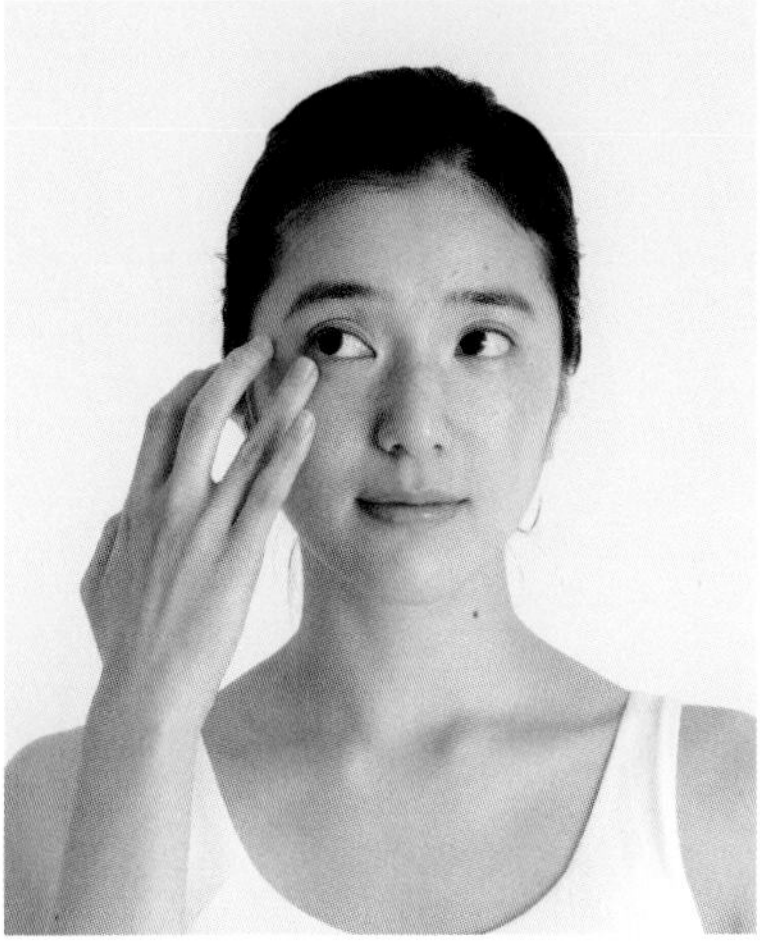

力の入りにくい薬指を使う。目尻→下まぶた→目頭→上まぶたの順で、やさしく塗り広げていく。

まぶた

まぶたは年齢を重ねるとたるみやすくなります。まつ毛エクステなど重みがかかるものは控えるか、軽い素材のものに変更する、本数を減らすなど負担を軽減しましょう。「重さ」はまぶたのたるみを加速させてしまいます。

まぶたを鍛える筋トレもおすすめです。PCやスマホの使用時間が長い人、下を向く時間が長い人はまぶたを開かせる筋肉が弱りがちです。

眼精疲労が強い人は眉まわりやおでこの筋肉を軽くマッサージしてあげると、目元がぱっちりと開きやすくなります。

DOCTOR'S
VOICE

まつ毛エクステのトラブルにご注意を

まつ毛エクステは非常に人気のある美容法ですが、以前は無資格でも行えたためにトラブルも多くありました。一部の施術者が技術や知識が不充分なまま接客サービスを行い、角膜に傷がつく、まぶたの皮膚炎を起こすなどのケースが多発。2008年に、届け出を行った美容施設で資格をもった美容師のみが施術をすると定められました。繊細な目元のトラブルを避けるためにも、信頼できる技術者やサロンを見つけましょう。

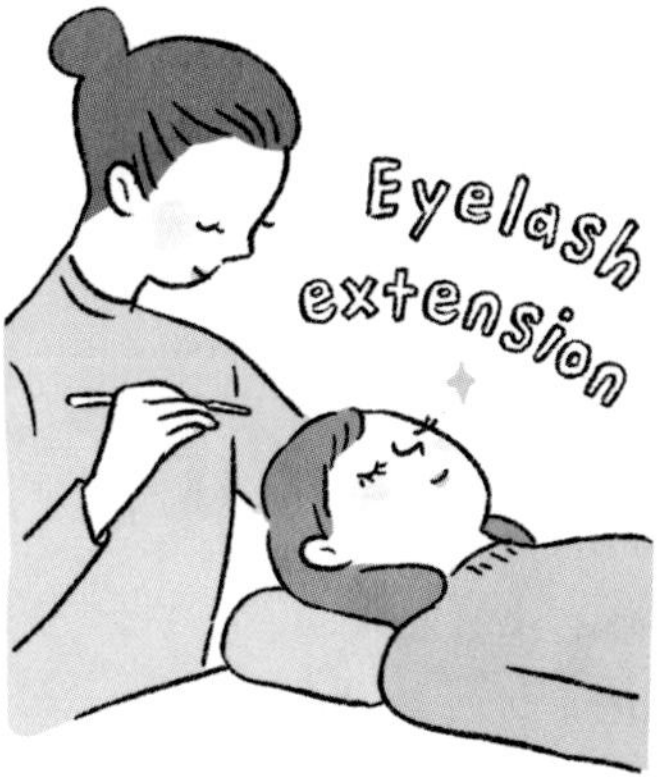

NOSE CARE 小鼻編

小鼻は皮脂が出やすく、皮膚の温度が低めなので、毛穴が詰まりやすい部位です。毛穴から分泌された皮脂は空気にふれて酸化すると黒くなります。これが小鼻の黒ずみです。さらにメイク用品やほこり、自分の角質などが混ざり合うと、毛穴が詰まり、押し広げることに。

小鼻ケアでもっとも大切なのは「やりすぎないこと」です。弱い摩擦でもくり返すことで、皮膚は外部刺激から細胞を守るためにより厚くなろうとする性質も。毛穴の押し出しや、はがすようなパックは、肌の負担になるので絶対にやめてください。

小鼻トラブルを防ぐポイント

POINT ❶

鼻は強くかまない、ティッシュで拭くときはやさしく。ティッシュやマスクなど、肌に当たるものは肌触りがいいものを選ぶ。ふだん、手で何気なく触っていないか気をつける。

POINT ❷

ベースメイクはなるべくノンコメドジェニック製品を使用する。

POINT ❸

メイクは家に帰ったらなるべく早く落とし、クレンジングシートや拭き取り化粧水、スクラブやブラシ洗顔など、摩擦や刺激の強いケアは避ける。

POINT ❹

脂質の多すぎない食事を心がける。

小鼻のキワ

皮膚が薄く、皮膚内の小さな血管が摩擦などでダメージを受けると、その赤みが肌表面に透けて見えやすくなります。

小鼻の黒ずみ

まずは、メイクに対してクレンジングの洗浄力が足りているのか見直します。また肌の代謝をサポートするため、抗酸化作用のあるビタミンCなどの美容液を使用しましょう。部分的に、酵素洗顔やクレイパックやクレイ洗顔、または角質ケア美容液などを取り入れるのもOKです。

スキンケアに加えてインナーケアを行うのも効果的。体内での脂質の代謝を助けるために、ビタミンB_2、B_6などを摂取します。とくに糖質、脂質、アルコールを多く摂取する人は、ビタミンB群が不足する傾向があります。食材やサプリで取り入れましょう。

【小鼻のホームケア】

小鼻のホームケアで、積極的に「これをしましょう」というものはありません。
症状に応じて対策をしましょう。

たとえば、黒ずみなら抗酸化作用の高いビタミンC美容液を使用したり、毛穴詰まりなら角質ケアを取り入れたりするなどの方法があります。しかし「これをやれば1回できれいに！」という方法は負担になり、その場はきれいになったようでも根本的な解決にならないこともあります。

小鼻がそうなった理由を考えて、原因をなくしていくのがいちばん。つい、画期的な方法に目がいきがちですが、基本のメイクをしっかりと落とし肌に合った保湿をする、バランスのよい食事や充分な睡眠をとる、摩擦を避けるなど地道なケアでトラブルを遠ざけていきましょう。

積極的なケアをしたいなら、エステサロンやクリニックなどプロに任せましょう。

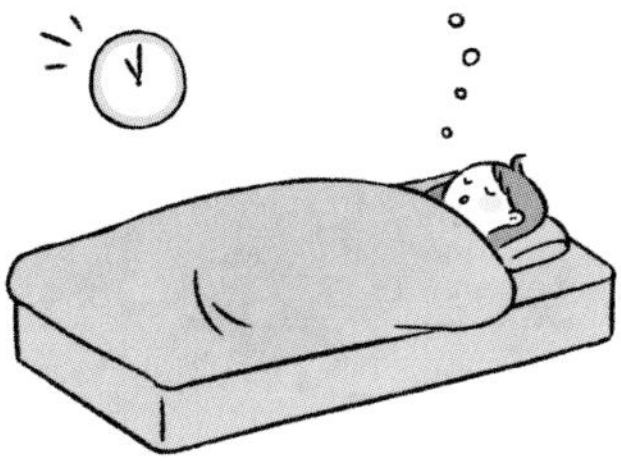

LIP CARE くちびる編

くちびるは年齢による変化が出やすい場所です。年齢とともに、境界線が不鮮明になり、上くちびるの山が扁平になります。血色が悪く、ハリや弾力がなくなり、縦ジワが出てきます。

ふっくらとして血色のよいくちびるは若さの象徴。保湿はもちろん、しみもできやすいので日中は紫外線防止効果のあるリップを使用しましょう。乾燥すると荒れやすいパーツですが、回復は早いので、こまめな保湿を心がけましょう。

NAIL CARE　つめ編

つめの主成分はたんぱく質であるケラチンです。皮膚の表皮層「爪母」からつくられ、角質化したものです。乾燥や栄養不足、加齢や生活習慣などにより、つめに線が入ったり、割れやすくなったり、ささくれができたりなどのトラブルが起こることもあります。

二枚爪やつめが割れるなどのトラブルの原因は乾燥とつめ切り。つめ切りによる負担は、割れやかけを起こす原因になります。つめの長さを整えるやすり（エメリーボード）を使用するか、お風呂上がりなどつめがやわらかいときに切ると、負担を軽減できます。

つめの構造

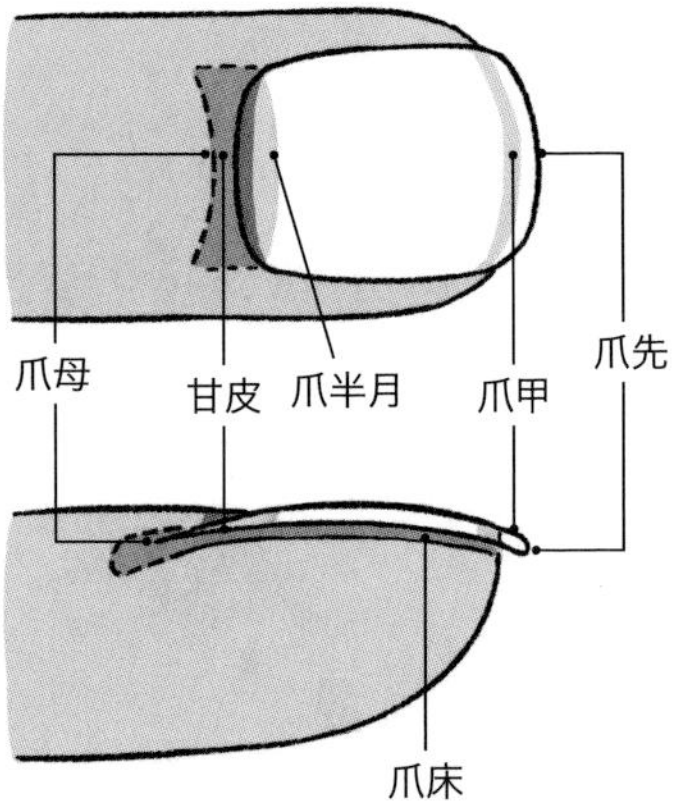

【ありがちがなネイルトラブル】

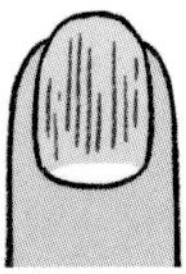

縦筋

老化や乾燥が原因。表面をやすりで軽く削り、オイルやクリームで保湿を。

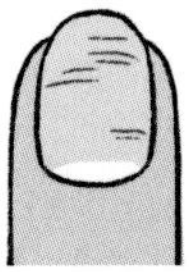

横溝

甘皮の切りすぎや押しすぎなど物理的な負担が原因。表面をやすりで軽く削り、オイルやクリームで保湿を。

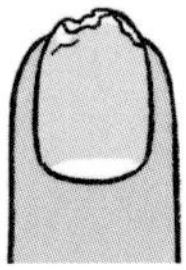

二枚爪

リムーバーの使用、つめ切り、乾燥などが原因。つめやすりを使用し、ネイルオイルやクリームで乾燥対策を。

爪白斑

白い点状。角化異常や外部からの物理的な刺激が原因。一度できると消えないので、つめが伸びるのを待つ。

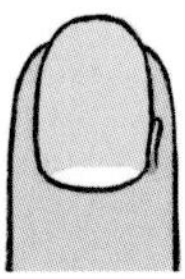

ささくれ

洗浄力の強い洗剤、リムーバーの使用、乾燥などが原因。ささくれ部はニッパーなどで切り、保湿と保護を。

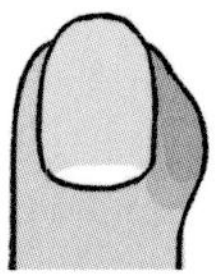

爪周囲炎

黄色ブドウ球菌が侵襲し赤く腫れた状態。消毒して刺激せず、様子を見る。ひどい場合は皮膚科の受診を。

【ネイルケアの方法】

1 つめの形を整える（ファイリング）

つめを削るやすりで形を整えます。どんな仕事でも差し障りがなく、ナチュラルで女性らしい印象を与え強度も問題ないのはラウンドです。セルフケアもしやすい形。

2 つめの表面を磨く（バッフィング）

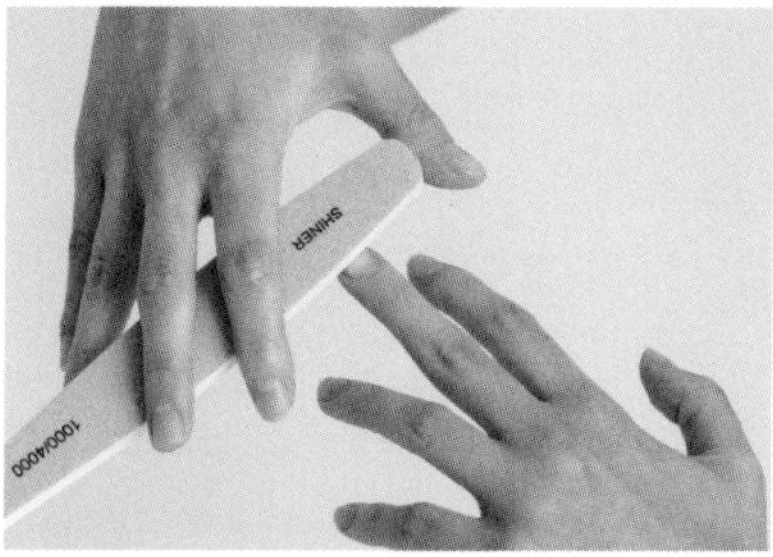

凹凸や線が目立つ場合は、軽くやすりをかけてなめらかにし、その後バッファーで磨きツヤを出します。

注意　つめやすりは45度の角度で当てて一方向に動かします。往復させるのはつめへの負担が大きいのでやめましょう。

NECK CARE 首編

首は年齢が出やすいとされますが、最近はスマホやPCなど下を向く時間が増え、若くても首にシワができる人も少なくありません。首やデコルテも顔の延長なので、スキンケア時に、顔と同じように化粧水や乳液を塗布し、ネック専用アイテムで保湿ケアをするのがおすすめです。

また、首の前の筋肉「広頸筋」が衰えると首のシワが深くなります。表面の保湿に加えて、首の前を伸ばすように、ストレッチも取り入れましょう。

おすすめストレッチ

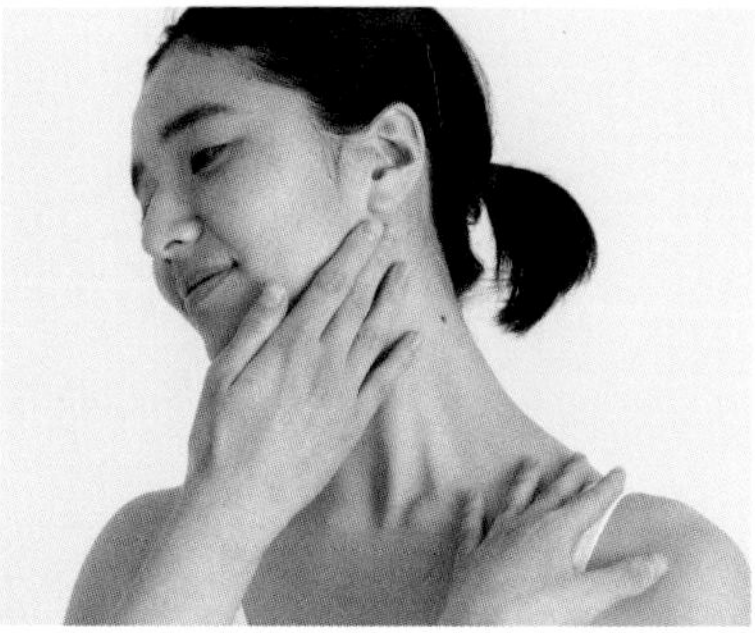

胸鎖乳突筋のストレッチもおすすめです。耳の下と首のつけ根を押さえ、首を倒します。

厚塗り不要！
悩み別メイクテクニック

肌トラブルをとにかく防ぎたい。そうなると、できるだけ薄いナチュラルメイクが理想になります。でも、気になる部分は隠したいですよね。
そこで、ここでは肌になるべくやさしいメイクのコツをお悩み別に紹介します。

くま

くまにはオレンジカラーがおすすめです。下地をつけたあと、ファンデーションの前に※、オレンジ系のコンシーラー、またはコントロールカラーを薄く、指先で伸ばしてなじませます。目元は表情による動きが多く、固めのテクスチャーだと時間がたってヨレるのでやわらかいテクスチャーのコンシーラーがおすすめです。

※パウダーファンデなら前、リキッドファンデなら後にコンシーラーとなります。

粒子が細かいパウダー系やパール入り製品は毛穴落ちしやすいので、毛穴が大きい・皮脂が多い人は崩れ方が汚くなったり、毛穴が悪目立ちしたりする傾向があります。

毛穴の詰まり

ノンコメドジェニックのメイク製品を選びましょう。リキッドやクリームなど油分量が多いもの、密着するものは避けたほうが無難です。

油分は相性があるので、詰まりを感じたら製品を見直しましょう。粉タイプの製品やミネラルファンデーションの製品は比較的詰まりが起きにくいはずです。

テカリ・メイク崩れ

汗や皮脂によって起こるメイク崩れ。皮脂は油、メイクも基本は油なので、油どうしがなじんで落ちてしまうのです。

皮脂吸着作用のあるメイク用品を部分的に使用し、こまめなティッシュオフを行ってください。

ニキビ、ニキビ痕の赤み

顔全体に赤みがあるときはグリーン系の下地を使用します。部分的な場合は、コントロールカラーのグリーンを使用し、赤みを打ち消しましょう。コントロールカラーは下地のあと、ファンデーションの前に使用するのが一般的です。

【簡単にできる！ 皮脂コントロール】

スキンケアのあと、ティッシュを顔の上にのせて手のひら全体で軽く押さえて余分な油をオフ

肌によけいな油がついていると早々にメイクが崩れるばかりか、メイクの仕上がりも悪くなります。夏場や脂性肌傾向の人は、ポイントメイクの前にフェイスパウダーをブラシで軽くはたくと、油分を抑えられてメイクがしやすくなります。

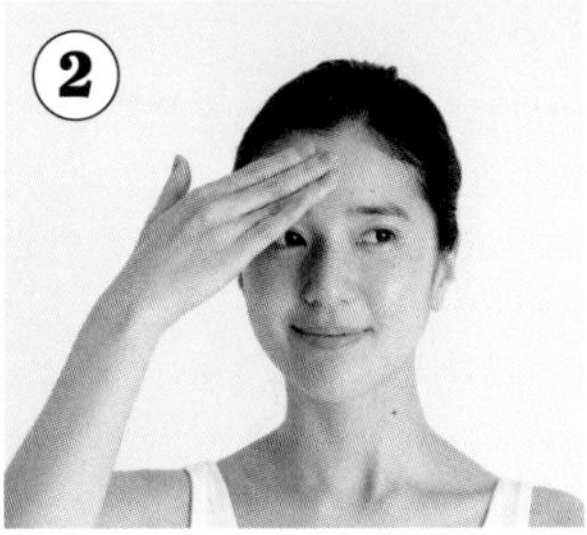

オイルコントロール系の下地をTゾーンへ

Tゾーンなど皮脂が多く出て崩れやすい場所には、オイルコントロール系の下地や部分用下地を使用。皮脂吸着ポリマーやカオリンなどのクレイ成分が毛穴の凹凸をなめらかにし、皮脂を抑えてくれます。なかには肌を乾燥させるものもあるので、部分的な使用がおすすめです。

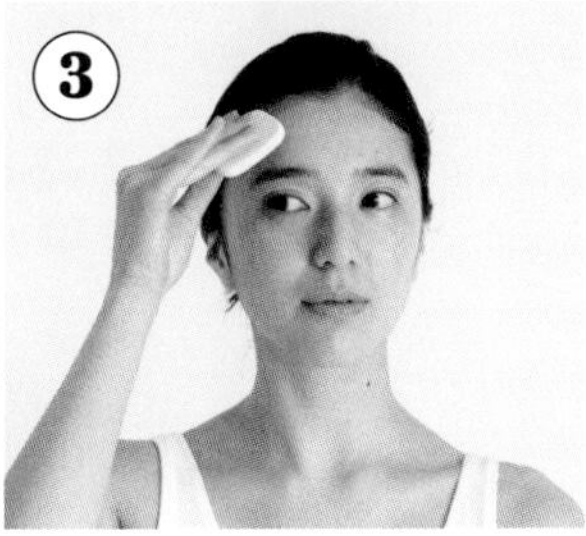

ファンデーションは油分と量が多いほど皮脂崩れしやすいので注意！

下地もファンデーションも、油分と使用量が多いほど崩れやすくなります。マット系の油分の少ない製品、パウダーファンデなどの少量使用がおすすめ。顔の中心にファンデーションがのっていれば、肌がきれいに見え、きちんとメイクをしている印象になります。

豆知識

メイクが崩れやすい人は量の見直しから

メイク崩れは、ファンデーションなどのベースメイク製品のつけすぎでも起こります。本当に必要な使用量を見直してみてください。

マスクをする場合は、メイクを密着させるメイクキープスプレー、フィックススプレーの使用もおすすめです。メイク後にひと拭きすると、メイク崩れを防止してくれます。

ANTI-AGING
SKIN CARE
8

パックや角質ケアは肌への負担がかかることも

パックは「取り去る系」か「与える系」かを見極めて

スキンケアのサポートアイテムもかしこく選びたいものです。パックを選ぶときには、「皮脂や角質を取り去るもの」なのか「栄養やうるおいを与えるもの」なのかをしっかり把握しましょう。

乾燥肌傾向の人や敏感症状がある人は、「取り去る」系のアイテムは控えたほうが無難です。どうしても毛穴や詰まりが気になる場合は、部分的に使うか作用が穏やかなものを選びます。

脂性肌傾向の人は、油分の与えすぎで毛穴の詰まりやニキビ、テカリを誘発することがあるので、クリームパックなど油分配合のアイテムは避けましょう。水分ベースの化粧水や美容液パックは、どの肌タイプでも使いやすいです。

乾燥系肌には　与える系

- コットンパック
- シートタイプのフェイスマスク
- クリームをつけて洗い流すタイプ
- クリームをつけたまま眠れるタイプ

など

↓

どちらかというと乾燥肌傾向の人に向いている

脂性系肌には　取り去る系

- クレイパック
- 酵素洗顔
- ピーリング
- スクラブ
- チャコール
- AHAなど角質ケア材配合製品

など

↓

どちらかというと脂性肌傾向の人に向いている。やりすぎは肌の負担になるので注意

ピーリングは乾燥肌だと肌への負担大

　ピーリングの種類には、ＡＨＡ（アルファヒドロキシ酸）とＢＨＡ（ベータヒドロキシ酸）のタイプがあります。これらが古くなった角質をはがしてターンオーバーを整えます。くすみやしみの予防、化粧品の浸透サポート、毛穴詰まり・黒ずみ・ニキビ痕の改善などに効果を見込めます。

　ＡＨＡは角質を除去できますが皮脂は除去できません。一方、ＢＨＡはサリチル酸とも呼ばれ、角質も皮脂も溶かし毛穴の黒ずみや角栓の除去に効きますが、刺激も強いです。

　ホームケア用は、美容クリニックで行うケミカルピーリングとは異なり、酸の濃度も低いものです。ただし、乾燥肌傾向の人が刺激の強い使い方をしたり、回数が多かったりすると、油分も水分もすべて取られて乾燥や赤み、ヒリヒリ、肌のバリア機能低下といったトラブルを招くこともあります。

　なお、ポロポロと落ちることをうたう自宅用ピーリングでポロポロと出てくるのは、自分の角質というよりもゲル化剤といった化粧品の成分です。つるっと感じるのも界面活性剤などの影響で、一時的なものにすぎません。

スクラブ・ゴマージュ

　角質が厚い、ざらつきが強い人には、毛穴詰まり予防やなめらかさなど、プラスに働きます。しかし場合によっては乾燥、赤み、小ジワ、ひりつきにつながることも。乾燥肌傾向の人や摩擦に弱い肌の人は避けたほうがいいアイテムです。

チャコール（炭）

　木材や竹などを燃やしてできる炭を原料にした化粧品成分。炭表面には細かな穴があり、汚れを吸着する作用があります。石けんや洗顔、角質ケアやパックなどによく配合され、サプリメントや医薬品としても利用されている成分です。

AHA

　アルファヒドロキシ酸のことで、フルーツ酸とも呼ばれます。古い角質を除去するピーリング作用、肌を引き締める収れん作用、PH調整などの役割があります。リンゴ酸、クエン酸、乳酸、皮膚科でよく利用されるケミカルピーリングのグリコール酸などがあります。

乳酸

　AHAのひとつで、グリコール酸などよりも分子が大きく保湿作用もあるため安全性が高いとされています。角質除去、収れん、PH調整などの役割をもつ成分です。

ANTI-AGING
SKIN CARE
9

美顔器の効果は、個人差がありすぎる

多種多様な製品がある美顔器
ホームケア用の効果は不明？

美顔器は、肌をより美しくするためにつくられた製品で、スチーム系、角質ケア系、電気の力を使った導入系、振動を使った超音波洗浄系、物理的な刺激を与えるものなど、さまざまな種類があります。家電量販店でなく、雑貨屋で購入できるものもあります。

しかし、雑貨扱いとなる美顔器は、法律での細かいルール設定などがないため、肌に対する安全性や効果などがよくわからないのも現実です。また、本来はかなり電圧をかけないと美容成分が浸透しないため、家庭の環境では大きな効果が望めないことも。ホームケア用は「だれが、どのように使ってもトラブルにならない」ことが前提につくられているため、プロ用と比べると大きな差があります。

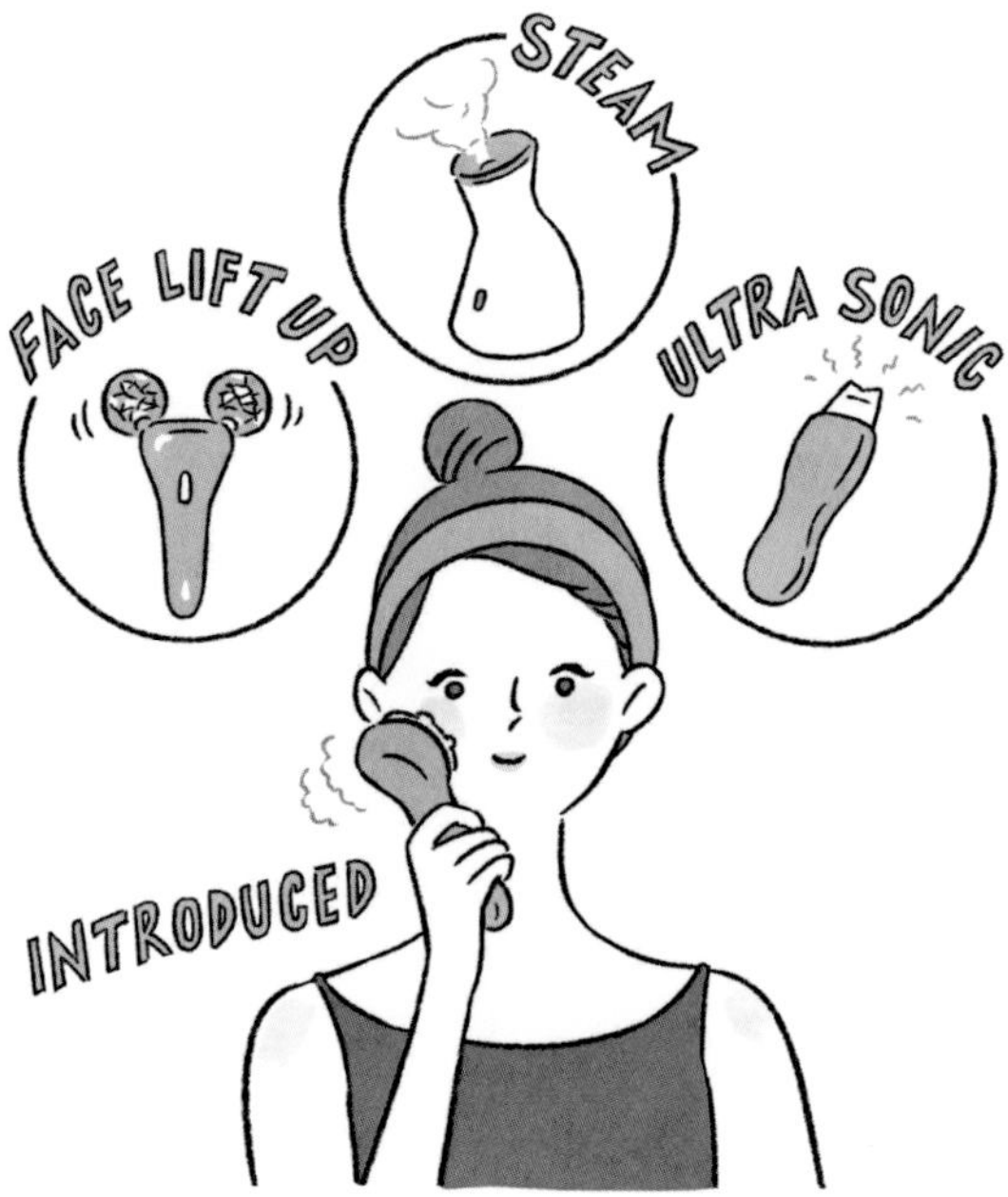

FACE LIFT UP

リフトアップ

特徴

電気刺激で顔の筋肉を鍛える「EMS」と、コロコロ転がすタイプがあります。筋肉を部分的に鍛えられるので、顔のたるみや部分的に鍛えたい人におすすめ。ほおの筋肉が垂れ下がる、口角を上げる筋肉が弱る、口元を下に引っ張る筋肉が強くなると「ブルドック化」が進みます。下げる筋肉(口角下制筋など)は鍛えず、上げる筋肉(笑筋など)を鍛え、リフトアップさせましょう。使用するときは、咬筋など大きめの筋肉、頭皮や首まわりの筋肉などを中心にし、顔はなるべく避けて週2回程度を目安にします。

注意点

強い電気刺激や摩擦がかかる方法は、赤みが出やすい人は控えたほうが無難です。コロコロ系の美顔器は、摩擦による肌負担が大きく、筋肉の方向や強さを間違うとよけいにシワやたるみの原因になることも。真皮層にあるコラーゲンなどの組織が切れたりダメージを受けたりするとも言われます。摩擦に弱い・赤みが出やすい・皮膚が薄い人は要注意。EMSなど電気刺激のあるタイプは、妊娠中や歯科治療中の人などはとくに注意事項をよく読んで。

INTRODUCED

導入

特徴

イオン導入は、電気の力で美容成分を肌の奥に浸透させる方法です。エレクトロポレーションも同じ電気を利用したものですが、皮膚の中に小さな穴を開け、その中に美容成分を浸透させる方法です。エレクトロポレーションのほうがより奥深くに美容成分が浸透すると考えられます。

注意点

それぞれの機械に適した美容液を使用する必要があります。エステサロンや美容クリニックでは、ビタミンCやコラーゲン、GF(グロースファクター)などを導入することが多いです。肌に赤みやかゆみが出やすい人は、短時間で様子を見ながら試してみて。

STEAM

スチーム

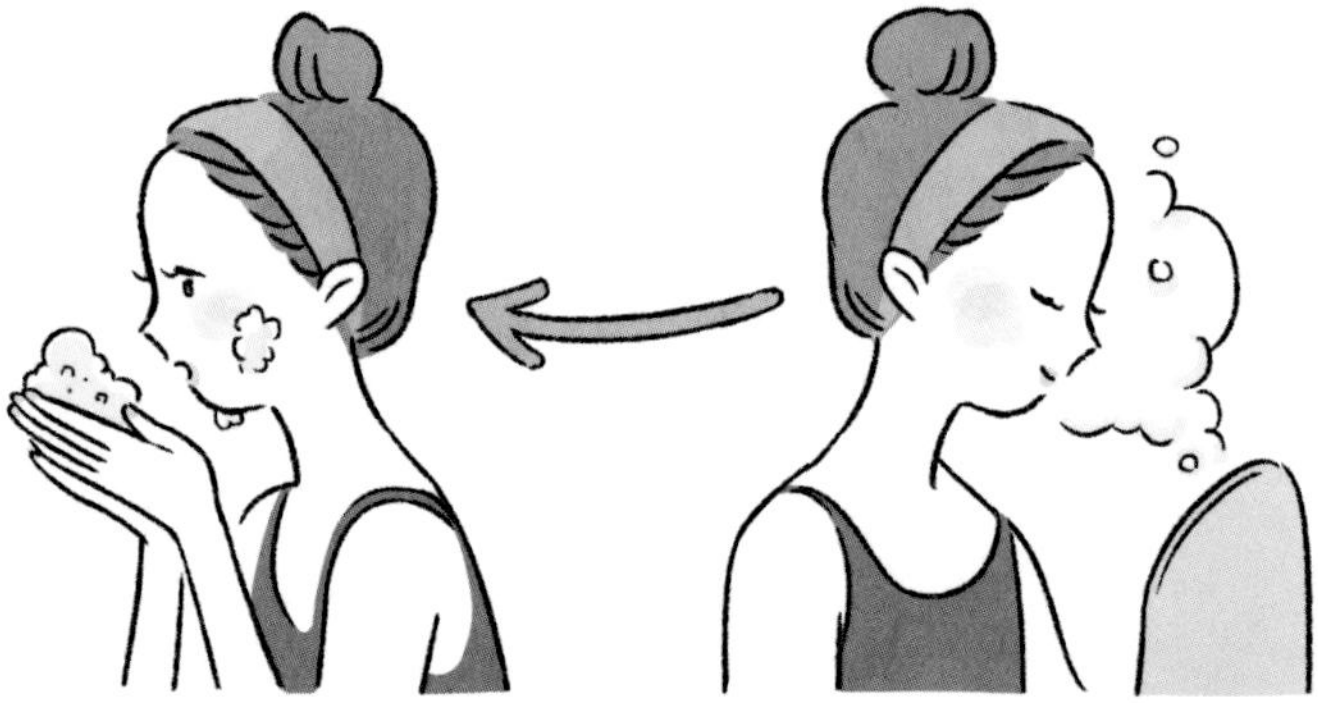

特徴

蒸気による水分・熱で、肌へしっとり感を与えます。毛穴を開かせる作用も。スチームを浴びると皮膚温度が上がり、皮脂汚れが取れやすくなります。クレンジングや酵素洗顔時に使用するのがおすすめです。肌タイプに合わせて使用時間を変えます※。

注意点

水が表皮に浸透した状態になるため、直後にはしっとり感がありますが、じつはそこまでの保湿効果はありません。長時間の使用や、肌がダメージを受けているときの使用で、さらなる乾燥を招くことも。かゆみや赤み、湿疹、炎症ニキビのある人、乾燥の強い肌の人はスチーマーの使用は控えて。

乾燥肌	5分程度を目安にクレンジングの際に使用。保湿する場合は3分以内を目安にして、使用後は乳液やクリームですぐに保湿を。週1〜2回から様子をみて使う。
混合肌	乾燥が強いときは乾燥肌と同じ、夏場など皮脂分泌が多いときは脂性肌に近いケアを。基本的は5〜7分くらい使用。週2〜3回から様子をみて使う。
脂性肌	赤みなどのトラブルがなければ7〜10分程度が目安。毛穴汚れや黒ずみなどが気になる場合は、スチームを当てたのち酵素洗顔を部分的に使用するのもおすすめ。

※スチーマーの機能によって温度などが異なるため、使用機器の説明書の内容を守ったうえで使用時間の目安にしてください。

ULTRASONIC

超音波洗浄

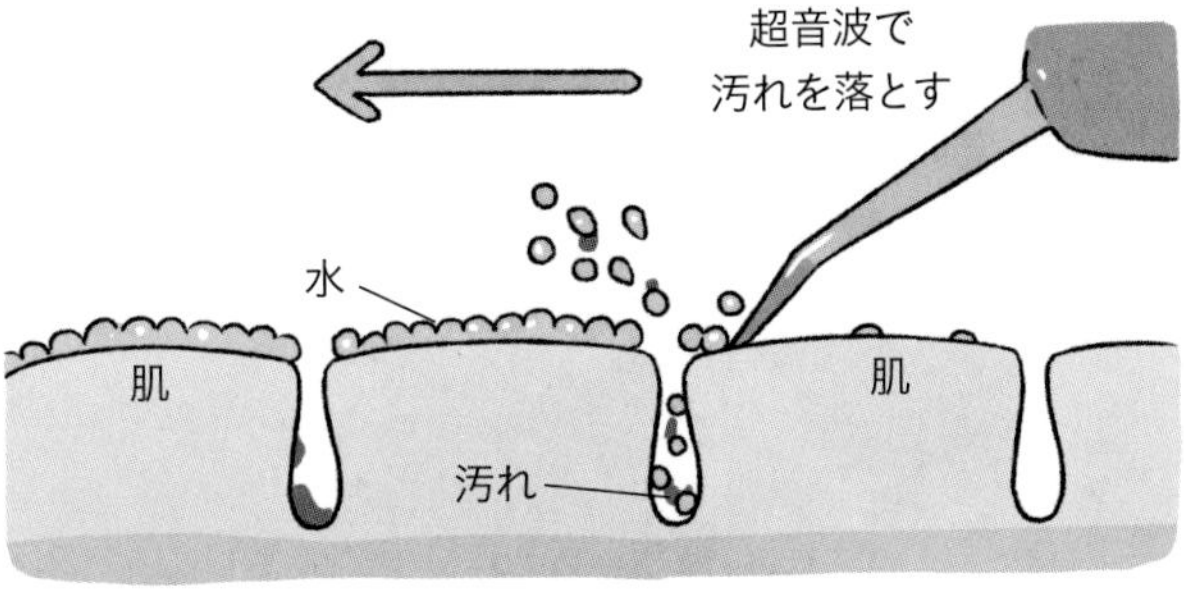

特徴

ウォーターピーリングとも言われ、超音波の力で汚れや皮脂、角質を弾き飛ばします。

注意点

水を使用するので化学的な刺激はないが多少は物理的な刺激があるので、敏感症状や炎症ニキビがある人はNG。ホームケア以上、エステサロン未満の効果が得られます。ただし、力の入れすぎや、時間が長くなりすぎる、頻度が高い、などのやりすぎには注意します。

Q&A 「かっさ」や「アカスリ」はやったほうがよいの？

中国で2000年以上も前から行われてきた民間療法「かっさ」療法。これを原点とした美容法がかっさマッサージです。天然石などでできた専用のプレートで、肌をこすったりツボを刺激したりするため、強い摩擦刺激が肌への負担となります。角質の薄い人や摩擦に弱い人は避けたほうが無難です。

また、韓国のアカスリも同様に摩擦がかかります。そもそもアカは、こすらなくても自然にはがれ落ちるものです。摩擦のかかるケアは、メリットがあったとしてもデメリットもあると考えたほうがよいでしょう。

タイプ別

季節の肌トラブルケア

季節に合わせて肌をケアする習慣を

肌は、環境の影響を大きく受けます。寒く湿度の低い環境では、皮脂分泌は減り、毛穴は引き締まります。そして乾燥で小ジワやつっぱり、かゆみやヒリヒリ感が出やすくなります。逆に、高温多湿な環境では、皮脂や汗の分泌が多くなり、毛穴の詰まりや開き、人によってはニキビや化粧崩れが起きやすくなります。

また、同じ季節でも、どんな室内外環境で過ごすかによって変わります。資生堂の近年の研究で、季節の変わりめに起こりやすい「寒暖差」が肌に悪影響を与え、うるおい産生機能を阻害することがわかってきました。加湿器や冷暖房の風の向きなど、できる範囲の工夫で寒暖差や空気の乾燥を緩和していきましょう。

Q&A

季節の影響を受けやすい肌タイプってある？

混合肌の人は、皮脂の出る場所と出にくい場所があります。環境で皮脂分泌の量が変わるため、肌のコンディションが変わりやすく、環境の影響を受けやすいと言われています。夏と冬でスキンケアやメイクのアイテムを変えたり、季節ごとのケアをしたりしていきましょう。また、外からの影響を受けにくい健康な肌づくりをしていくことが大切です。

【季節ごとに出やすい肌トラブルとケア】

	出やすいトラブル	ケアのポイント
春	冬の乾燥も引きずりつつ、気温が上がって皮脂分泌量も増え、毛穴が開きテカりが出る。紫外線が増え、風が強く排気ガスやPM2.5などの汚染物質や花粉の影響を受け、アレルギーが起こりやすい。	紫外線だけではなく、大気汚染物質も防止できる日焼け止めや、汚染物質をオフするアイテムを使用して。家に帰ったらなるべく早く洗顔を。
夏	紫外線量が増え、エアコンの影響で水分不足、皮脂分泌が増えてテカり・メイク崩れが起こりやすい。夏の終わりは血行不良からくすみやくまも生じる。	テカりやニキビが増える人は、油分が少なめの化粧品に変更を。かさつきを感じるのに皮脂が出る、テカるときはセラミドなどで保湿をして。日焼け止めの塗り直しを忘れないように。
秋	夏の紫外線の影響で、しみが濃くなったと感じることも。人によっては秋の花粉症や乾燥が始まる時期。乾燥するなら保湿アイテムやファンデーションの見直しを。	しみ対策に角質ケアや美白製品を取り入れる。保湿はしっかりめに切り替え、冬の準備を行う。
冬	水分・油分ともに不足しがちな季節。乾燥から小ジワ、かゆみや赤みなどの敏感症状が出る。冷えから肩こりやくすみ、くまが悪化するケースも。	熱いお湯で洗顔しない。暖房の温風を直接浴びない、部屋の湿度低下に気をつけるなどスキンケア以外の環境も見直す。
季節の変わりめ	寒暖差によって肌が不安定になることも。	赤み、かゆみ、ヒリヒリ感などの敏感症状がある場合は、スキンケアのアイテム数を減らし、しっかりとした保湿・保護を。体調を整え、冷えや夜更かしに注意。

SKIN CARE

乾燥肌ケア

肌のタイプによってケアは大きく変わってきます。
ぜひチェックしておきましょう。乾燥肌の人は、冬から春にかけて、
小ジワなどの老化が進みやすく、赤みやヒリヒリなどの敏感症状も出やすくなります。

春

皮脂量が増えるため、肌のうるおいが取り戻せます。紫外線対策は抜かりなく、冬に引き続き保湿をしっかりと行いましょう。とくに花粉や大気汚染の影響を受けやすいタイプのため、保湿力の高い日焼け止め、できればアンチポリューション※対策のアイテムで日中も肌を保護して。

夏

肌の調子がよいと感じやすい季節ですが、エアコンの風に直接当たったり、汗をかいたまま放置したりすると乾燥を招きます。「化粧水だけ」「オールインワンで終わり」ではなく、油分配合のアイテムでしっかり保湿を。レジャーなどの予定がなく、肌の調子がよいと感じる人は、ピーリングなど角質ケアや積極性の高いケアをしてみてもよい時期です。

秋

夏の疲れが肌に出て、乾燥から小ジワが目立ったり、しみが濃くなったりするかも。寒暖差による保湿不足にならないように9月中頃には保湿アイテムの衣替えを始めましょう。目元はとくに乾燥しやすいので、早めにアイケアクリームの用意を。

冬

クレンジングはクリームや乳液、ミルクタイプなど洗浄力のやさしいものを。洗い流しのお湯の温度は低めに設定します。保湿剤も乳液だけでなく、クリームなどの重めのアイテムを。セラミドやアミノ酸、ヒアルロン酸などの保湿成分に加え、ワセリンやスクワランなどの皮脂膜を疑似的につくる役割のある保湿剤を使用しましょう。ベースメイクも、保湿力の高いアイテムが好ましいです。

※アンチポリューション…アンチ（＝抵抗）ポリューション（汚染）は、排気ガスや農薬、副流煙、PM2.5などの大気汚染物質を防ぐという意味。大気汚染物質は肌トラブルや肌老化の原因になると言われ、汚染物質を防ぐ作用のある日焼け止めや下地、角質ケアアイテムなどが増えている。

SKIN CARE

混合乾性肌ケア

冬は乾燥肌に近いケア、夏は混合脂性肌に近いケアを。
Tゾーンなど油分の出る場所と
乾燥する場所を分けて考えるのも大切です。

春

冬の乾燥を引きずっている場合、まだまだ乾燥やつっぱりを感じます。全体的には油分配合の保湿剤での保湿が必須です。ただし、Tゾーンなど部分的に油分が増えたと感じる場合は、保湿剤を塗る量を減らして調整するか、全体はクリーム、Tゾーンは乳液、といったようにアイテムを分けましょう。

夏

夏は部分的に毛穴トラブルやテカりが出る人も多くいます。クリームだと重い、テカると感じる場合は、保湿剤を乳液もしくはジェルタイプにして調整します。全体、もしくは部分的にクレイパックや酵素洗顔など角質ケアを行ってもよいでしょう。

秋

酵素洗顔や角質ケアは肌の乾燥を観察しながらにし、頻度を減らしたり、Tゾーンのみの部分ケアにしたりするなどの調整をしましょう。また、目元など乾燥しやすい部位は専用のケア製品を使います。

冬

乾燥が強くなるときなので、保湿力の高い乳液やクリームの使用を。クレンジング剤はクリーム、ミルク、優しめのジェルなど洗浄力や負担の少ないものを選びましょう。

SKIN CARE

混合脂性肌ケア

夏はオイリー、冬は水分不足と、
季節による変動が激しめな混合脂性肌の人は、
肌の油分量とつっぱり感などをよく観察するのが美肌への近道です。

春

皮脂量が増えてくるときです。テカりや毛穴詰まりなどが気になる場合は、全体もしくは部分的に酵素洗顔などの角質ケアをしてもOKです。ただし、水分不足にならないようにやさしめからスタートして、ケア後の保湿はしっかりと行います。

夏

皮脂くすみやテカり、毛穴トラブルに見舞われやすくなります。保湿剤も、クリームなどの重めのものは避けて、さっぱりめの乳液やジェルタイプを。空調の影響や日焼けなどで乾燥を感じる場合は、セラミドなどの保湿成分配合の美容液で保湿しましょう。クレイパックでよけいな皮脂をオフしたり、ピーリングや酵素洗顔などのアイテムを使用したりしても。

秋

洗顔後や日中のつっぱりを感じるなら、クレンジング剤や保湿剤のアイテムの変更が必要です。目元口元など部分的な乾燥を感じる場合は、専用のアイテムでケアを。

冬

冬でもテカりが出る部位は、さっぱりめの乳液やジェルでケアを行います。目元、口元、ほおなど皮脂分泌が減り、乾燥を感じるならクリームなどを選びましょう。

SKIN CARE

脂性肌ケア

年間を通して皮脂分泌が全体にある肌タイプなので、季節問わず、保湿はジェルタイプやさっぱりめの乳液で。夏場は乳液などを省いてもOK。皮脂コントロールが美肌のカギです。

春

大気汚染物質や花粉など外からの刺激の多い季節。日中はオイルフリータイプや、油分少なめの日焼け止めで肌を保護して。花粉の影響など、肌の赤みが出る場合は鎮静作用のある成分配合のコスメを。

夏

朝起きたとき、顔全体が皮脂でぬるっとするようなら乳液やクリームはなくてもOK。ただし、皮脂が多くても水分不足にはなるので、セラミドなどの保湿成分の入った化粧水や水溶性の美容液での保湿や栄養補給は必須です。テカりや皮脂が多い場合は、ビタミンA・C、フィチン酸、ローヤルゼリーエキスなどは皮脂分泌抑制の作用があるので、取り入れていきましょう。クレイパックで皮脂を除去してもOKです。

秋

皮脂の量が減ってきたと感じる場合は、乳液をつけ足すなど保湿を強化します。ただし、油分が多い製品は毛穴トラブルやニキビの原因になることも。オイルフリータイプのジェルなどの保湿がベストです。スキンケア、メイク製品ともにノンコメドジェニック製品（75ページ）を選びましょう。

冬

冬も皮脂がしっかり出るなら、引き続き秋のケアで問題ありません。しかし、皮脂線の少ない目元やくちびるなど部分的に乾燥する場合は、専用のケアアイテムを使いましょう。また皮脂は出るけれど乾燥も感じる場合は、なるべく油分は控えめに、セラミドなどの保湿成分での保湿を意識してみて。

COLUMN

肌を傷めない脱毛のコツ

美肌のためには、なるべく肌に負担をかけない脱毛方法をとりたいもの。
正しい手順で行うようにしましょう。

脱毛は、どの方法であれ、多少は肌に負担をかけてしまいます。肌がデリケートな人はもちろん、毛深い人や毛の生えるスピードが速い人も、自己処理回数が多いと肌を傷めるリスクが高まるため、プロに相談するのがいちばんです。

肌の負担を最小限にする脱毛のコツはこの3つです。

- 紫外線を避ける
- 保湿をする
- 摩擦を避ける

紫外線は乾燥や炎症を起こすほか、肌が黒くなったり炎症があったりすると光脱毛やレーザーができなくなることも。

脱毛で肌は乾燥しやすくなります。脱毛直後にクリームやジェルでしっかり保湿しましょう。冬場はストッキングやタイツなどの化学繊維にふれるとより乾燥しやすくなるため、朝も保湿をします。

脱毛後数日は摩擦などの外部刺激にも弱くなります。スキニーデニムなど締めつけの強い服装はなるべく避けましょう。

自分で脱毛する場合は、保湿剤の上からにします。石けんやボディソープを脱毛で使うのは、洗浄成分が肌の乾燥を招くため、おすすめしません。お風呂後、毛が水分を含み柔らかくなっているときに、ボディクリームなどをつけて刃のすべりをなめらかにし、肌の保護をしながら剃りましょう。

PART3

美肌をつくるライフスタイル

LIFE STYLE

美肌をつくるためには、スキンケアだけでなく生活習慣を見直すことも大切です。この章ではアンチエイジング生活や肌に必要な栄養素のほか、美容医療とのつき合い方や入浴法、ボディケアなども紹介します。

SKIN CARE
LIFE STYLE
1

美肌をつくるのは、化粧品ではなく生活習慣

無理のある生活を見直し
肌トラブルや老化を防ごう

大人ニキビや肌の敏感症状など、肌トラブルで悩む人は近年増えているようです。この要因の多くは、忙しすぎる日常や寝不足、バランスを欠いた食事といった「無理のある生活」にあります。

健康な肌をつくるのは、化粧品ではなく「自分自身」。肌の材料は自分が今日まで食べてきたものです。そして栄養を肌に運ぶためには、質のよい血液がさらさらと流れている必要があります。さらに良質な睡眠が、強く美しい肌をつくるのです。

さらに、こうした生活習慣は若いうちから気をつけていないと、恐ろしいスピードで肌の老化を進行させていきます。そうならないためにも、この章で確認していきましょう。

Q&A 肌をきれいにするのに食べたほうがよいものは？

「肌によいもの」をとり入れる前に、摂取した栄養をチャラにする「よけいなもの」を多く食べていないか見直しましょう。たとえば、添加物の多い食事、脂っこいものや甘いもの、アルコールなどは、それらを体内で処理するためにビタミンやミネラルをたくさん消費してしまいます。栄養をムダ遣いする食生活をしていないか、意識してみてください。

三大栄養素であるたんぱく質・炭水化物・脂質、そしてビタミン・ミネラル・食物繊維がしっかりとれるよう、バランスのよい食事を心がけましょう。昔ながらの和食は、良質なたんぱく質のほか、納豆や味噌、漬物など腸内環境にもよい発酵食品も多くとれます。また旬の食材は、栄養価や抗酸化作用が高くアンチエイジング効果も期待できそうです。

【忙しい人が陥りがちな肌へのNG行動】

メイクをしたまま寝てしまう

肌トラブルを起こす、いちばんの原因です。メイクを必ず落としてください。

メイクをしない

外出するなら日焼け止めだけはマスト。室内にいても紫外線は浴びます。

化粧水しかつけない

年齢を重ねたら油分による保湿は必須です。化粧水だけでなく乳液もつけましょう。

メイクブラシやパフを洗わない

肌がふれるものは必ず汚れます。メイク小物や枕カバー、タオルもこまめに洗いましょう。

化粧品のふたなどが汚れている

容器の汚れは雑菌が繁殖する原因になります。モレていたら拭いて、使用後はフタをしっかり閉めておきましょう。

化粧品の使用期限を確認していない

使用期限を過ぎた化粧品は肌トラブルが出ないとは保証できません。

豆知識

タバコで老け肌、消えないくすみに！？

タバコが健康や美容に悪い、というのは有名な話です。これは、タバコが血管を収縮させ、毛細血管の流れを悪くするから。すると肌は血液から栄養をもらえず、慢性的な栄養不足になるため、肌トラブルや肌老化の加速につながります。年齢とともにしみ、シワができやすくなるのはもちろん、若い人でもくすみやくまがかなり出やすくなります。どうしても吸うのであれば、そのぶんビタミンCなど抗酸化作用のある食材を摂取し、バランスのよい食生活と適度な運動を人一倍心がける必要があります。

SKIN CARE
LIFE STYLE
2

エイジングケアは20代から始めよう

年齢や環境に合わせてケアと体調管理を行って

エイジングケアの目的は、50歳の人が20歳のように若返ることではなく、老化減少の進行をゆるやかにしていくことです。肌の老化は10代から始まると言われ、ヒアルロン酸やコラーゲンなどは20代前半から減り始めるという説もあります。健康な肌を保つためには、早いうちから対策します。

エイジングケアは25～30歳から始めるのがおすすめです。乾燥肌で皮脂量が少ない人は、小ジワが比較的早く出やすいので、アイクリームを20代前半で使い始めましょう。

年齢とともに回復力が落ちてくるのは自然なこと。だからこそ、自分の身体を労る、無理をしすぎないことも大事なエイジングケアと言えます。栄養・睡眠にはとくに気をつけましょう。肌への対策は何歳からでも始められます。

豆知識

自分の肌に合わせた老化対策を

人それぞれ、どこが老化しやすいのか、どこがより気になるのかは違います。自分の肌に必要なものを補っていきましょう。

屋外で部活をしてきた人、海や山によく行く人、紫外線の強い地域に住んでいる人などは、紫外線予防とともにしみ予防のために肌にやさしい角質ケアを行うのもおすすめ。肌のハリ・弾力をサポートする成分の化粧品や、しみやシワ対策の美容成分配合の化粧品も使ってみてください。

シワが気になるなら

→純粋レチノール、ナイアシンアミド、ニールワン

ハリ弾力の低下が気になるなら

→コラーゲン、ビタミンC、GF、プロテオグリカン

乾燥が気になるなら

→セラミド、ヒアルロン酸、コラーゲン、アミノ酸

【肌の老化の進行ステップ】

10代〜20代前半

10代で初潮を迎えてから徐々にホルモンバランスが安定し、女性らしい肌や身体をつくり始める。皮脂腺が発達することでうるおいが増し、なめらかな肌に。皮脂分泌が過剰になると毛穴トラブルやニキビができることも。

⇩

20代後半

ホルモンバランスの不安定などから、毛穴の黒ずみ・詰まり、テカり、ニキビなどのトラブルが起きやすい。ストレスから赤みなどの敏感症状も起こる。初期老化のサインとして、乾燥、目元の小ジワ、ほおの高いところのしみが出現することも。

⇩

30代

皮脂量の減少などによって、乾燥、毛穴トラブル、ニキビ、敏感症状が出ることも。目元の小ジワ、ほうれい線やおでこの乾燥シワ、表情ジワ、たるみ、たるみ毛穴など老化の兆候を感じ始める。

⇩

40代

ハリ・弾力不足、シワやたるみなどをより感じるように。しみも増えて濃くなる。ホルモンの変化から敏感症状も増え、ケアが難しくなってくる。肝斑に悩まされる人も。

⇩

50代

閉経時期に合わせて皮脂分泌が一気に減り、乾燥傾向に。女性特有のなめらかさが減少して肌が厚く硬くなることも。ほうれい線やほお全体、フェイスラインの変化など、たるみが進行していく。

⇩

60代以降

閉経後、ホルモンの影響を受けにくくなるため肌は安定傾向へ。敏感さに振り回されることは減る反面、乾燥やシワはゆるやかに進行していく。

【肌のタイプでエンジングケアも変わる】

肌のタイプによって、老化のしやすさや進行度合いに差が出てきます。
確認してみましょう。

TYPE. 1,2

乾燥肌傾向の人

老化が早くなりがち！　早めのエイジングケアが必須

これまで肌がきれいと言われていたのに、30代後半〜40代に入って「あれ？　なんだか今までと様子が違う！」とエステサロンに駆けこんでくるのは、乾燥傾向の人が多いです。

乾燥傾向の肌はキメが細かくて毛穴も小さく、色白で皮膚が薄い印象の人が多いのですが、皮脂分泌が少ないため、目尻の小ジワなどが早く出る傾向があります。混合乾性肌、混合脂性肌の方も目元は乾燥しやすい人が多いので注意が必要です。エイジングケアを早くスタートするのが、きれいでいるための鉄則です。

もともと皮脂分泌が少ない乾燥肌は、皮脂に近い成分を含むスクワランやオリーブ油などが配合されたスキンケアアイテムを使用し、若いうちから保湿を重視しましょう。

ケア方法

セラミド、ヒアルロン酸、コラーゲンなど配合の美容液。オイル美容液や乳液、クリームなど油分の補給を年間通して行う。無理なダイエット、たんぱく質・脂質不足に注意。

早めのエイジングケアを！
とくに目元の乾燥に注意！

乾燥肌は冬に老ける!?

乾燥肌の人は、冬になると乾燥が悪化して小ジワやヒリヒリと痛みの症状が出たり、肌老化が進みやすくなったりします。

TYPE. 4,5

脂性肌傾向の人

酸化に注意！　トラブル対策が重要に

脂性肌の人は、顔全体に皮脂を分泌できるぶん、紫外線の影響や表情のクセがなければ年齢を重ねるまでは乾燥によるシワが出にくくなります。ケアをしっかりと行うことで年齢を重ねても若々しい肌でいられるのが特徴です。

ただし、皮脂が酸化することで肌トラブルが出たり、肌老化が進んだりするので注意は必要です。

皮脂分泌が多い肌のため、ニキビができるなどのトラブルも起こりやすいと言えます。若いうちに起こりがちな肌トラブルを未然に防ぎ、肌荒れの歴史を肌に残さないことが大事。スクラブや摩擦の起きるケアなど「やりすぎケア」に注意することが、年齢を重ねてもきれいな肌でいるためのポイントです。

ケア方法

抗酸化成分の配合されている製品を使用する。皮脂の酸化を防ぐフラーレン、ビタミンC誘導体、ビタミンE誘導体など。

やりすぎケアに注意！
トラブルを未然に防ぐ！

脂性肌は夏に老ける!?

脂性肌の人は、夏になると皮脂の分泌量が増え、ニキビや毛穴トラブル、テカリ、酸化皮脂によるくすみが増えて、肌の老化が進みやすくなります。

SKIN CARE
LIFE STYLE
3

困ったときは保険診療できるクリニックへ

肌トラブルは皮膚科へ 体形の悩みは美容外科へ

自宅でのセルフケアで健康美肌をキープし続けられるのが理想ですが、大人の肌にはトラブルがつきものです。

湿疹や炎症などの「肌の疾患」がある場合だけでなく、「普通のスキンケアができない」「日常生活に支障がある」と感じたら、すぐに皮膚科へ行きましょう。不調をくり返すなど肌にゆらぎを感じるときも受診します。

美容外科は、二重まぶたにする、あごや鼻を小さくする、脂肪吸引、胸を大きくするなど体形の悩みに対応しています。身体への負担と金銭的な負担は大きいですが、コンプレックス解消などに大きな役割を果たすこともあります。

自費診療のみではなく保険診療もやっているクリニックを選べば、症状に合わせて適切なケアを提案してくれます。

☑ こんなときは皮膚科へ行こう！

- □ 水で顔を洗っただけでしみる、痛みがある
- □ クレンジング洗顔後に顔が痛い
- □ 顔が真っ赤になる
- □ 粉がふく、かゆみや痛みなどの強い乾燥
- □ 乾燥で肌が切れてしまう
- □ 仕事に集中できないくらい強いかゆみが続く
- □ 炎症ニキビ、くり返すニキビ
- □ 炎症が治らない
- □ つめの様子がおかしい
- □ 頭のフケがかなり出る
- □ 角質がポロポロはがれる
- □ ほくろが大きくなった、隆起した
- □ 強すぎる日焼け
- □ 湿疹、水泡、じんましん、やけど、イボ、水虫

肌の疾患 病気を治す 皮膚科

保険が利くので安く治療ができ、皮膚疾患に関しては安心して任せられる。ただし病院によっては疾患ではない美容の「お悩み」には対応してくれないことも。

こんなときは皮膚科へ

ニキビ、肌荒れ、強い乾燥などの皮膚疾患

治療から美肌 エイジングケアも 美容クリニック

自費診療のみの美容クリニックと、保険診療と自費診療の両方を行っている美容クリニックがある。保険診療をやっていれば、症状に合わせた提案をしてくれる。医療機関にしか扱えない機器、薬の処方、即効性の高さなどが魅力的な反面、高額になりがち。副作用が伴う場合もある。

こんなときは美容クリニックへ

疾患ではない肌の悩み（美白、美肌、アンチエイジングなど）、保険診療のみで対応できない皮膚疾患

リラクゼーション 効果の高い エステサロン

サービス業なので、親身なカウンセリング、マッサージやリラクゼーションの充実、クレンジングなどの実技指導といった、心地よさや日常ケアのサポートを重視した要素が強い。ただし、診察・診断・治療などの医療行為はできない。医療機器や薬は取り扱えず、効果の実感に時間がかかる場合もある。無資格でできるため技術力に差がある。

こんなときはエステサロンへ

リラクゼーションを受けたい、じっくり美容に取り組みたいなど

DOCTOR'S VOICE

皮膚疾患の自己判断はNG 納得いくまで説明してもらおう

薬を自己流で飲んだり、治療を途中で投げ出したりした状態で「皮膚科の治療で効果がなかった」という人がいます。治療には個人差があり、薬の副作用やデメリットがあることも。結果が出ない、聞いていない副作用が出たなどの不安があったら、自分で判断せずにきちんと医師に相談しましょう。

どうしても「この治療、先生は信頼できない」という場合は、自己判断で治療をやめたりするのではなく、ほかの病院や先生に相談してください。

SKIN CARE
LIFE STYLE
4

注意したい美容医療もある

ますます進化する美容医療　古い施術のクリニックには注意して

今は美容医療のよい機械が増えており、国が美容医療機器の使用を推奨しています。また、国に認可されていないだけで性能が抜群によい機械も多くあります。どんな医療機器を取りそろえているかも、クリニックを選ぶ新たな基準になってきています。

施術も新しくなっており、美容外科手術用の糸が進化して、リフトアップ等の手術がヒアルロン酸注入並みに手軽になってきています。肝斑も治療法が変わってきています。

一方で、最新の施術に対応できていないクリニックが多いことも事実です。たとえば、痩身の施術では、冷却系の機器で脂肪を破壊するのが最新です。昔ながらの脂肪吸引しかないクリニックには注意したほうがよいでしょう。

DOCTOR'S VOICE

ニキビの治療法でピーリングをいきなり勧めてきたら用心を

ケミカルピーリングはもともと、ニキビの治療で主流になった治療法です。おもにグリコール酸などの強い薬剤で角質をはがしターンオーバーを高めます。けれども現在は、ニキビ治療によい薬が認可されたこともあり、いきなりケミカルピーリングを勧めるクリニックは少なくなりました。

ただし、保険診療を行っていないクリニックの場合、最初からケミカルピーリングを勧めてくるところもあります。こうしたクリニックには注意してください。

【進化する美容医療】

美容医療の世界は進化し、さまざまな色にアプローチできるレーザーや、ピーリングよりもリスクが少なく効果的な薬が出てきています。最新のものがすべてではありませんが、時代遅れの治療しかしていないクリニックには要注意です。

シワ・たるみを改善するもの

高周波や低周波と呼ばれる機械での治療や注射、糸でつるなどプチ整形と呼ばれる治療が行われます。

〈おもな治療方法・機器など〉

機械では、熱による作用でコラーゲン増殖を促し、従来の痩身機器やたるみ治療よりも効果的として注目されているHIFE（ハイフ）、広範囲・短時間で脂肪細胞を破壊するウルトラスピード、エステサロンでも利用される高周波を利用したハイパーナイフ、超音波を使い脂肪細胞の破壊を促すキャビテーションなどがあります。また、ヒアルロン酸を注射しシワやたるみをふっくらとさせる方法、表情筋の動きを止めることでシワを改善するボトックス注射、特殊な糸を入れることでリフトアップさせる糸リフトなどがあります。

しみやほくろ、毛穴、ニキビ痕を改善するもの

さまざまな種類のレーザー、ケミカルピーリングなどの治療が行われます。

〈おもな治療方法・機器など〉

あざ、しみ、くすみ、毛穴、ニキビ痕などに効果的なピコレーザー 、ニキビ痕や毛穴、シワ、たるみにアプローチするフラクショナルレーザーなど。機械の種類やモードによって、光の種類、照射範囲や肌へ到達する深さ、効果などが変わります。ケミカルピーリングは薬剤を使い、古い角質を取り除き、ニキビ、ニキビ痕、くすみなどの改善を図ります。

その他（点滴、注射、ダーマペン）

美容点滴や注射は、得たい効果に合わせた栄養を点滴や注射で補います。

〈おもな治療方法・機器など〉

疲労回復、ダイエット、美白、エイジングケアなどの用途に合わせ、プラセンタ、高濃度ビタミンC、グルタチオン、アルファリポ酸などの成分があります。血中にダイレクトにアプローチできるため、サプリメントより効果を実感しやすいのが特徴。ダーマペンは、肌にわざと小さな穴を開け、肌の治癒力によって肌を再生させるという治療法です。

SKIN CARE
LIFE STYLE
5

健康で美しい肌は食事からつくる

「美容に効く」という食品がトラブルを招くこともある

肌の違いは、生まれもった肌質や皮脂量は遺伝的な要素であらわれます。でもそれ以上に、何を食べているのか、何を食べていないかで、肌の状態は大きく左右されます。

注意したいのは、「美容によいと思ったものばかりをとりすぎて、偏りトラブルにつながる」というケースです。たとえば、美肌のために腸内環境をよくしようとして、発酵食品を多くとる。それ自体はよいことですが、麹菌由来の発酵食品ばかり大量に摂取すると、腸内のバランスを崩し、カンジダ症などの病気にかかりやすくなることも考えられます。たんぱく質を積極的に摂取しようとプロテインを大量に飲んだことでニキビができた事例などもあります。

バランスのよい食事が、美肌へのいちばんの近道なのです。

豆知識

慢性的な肌トラブルの原因はお腹のカビ！?

もともと人の腸内にはカンジダなどのカビ菌が存在していますが、食事のバランスが悪かったり抗生物質を飲みすぎたりすると、異常に増えることがあります。すると、腸内環境が乱れ、免疫力の低下や肌荒れ、疲れなどの不調を引き起こします。

悪化すると、腸の炎症を起こしたり腸漏れといって腸壁の粘膜が傷つき未消化物や異物が血中に入りアレルギーなどを起こしたりすると言われています。これをリーキーガット症候群と呼びます。腸内のカビや、リーキーガットについてはまだわかっていないことも多く、医学的な見解もさまざまです。

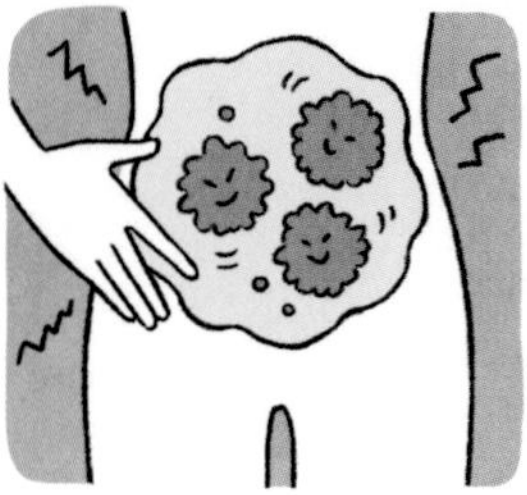

【PFCバランスを意識して食べる！】

PFCバランスとは、三大栄養素であるたんぱく質、炭水化物、脂質の3つのバランスのことです。P（プロテイン＝たんぱく質）、F（ファット＝脂質）、C（カーボ＝炭水化物）は、それぞれの頭文字です。厚生労働省の推奨バランスは炭水化物50〜65%、脂質20〜30%、たんぱく質13〜20%となっているので、食事全体のバランスの目安にしてみましょう。

美肌に関わる栄養素の効果

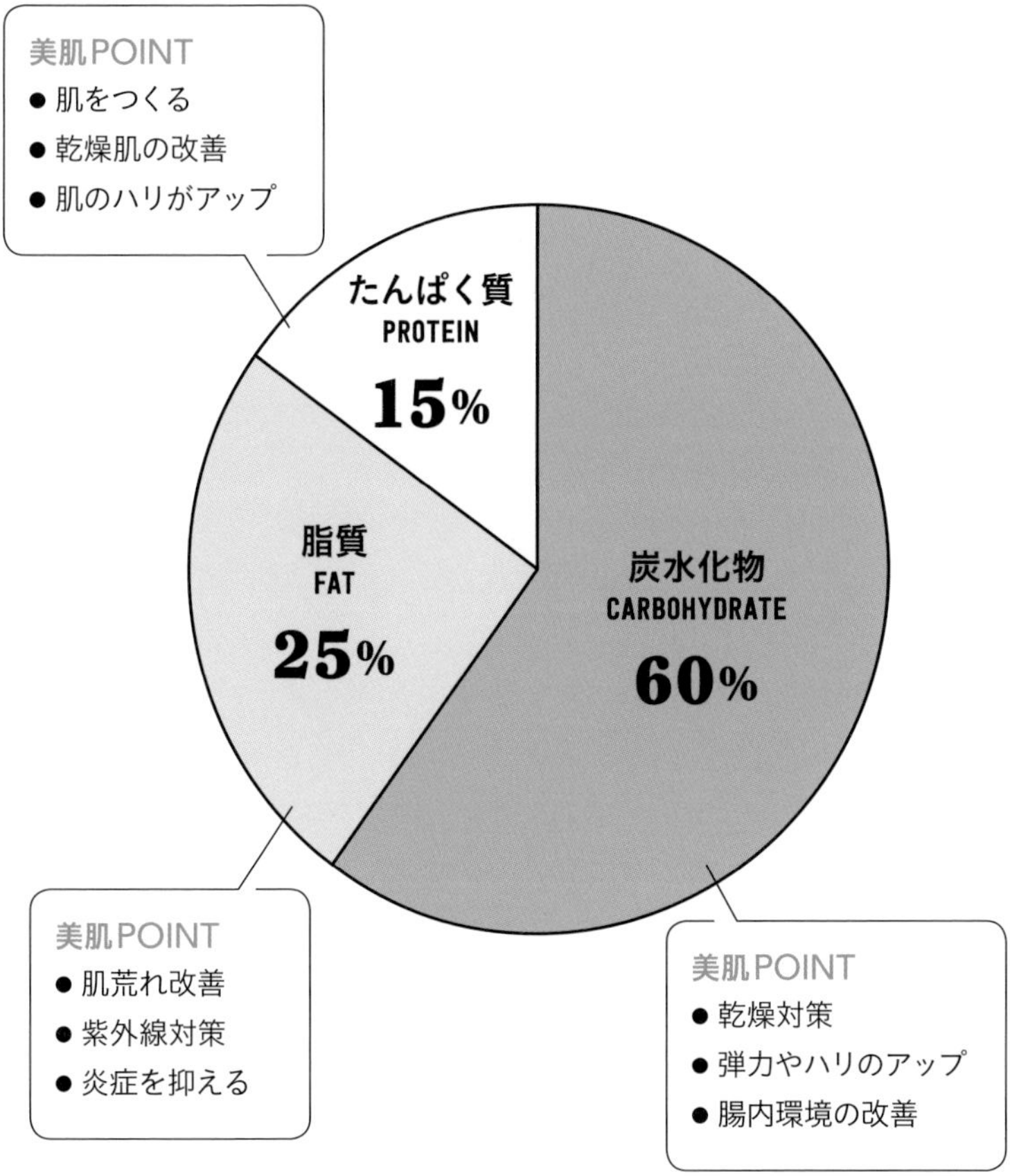
美肌POINT
● 肌をつくる
● 乾燥肌の改善
● 肌のハリがアップ
たんぱく質
PROTEIN
15%
脂質
FAT
25%
炭水化物
CARBOHYDRATE
60%
美肌POINT
● 肌荒れ改善
● 紫外線対策
● 炎症を抑える
美肌POINT
● 乾燥対策
● 弾力やハリのアップ
● 腸内環境の改善

CARBOHYDRATE

身体のエネルギーとなる
炭水化物

炭水化物は肌にとっても重要な栄養です。不足すると、たんぱく質や脂質がエネルギーとして使われ、結果的にたんぱく質不足になり、乾燥やハリ・弾力不足など、肌の不調につながることも。極端に減らさず、適度にとりましょう。

ダイエットで炭水化物を制限して「老けた気がする」「肌荒れがひどくなった」と感じる人もいます。ダイエットをする場合は、年齢に合った炭水化物量から少し減らす程度にするのがおすすめです。

炭水化物にはビタミンB_1を一緒に

炭水化物が体内でエネルギーになるには、ビタミンB_1が必須。ビタミンB_1が不足すると、炭水化物内にある糖質の代謝がスムーズに行われなくなり、疲れやすい、口内炎、太りやすくなる、肌荒れなどの原因になります。

炭水化物の働き

摂取した炭水化物は消化酵素によって分解され、ブドウ糖（グルコース）になります。グルコースはグリコーゲンという形で、筋肉や肝臓に貯蔵され、エネルギー源として活用されます。

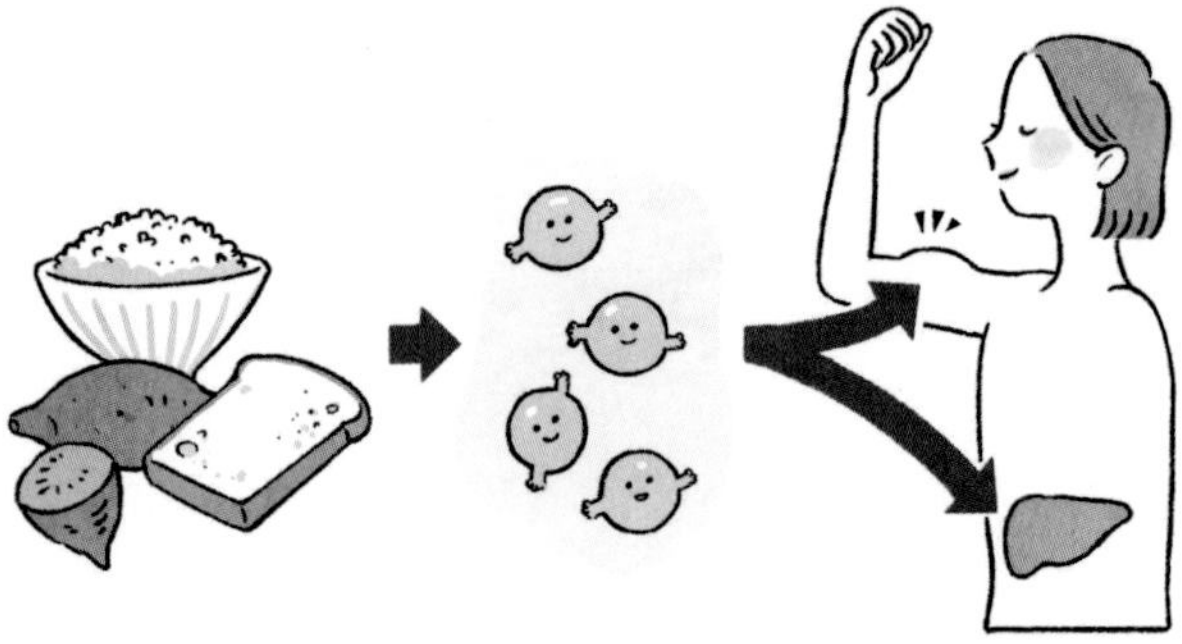

炭水化物は、精製されていないもののほうがビタミンやミネラルを多く含んでいます。白米よりも玄米や麦、きびなどの雑穀のほうが、炭水化物とともにビタミンB_1を摂取できるのです。お酒や甘いものが好きな人は、それらを分解する際にビタミンB_1を大量に使うので、不足しがちになります。積極的に摂取しましょう。玄米、胚芽米、麦、きびなどの雑穀、全粒パンなどがビタミンB_1を摂取できておすすめです。

炭水化物に含まれる糖質は腸内細菌のエサになり、また食物繊維が腸内環境を整え、美肌をサポートします。

豆知識

炭水化物をとることで代謝を促す

糖質制限ダイエットなどで炭水化物を急激に減らすと、エネルギーが効率的につくられないため、結果、代謝低下の原因になります。

また、炭水化物摂取量を極端に減らすと、食物繊維の摂取量が減り、便秘になったり、便のカサが減ったりすることも。便秘、腸内環境の悪化などのおそれもあり、疲れやだるさ、筋肉がつかない、筋力が落ちるといったデメリットもあります。

【1日に必要な炭水化物量の目安】

炭水化物は身体のエネルギー源ですから、適度な摂取が大切です。目安は1日の食事から摂取するエネルギーの約50～65%の量。1日2000kcalの場合、250～320gとなります。

糖質約55g
白米1膳
糖質約57g
そば1人前
糖質約30g
食パン1枚
糖質約31g
サツマイモ半分
糖質約14g
リンゴ1個

計約187g

※このほか、肉や魚などからも糖質をとります。

FAT

量と質にこだわりたい

脂質

つい脂質をとりすぎて皮脂分泌が増え、テカりやニキビが出る人もいるでしょう。とくに脂性肌の人や混合脂性肌の人は、ピーナッツやチョコレート、ファストフードやポテトチップスなどの脂質の多い食べ物を食べると、翌日に肌が荒れがちです。

一方で、脂質が不足すると乾燥の原因になります。脂質に含まれるコレステロールは細胞膜の主成分であり、健康な細胞づくりにも重要な役割を果たします。また皮膚のうるおいを保つビタミンAや老化を防ぐビタミンEなどの吸収にも必要な栄養素です。

脂質には種類があります。脂肪酸は飽和脂肪酸と不飽和脂肪酸に分けられ、体内で合成できないものを必須脂肪酸と言います。必要な種類の脂質を適度にとり、肌トラブルや病気を招きやすい脂質はとりすぎないよう気をつけましょう。

【1日に必要な脂質量の目安】

1日の摂取カロリーの20〜30％にあたるカロリーが目安とされ、2000kcalの場合は約400g。脂質は1gが9kcalなので約40gとなります。

サラダ＋ゴマドレッシング（1人前）

チキングリル（むね肉200g）

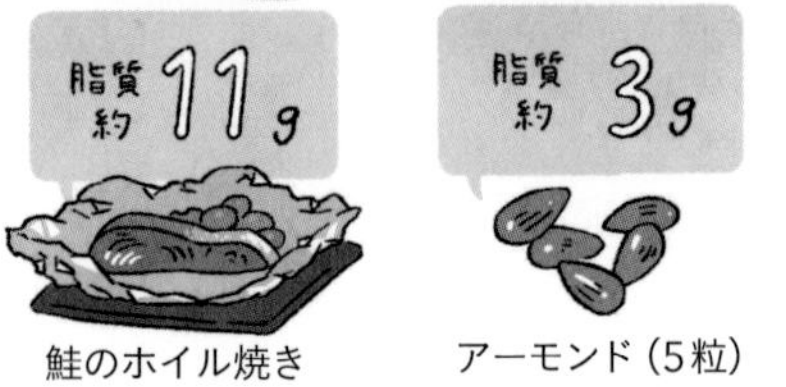

脂質約2g
脂質約26g
脂質約11g
脂質約3g

鮭のホイル焼き

アーモンド（5粒）

計約40g

脂質の働き

脂質は細胞が働くためのエネルギー源になり、栄養の消化や吸収を助けます。また、体温の保持や肌の水分の蒸発を防いで体内の水分バランスを保持します。

【気をつけたい脂質の種類】

とりすぎ注意の脂質

飽和脂肪酸

働き

炎症を引き起こす。中性脂肪やコレステロールを増やす。動脈硬化、高血圧、肌荒れと関連する。

おもな食品 （肉や乳製品に多く含まれる）

マーガリン、ベーコン、ソーセージ、
油で揚げたインスタントラーメン、
ポテトチップス、クッキー、生クリームなど

ほどほどとりたい脂質

不飽和脂肪酸

働き

老化や紫外線から肌を守り、炎症を抑える。善玉コレステロールを下げずに総コレステロールを下げる。このため動脈硬化や高血圧の予防に効果がある。酸化しにくく、過酸化脂質をつくりにくい。肌荒れやアレルギーの予防にも。

おもな食品

オリーブオイル、ナッツ、アボカド、イワシ、サバなど

積極的にとりたい脂質

必須脂肪酸

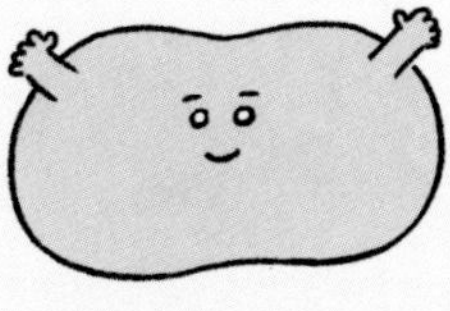

働き

動脈硬化や血栓を防ぎ、血圧を下げるほか、アレルギー予防、LDLコレステロールを減らす。不足すると感染症や皮膚の異常につながる。

おもな食品

くるみ、しそ油、アマニ油、
さばやさんまなどの青魚など

PROTEIN

きれいな肌をつくる主成分

たんぱく質

アミノ酸が結合したたんぱく質は、筋肉や内臓、皮膚、つめ、髪など身体を構成するのに必須な栄養素です。肉や魚、大豆、卵などから摂取でき、不足すると体力や免疫力が低下するだけでなく、肌や髪、つめがもろくなったりと、美容面のデメリットも大きくなります。

成人女性なら1日最低50gは摂取する必要があります。日本人女性は不足しがちで、積極的にとりたい栄養素のひとつです。とりすぎは腎臓への負担や骨粗しょう症などのリスクが挙げられますが、普通に食事をしていればとりすぎることはほとんどありません。

たんぱく質をつくるアミノ酸のうち、体内で生み出せない9種類を必須アミノ酸と言います。不足すると筋力低下やシワ・たるみにつながります。肌のうるおいを保つＮＭＦやコラーゲン、エラスチンもアミノ酸が材料になっています。

Q&A 「プロテイン」を飲めば、たんぱく質はとれる？

プロテインは手軽にたんぱく質が摂取できるため、飲み始めてから肌の乾燥が軽減され、肌ツヤがよくなったケースも多くあります。

ただし、食事をプロテインに置き換える摂取法はおすすめしません。食事の必要量をとろうとすると摂取しすぎてしまうので、肝臓や腎臓の負担も大きくなります。プロテインはあくまでトレーニングを行ったときや、3食とったあとの補助として適度に飲んでください。

プロテインをとるとニキビが増える、お腹が張る、下痢をするなど、種類によっては体質に合わないケースもあります。飲みやすくするために砂糖や甘味料が多い商品もあるため、よく選びましょう。

【1日に必要なたんぱく質量の目安】

美肌だけではなく、健康のためにもしっかりとりたいたんぱく質。目安は[1.0～1.2g]×体重(kg)の量。体重50kgの人なら50～60gになります。どのくらいのたんぱく質量がとれるか知っておきましょう。

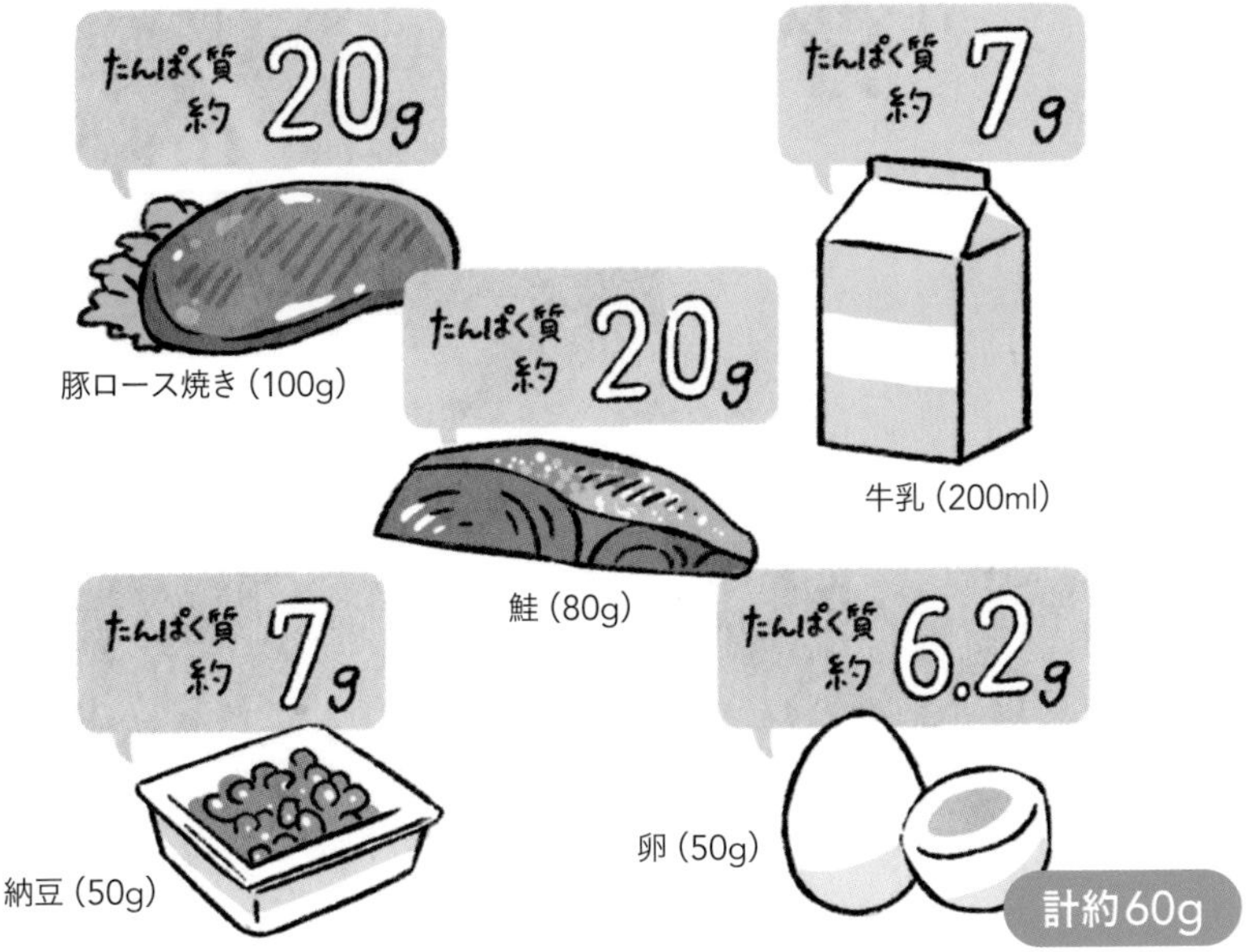
たんぱく質 約20g
豚ロース焼き(100g)
たんぱく質 約7g
牛乳(200ml)
たんぱく質 約20g
鮭(80g)
たんぱく質 約7g
納豆(50g)
たんぱく質 約6.2g
卵(50g)
計約60g

たんぱく質の働き

たんぱく質が身体に取り込まれるまで

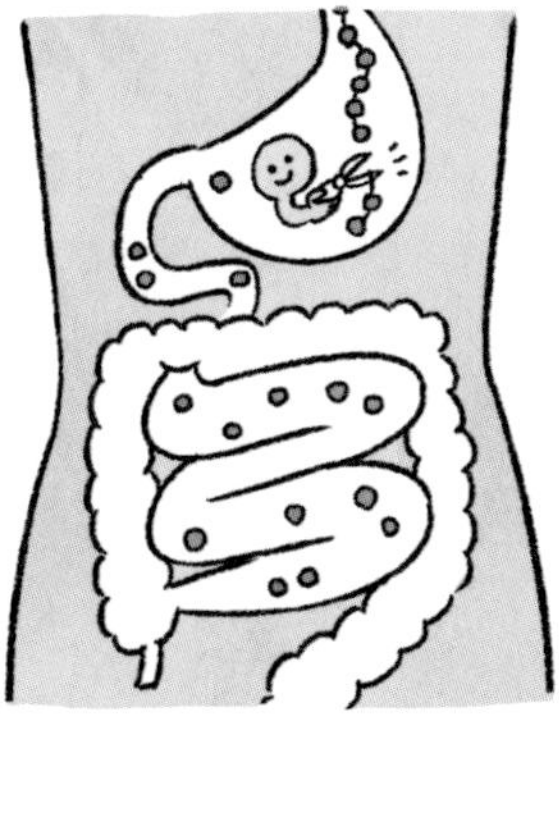

たんぱく質はアミノ酸が鎖のようにつながった状態になっています。胃に入ると、消化液によって分解され、ペプチドとなります。さらに腸に入って分解され、アミノ酸となり、身体の構造をつくったり、物質の運搬をしたり、免疫機能に作用したりするなど、さまざまな活躍をします。

VITAMIN

ツヤツヤの肌づくりをサポート

ビタミン

ビタミンは、生命の維持に必要な栄養素で、たんぱく質から肌がつくられるときに、その働きをサポートします。食べ物から摂取しないと不足してしまいます。

全部で13種類があり、水に溶ける水溶性ビタミン（B_1、B_2、ナイアシン、B_6、葉酸、B_{12}、ビオチン、パントテン酸、C）と、油に溶ける油溶性ビタミン（A、D、E、K）に分けられます。油溶性ビタミンは肝臓に蓄積されるため、サプリメントなどで大量に摂ると弊害もあります。

ビタミンは、どれか1種類を大量にとるのではなく、バランスよく摂取することで働きがよくなります。

高い抗酸化力があり、ニキビやしみ予防、コラーゲン合成に関わるビタミンCは、美容目的なら多めに摂取してかまいません。短時間しか血中に入らないため、朝・昼・晩と時間を分けてこまめに摂取しましょう。

DOCTOR'S VOICE

ビタミンCは
普通の食事じゃ全然足りない

厚生労働省の定めるビタミンCの推奨量は100mgです。ビタミンCが足りないと、倦怠感や食欲不振、壊血病などのリスクがあります。ただし、厚生労働省で定めた量は「病気にならずに生きていける量」であって、美容面での効果を期待するのであれば、3000～4000mgほどの摂取が必要と言われます。けれどもビタミンCは失われやすく、一度の吸収量も少ないため、この量を食事でとるのは難しいです。総合ビタミンのサプリメントで摂取するのがおすすめです。

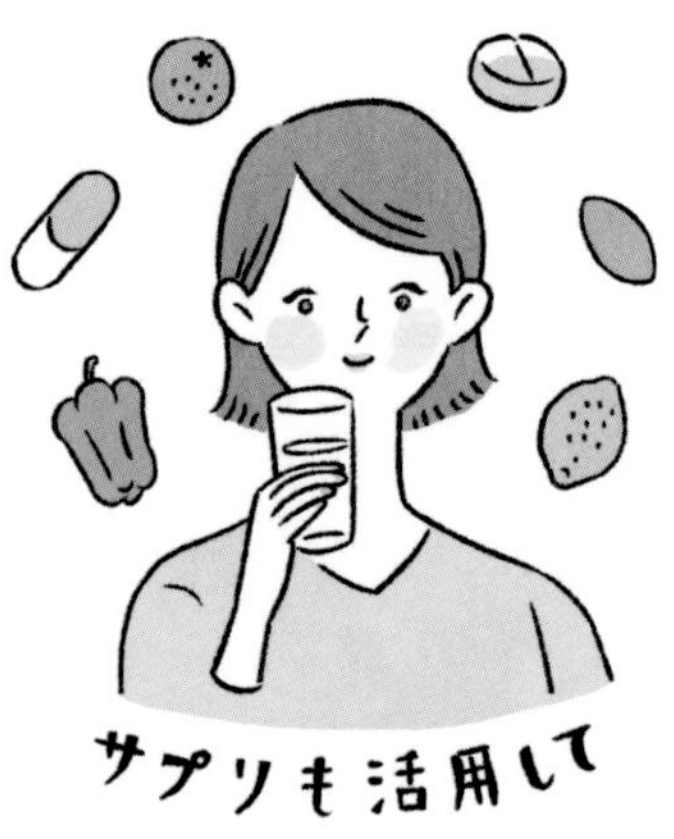

【肌に深く関わるビタミンACE】

ビタミンA、ビタミンEも美肌やエイジングケアに欠かせない栄養素。アンチエイジングに対して、エース級の働きをし、ビタミンACE（エース）とも言われます。

肌を正常に保つ
ビタミンA

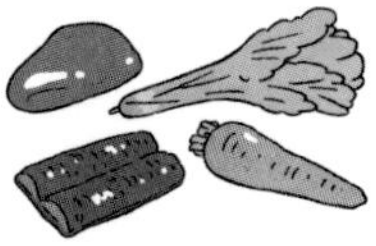

目の健康維持や、皮膚や喉など粘膜を正常に保ち、抗ガン作用も。不足すると感染症になりやすくなると言われています。レバーやうなぎなど動物性食品に多く、油と一緒に摂取すると吸収がよくなります。とくに乾燥肌の人やフケが気になる人は不足に注意しましょう。

コラーゲン生成を助ける
ビタミンC

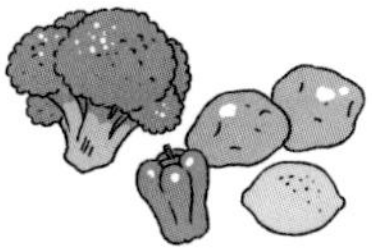

コラーゲン生成に関わり皮膚や骨などの健康に欠かせない抗酸化ビタミン。不足すると血管や皮膚がもろくなるほか、しみ、シワ、抜け毛、倦怠感、壊血病などの可能性が。新鮮な野菜や果物に多く含まれていますが、熱で壊れやすいので、生や手早い調理で摂取しましょう。

強い抗酸化作用
ビタミンE

強い抗酸化作用をもち、細胞の老化を防ぐビタミン。血行に関わり、冷えや肩こりの改善も期待できます。不足すると、しみ、シワ、冷え、肩こり、頭痛、などの不調や老化が。ビタミンCと一緒にとると抗酸化力がアップ。新鮮な植物油やサーモン、かぼちゃなどに多く含まれています。

豆知識

発育のビタミン　ビタミンB_2にも注目！

ビタミンB_2は、皮膚・髪・つめなどの細胞再生に関わり、「発育のビタミン」と言われます。不足すると、口内炎や肌荒れ、目の充血が起こることも。食生活が乱れると不足しがちです。さらに抗生物質やピルなどを長期服用すると不足しやすいと言われるので、思い当たる人は注意しましょう。

MINERAL

肌の調子を整える

ミネラル

ミネラルは、骨や歯、酵素の構成成分となるほか、神経や筋肉の調整などで重要な役割を担っています。

身体に欠かせない必須ミネラルは16種類。日本人に不足しがちなカルシウムもミネラルの1種です。骨や歯の材料になるほか、ホルモン分泌、アレルギー抑制など間接的に肌の健康に関わります。

鉄不足はくすみやくまに直結し、ナトリウム過剰やカリウム不足はむくみの原因になります。亜鉛はターンオーバー促進など皮膚の健康に関わり不足すると皮膚炎があらわれることも。とくに女性は鉄、亜鉛、カルシウムが不足しやすいです。

過剰摂取はデメリットもあるので、医師の指示などがない場合は、サプリメントよりも食事からの摂取をおすすめします。

豆知識

カフェインは鉄の吸収を阻害する

コーヒーや緑茶に多く含まれるカフェインは、脂肪燃焼や集中力アップに効果があると言われています。しかし同時に、鉄分の吸収を阻害するというデメリットもあります。コーヒーを1日に5杯以上飲んだり、エナジードリンクを大量に摂取したりするのは、身体の負担になり、睡眠の質も悪くするのでやめましょう。

ただしコーヒーは、新鮮な豆から挽いていればポリフェノールの抗酸化作用など、エイジングケアも期待されています。コーヒーに含まれるクロロゲン酸は、メラニン生成を抑制してくれると言われています。

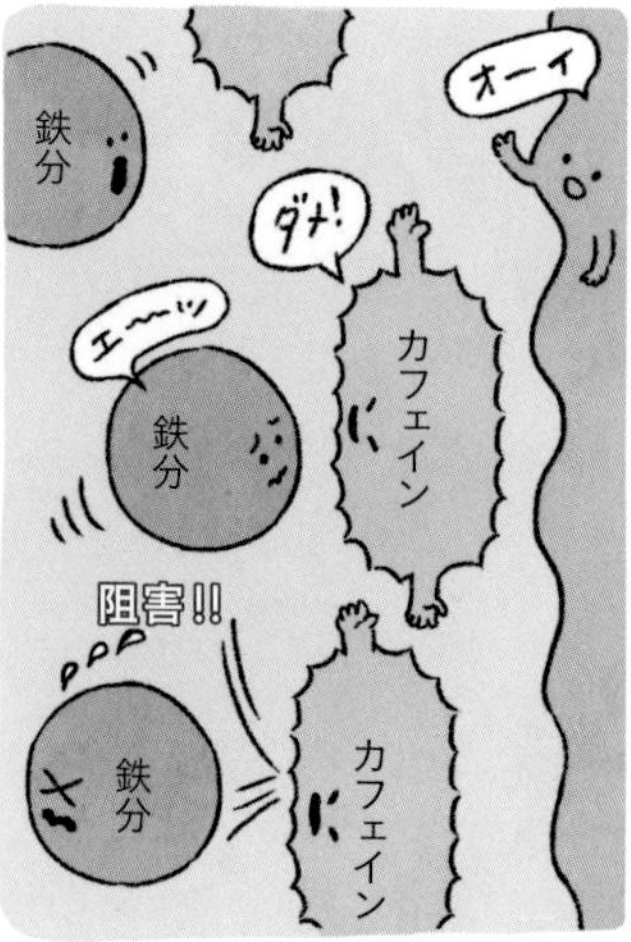

【積極的にとりたいミネラル】

血行をよくする！

鉄

とにかく鉄は不足しがち。足りなくなると貧血だけでなく、倦怠感やくま、くすみを引き起こします。

鉄は全身に酸素や栄養を運ぶなどの役割があります。血液がすみずみまで巡ることで肌もきれいになるため、必須の栄養素です。

鉄には、ヘム鉄と非ヘム鉄の2種類があり、ヘム鉄のほうが効率よく吸収されます。ヘム鉄は、レバーや赤身肉、カツオやアサリなどの動物性食品に含まれており、ビタミンCやたんぱく質と合わせることで吸収率が上がります。

たんぱく質を合成！

亜鉛

亜鉛はDNAやたんぱく質の合成に関わり、味覚や生殖機能の健康のためにも必須のミネラルです。不足するとターンオーバーが乱れ、肌荒れを起こします。また貧血や味覚障害、生理痛、うつ症状などがあらわれることも。男性の場合は性機能の低下などの可能性もあります。

やたら濃い味を好む、薄味だと味を感じないときは、亜鉛不足のサインかもしれません。とくにアルコールを飲む人は亜鉛の排泄量が増えるので不足しないよう注意が必要です。抹茶や牡蠣、かに、牛肉、ローストビーフ、レバー、魚介類に多く含まれています。

肌のキメをつくる！

カルシウム

カルシウムには肌の細胞と細胞を密着させる働きがあり、キメの整った丈夫な肌をつくるのに関わります。体内に吸収されにくい栄養素なので、積極的にとりましょう。牛乳、乳製品、干しエビ、煮干し、モロヘイヤ、木綿豆腐などに多く含まれます。不足すると、骨粗しょう症、肩こり、腰痛、イライラを招きます。

SKIN CARE
LIFE STYLE
6

肌不調を治すため必要な栄養素がある

ニキビや毛穴トラブルにはビタミンと食物繊維
乾燥、しわ、かゆみにはビタミンＡＣＥを

ニキビができる人におすすめしたいのが、ビタミンと食物繊維です。アルコールやカフェインは体内のビタミンやミネラルを激減させるので、過剰にとるのは控えましょう。

たんぱく質とビタミンＣを一緒にとるとコラーゲン合成が促進し、肌のハリのアップにも効果があります。シワやたるみが気になる人は、肌代謝やハリや弾力に関わるビタミンB_2やB_6とともに、積極的に摂取しましょう。ビタミンＡは皮脂分泌を調整し、ターンオーバーを整えます。

「美肌」のためにビタミンを摂取しようと野菜や果物を食べる人も多いですが、大前提として三大栄養素は必須です。野菜だけでは美肌どころか健康を害してしまうこともあるのでご注意を。

Q&A 口内炎は肌荒れのサインって本当？

舌や歯茎や粘膜にできる口内炎。口内炎ができていると、ニキビなどの肌荒れも同時に出ることがあります。口内炎は疲れや睡眠不足によってもできますが、原因のひとつにビタミンB群不足があります。「たかが口内炎」と放置したり、口内炎の薬だけでOKと考えたりせずに、よく寝て、栄養を摂取して、「身体の疲れサイン」に応えてあげましょう。

ビタミンB群が不足していると、脂質の代謝が悪くなり、肌の再生もうまくいかず肌荒れもしやすくなります。またビタミンB群はアルコール、脂質、糖質の分解で使われて不足しがちになります。食事やサプリメントで補うのはもちろん、アルコールは控えめを心がけましょう。

脂性肌 におすすめの栄養素

ビタミンA

=肌トラブルを防ぐ

にんじん、かぼちゃ、うなぎなど

ビタミンC

=色素沈着を防ぐ

オレンジ、いちご、ブロッコリーなど

ビタミンB_2

=ターンオーバーを促す

レバー、うなぎ、牛乳など

ビタミンB_6

=肌の抵抗力アップ

カツオ、マグロ、バナナなど

食物繊維

=便秘予防、腸内環境を整える

海藻、きのこ、野菜など

乾燥肌 におすすめの栄養素

ビタミンA

=皮脂線の働きを正常に整える、不足すると乾燥、角質が厚くなる

にんじん、ほうれんそう、うなぎ、レバーなど

ビタミンC

=しみ予防、肌のハリ・弾力アップ

キウイ、ピーマン、キャベツなど

必須脂肪酸

=不足すると乾燥や肌荒れに

くるみ、しそ油、アマニ油、青魚など

ビタミンE

=くすみ、くま予防、肌にうるおいを与える

アーモンド、かぼちゃ、サーモンなど

ビタミンB_2 ビタミンB_6

=ターンオーバーを促す、ハリ・弾力UP

肉類、さばやさんまなどの青魚、卵など

SKIN CARE
LIFE STYLE
7

美しい肌をつくるには、もはや常識「抗酸化」

健康と美肌の大敵！ 身体を老化させる活性酸素

老化や病気の原因として大きく関わっているのが活性酸素です。活性酸素は、息をするだけでも体内で発生していますが、増えすぎなければ問題ありません。しかし、ストレスやタバコ、紫外線、排ガスなどの環境汚染、添加物、化学物質、激しすぎる運動などが要因で増えすぎると、ガンなどの病気の一因となる、細胞の老化が進むといわれます。

切ったリンゴの断面が酸素にふれたところから酸化して茶色くなり腐っていくように、人も体内から酸化して劣化していくと考えられています。肌表面の皮脂が紫外線に当たると、皮脂の中の不飽和脂肪酸などが酸化して、「過酸化脂質」に変化し、くすみや毛穴トラブル、ニキビなどの肌トラブルを引き起こすこともあります。

酸化の原因はいたるところに

リンゴが酸化して茶色くなるように、人の身体も環境変化や有害物質などで酸化していきます。

抗酸化作用のある食事で活性酸素を無毒化する

人間の身体には、体内で活性酸素が増えると無毒化する力があります。これが「抗酸化力」です。しかし、加齢とともにその力は衰えていきます。また日本人は遺伝的にこの力が弱い人が多い、とも言われます。

ただ活性酸素に対抗する力が弱くても、外から補うことができます。その成分を「抗酸化物質」と言います。代表的なのは、ビタミンCです。ほかにもトマトのリコピンや、緑茶のカテキン、ワインのポリフェノールも有名です。

アンチエイジングや美白の化粧品のほとんどに、抗酸化作用のある成分が配合されています。また、化粧品が酸化しないように使用する・保管することも大切です。

抗酸化成分はサプリメントもおすすめです。単体ではなく、複数とることで「抗酸化ネットワーク」（206ページ参照）といって相乗効果を発揮します。ビタミンCやE、コエンザイムQ10、アルファリポ酸、グルタチオンが代表的です。

また、有酸素運動で抗酸化酵素の活性化が期待できます。

抗酸化のために食べたほうがよいもの

味ではなく、色が濃いもの。色の濃い野菜、いわゆる緑黄色野菜はカロテンなどの抗酸化物質が豊富。トマト、ブロッコリー、パプリカ、かぼちゃ、にんじん、ほうれんそう、アボカドなど。新鮮なもの、旬なものほど抗酸化作用が高いことが期待できる。また、ワインのポリフェノールなども有名。

酸化させないために気をつけたいこと

化粧品のフタを清潔に保つ、フタを閉める、湿気の少ない冷暗所に保管し温度変化や直射日光を避ける。早く使い切る。

化粧品の抗酸化成分

代表的なのは、ビタミンC誘導体（リン酸アスコルビルMgなど）。肌に吸収されるとき、リン酸がビタミンCになって抗酸化作用を発揮する。美白や皮脂分泌抑制などの効果も。

SKIN CARE
LIFE STYLE
8

「抗酸化ネットワーク」でアンチエイジングを

抗酸化作用のある食品を複数同時にとろう

アンチエイジングの世界で注目を集めているのが「抗酸化ネットワーク」です。活性酸素を除去する「抗酸化作用」がエイジングケアになるということは広く知られてきましたが、抗酸化物質は単体で摂取するのではなく複数を同時に摂取することで、より強い抗酸化作用を発揮することがわかったのです。

とくにビタミンC、ビタミンE、コエンザイムQ10、アルファリポ酸、グルタチオンの5種類が協同すると強力な相乗効果があると言われています。クリニックでの美容点滴やサプリメントなどで広く利用され始めています。

サプリメントであっても、食品であっても、単体よりも複数で摂取するように心がけるのがコツです。

抗酸化ネットワーク

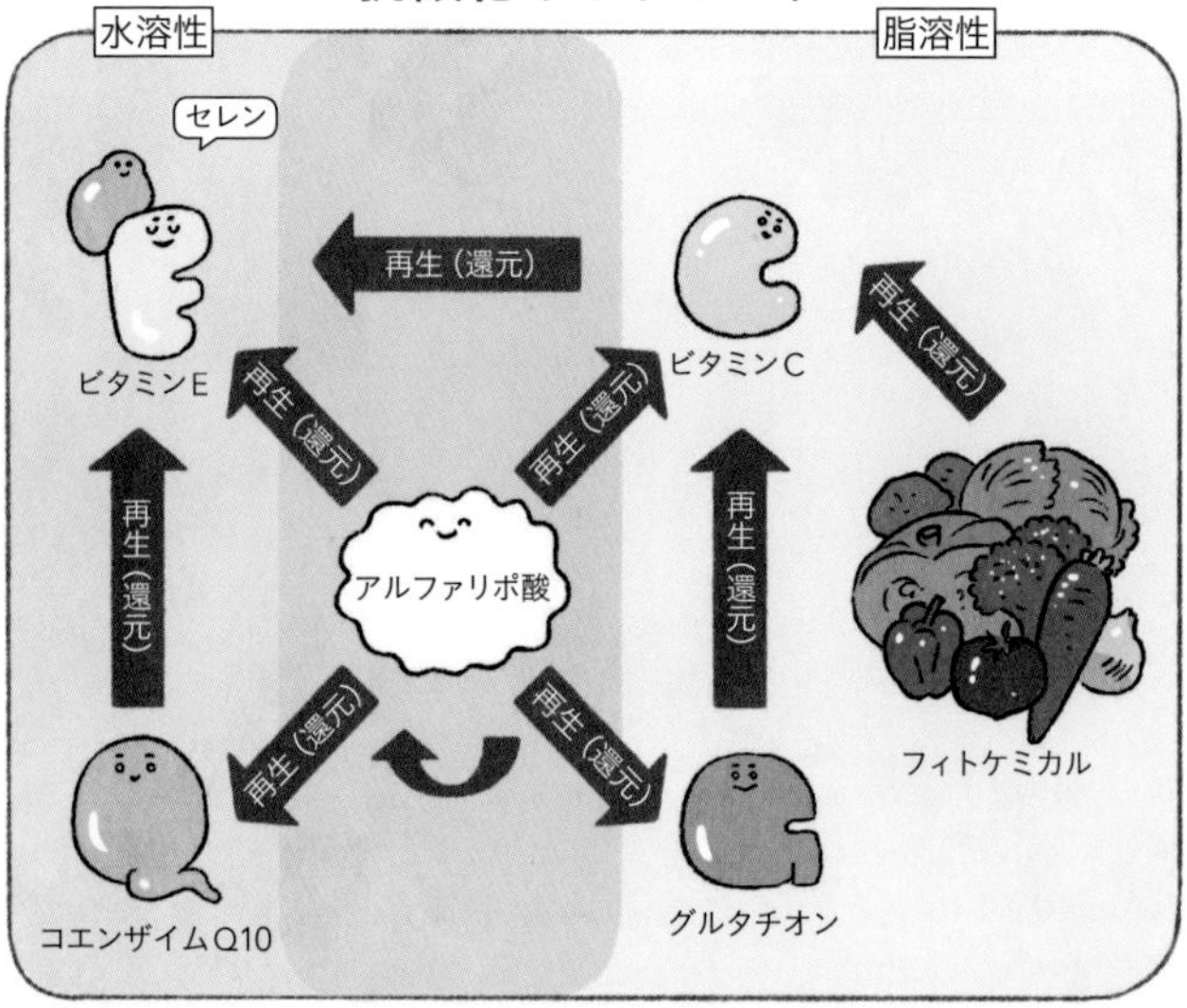

アルファリポ酸は、グルタチオンとビタミンC、コエンザイムQ10とビタミンEにそれぞれ作用し、抗酸化物質をリサイクルする。ほかの成分も作用し合う。

【積極的にとりたい抗酸化成分】

最近流行ったサプリメントやスーパーフードのほとんどには抗酸化作用があります。毎日の食事でも以下の成分を取り入れていきましょう。植物に含まれる色素や香りの成分「フィトケミカル」が代表的です。

カロテノイド

カロテノイド

フィトケミカルの一種。ブロッコリー、にんじん、かぼちゃといった緑黄色野菜には、抗酸化作用をもつカロテノイドという成分が豊富です。色が濃く、新鮮なものを選びましょう。

リコピン

トマトやスイカなどに含まれているリコピンは赤い色素でカロテノイドの一種です。油溶性のため、生よりも油を使って調理したほうが吸収率が高まります。

アスタキサンチン

サーモンやエビ、カニなどに多く含まれる赤い色素でカロテノイドの一種。抗酸化成分として知られています。ビタミンEの1000倍の抗酸化力をもつとも言われています。

ポリフェノール

ポリフェノール

ほとんどの植物に存在する苦味や色素の成分で、抗酸化作用をはじめ健康や美容によい成分。さまざまな種類があり、それぞれに独特の働きがあります。フィトケミカルの一種。

カテキン

お茶に含まれるポリフェノールの一種でお茶の苦味・渋味のもとになる抗酸化成分。抗ウィルス、殺菌などの作用も。大豆、抹茶、ココアにもカテキンは含まれています。

アントシアニン

アサイーベリーやブルーベリー、ぶどう、赤ワインに含まれるポリフェノールの一種。目の疲れや視力回復、肝機能の向上、心臓・血管系の病気の予防に良いとされています。

その他

コエンザイムQ10

ビタミンに似た化合物。高い抗酸化力があり、細胞内のエネルギーづくりにも関わります。大豆、くるみ、アーモンド、イワシなどに含まれますが少量です。

グルタチオン

アミノ酸が3つ連なった化合物で高い抗酸化作用をもっています。二日酔いの原因、アセトアルデヒドを無毒化する働きも。レバーなどの肉類や酵母に含まれています。

アルファリポ酸

抗酸化作用の高い有機化合物。細胞内のミトコンドリア内で働く補酵素。熱エネルギーの産生や新陳代謝に関わっています。ほうれんそうやブロッコリーに含まれますが少量です。

SKIN CARE
LIFE STYLE
9

シワやたるみを防ぐ！注目の「抗糖化」

体内がプリンのカラメルのようになってしまう「糖化」

老化や病気の敵として、最近注目されているのが「糖化」です。体内でたんぱく質と糖が結びつき変質して起こることを指し、身体の「こげ」と例えられることもあります。

血液中に余分な糖分があると、老化を促進させる物質ＡＧＥｓ（最終糖化産物）が産生されてしまいます。しかも、一度できると元には戻りません。

ＡＧＥｓは血管の老化や動脈硬化などの血管系の病気、糖尿病、骨粗しょう症などのリスクを上げ、肌のハリや弾力の低下、シワ、しみ、たるみ、黄くすみなどの肌老化を加速させます。ＡＧＥｓ＝老化物質と言い換えても過言ではないほど、さまざまな老化や病気の温床になるものなのです。

糖化のしくみ

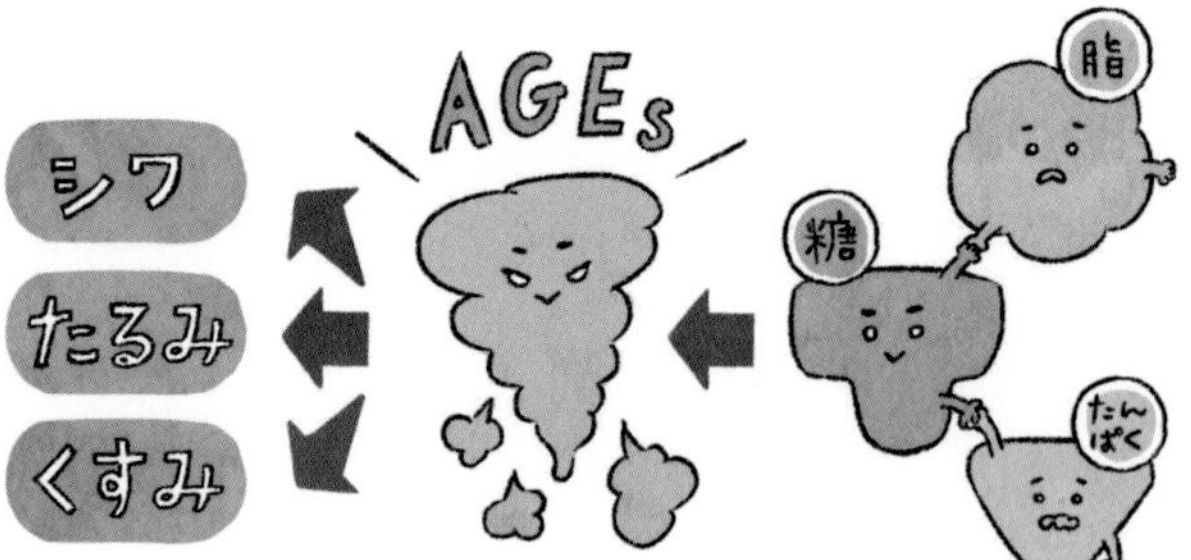

脂質と糖質が体内でたんぱく質と結びつき、AGEsが発生。肌のハリのもとであるコラーゲンどうしを結合させ、肌の弾力が低下することでシワやたるみ、くすみが起こる。

【抗糖化対策ランキング】

糖化は予防や進行を食い止めることが大切です。糖化を抑える食材としては、まいたけ、モロヘイヤ、ドクダミ、甜茶《てんちゃ》などが挙げられます。とくに化粧品成分で注目されているのがヨモギです。糖化に着目したスキンケア製品も少しずつ増えています。

1位 食べ物を変える

まず見直したいのは食べ物。血糖値が急上昇する食べ物や食べ方は糖化リスクが高いです。空腹時に菓子パンを食べたり、早喰いをしたりするのはNGです。

2位 調理法を変える

同じ食材でも調理法で糖化の仕方は変わります。生食や蒸す・ゆでるなど低温での調理は糖化しづらくなるので、食材選びだけでなく、調理法選びもしっかり行いましょう。

3位 スキンケアを変える

肌表面のケアはビタミンCなど抗酸化作用のある製品を使います。セイヨウオオバコ種子エキス、ヨモギ由来のエキスなど糖化に着目したスキンケア製品も増えています。

抗糖化におすすめの成分

月桃葉エキス

九州や沖縄で見られる月桃の葉から抽出。たんぱく質の糖化やコラーゲン分解を抑える糖化作用に加え、線維芽細胞やコラーゲンの生成を促すエイジングケアが期待できます。

セイヨウオオバコ種子エキス

ヨーロッパ原産のセイヨウオオバコの種子から抽出。表皮と真皮両面から肌の糖化を抑えます。シワ、しみ、くすみなどの改善効果も期待できる成分です。

ドクダミエキス

漢方でも利用されるドクダミから抽出する成分。肌のくすみを防ぐ糖化作用のほか、抗菌、抗炎症、抗酸化作用、コラーゲンの分解を防ぐなどの効果も。ドクダミ茶でも抗糖化作用が期待できます。

ヨモギエキス

ハーブの女王とも呼ばれるヨモギから抽出したエキス。糖化の原因になるAGEsの分解を促す抗糖化作用が非常に高く、抗酸化作用や抗アレルギー作用もあります。

SKIN CARE
LIFE STYLE
10

老化スピードをゆるめる糖化対策の食事を

糖化を予防する食事の仕方を身につける

糖化は、食事が大きく影響します。食事の面では酸化以上に予防が大切になります。

食事の内容や方法で血糖値の上昇を抑えることで、老化のスピードをゆるやかにできます。

代表的なのが、食べる順番に気をつけることです。血糖値の急上昇を抑えるために野菜などを先に食べ、炭水化物などはあとからゆっくり食べます。食後の血糖値の上昇作用を表すのが「ＧＩ値」です。ＧＩ値が高い食品ほど、血糖値は上がりやすくなります。なるべく低ＧＩの食品を食べるように心がけましょう。

クッキー、パンケーキ、フライドポテト、ベーコン、ピザ、バーベキュー味、照り焼き味などは糖化しやすい「老ける」食材。食べすぎないようにしたいですね。

【おもな低GI食品】

GI値とは食後血糖値の上昇を示す指標、グライセミック・インデックス（Glycemic Index）の略です。炭水化物には血糖値が上がりやすいものと上がりにくいものがあり、血糖値上昇作用をGI値という単位で表します。※GI値は60が目安

そば	54	えのき	29
オートミール	55	しいたけ	28
ライ麦パン	55	枝豆	30
玄米	55	納豆	30
卵	30	豆乳	23
もずく	12	ししゃも	40
オクラ	28	しらす	40
キャベツ	26	ひじき	19
大根	26	昆布	17
ほうれん草	15	キウイ	35
トマト	30	オレンジ	31
きゅうり	23	豚肉	46
ブロッコリー	25	鶏肉	45

【糖化対策になる調理の仕方】

じつは同じ食材を使っても高温で調理するほど糖化しやすくなります。このため調理方法を工夫することでも糖化対策ができます。たとえば鮭なら、刺身で食べるのが糖化しにくく、鮭のフライがもっとも糖化しやすくなります。肉なら、焼肉よりもローストビーフ、卵ならスクランブルエッグより茹で卵を選びます。

糖化対策になる食べ方

糖化対策には次の食べ方が有効です。今のあなたの食べ方を見直してみましょう。チェックが多くついたほうが、糖化への予防ができています。

- □ ゆっくり、よくかんで食べる
- □ ドカ食いしない（一気にガツンと食べない）
- □ 野菜から食べるなど、食べる順番に気をつけている
- □ 炭水化物、糖質のとりすぎに注意している
- □ GI値の高いものは控えめにしている
- □ 食事内容でストレスをためない

糖化は、食べ方や食べ物選びに注意が必要です。

SKIN CARE
LIFE STYLE
11

正しく水分をとれば肌はうるおう

身体の水分不足が肌の乾燥を招く

「水は1日に2リットル飲んだほうがいい」「水の飲みすぎはむくみや毒になる」など水の飲み方にはさまざまな説があり、結局どうすべきかわからない人も多いでしょう。

人の身体は水分でできており、赤ちゃんでは体内の80%、成人では55〜60%ほどが水分と言われています。この場合の「水分」とは、血液やリンパ、細胞内外、内臓の隙間などの体液などのことです。食事からとった栄養素は、すべて水に溶けた状態で消化吸収され、体内のすみずみに届き、老廃物は水に溶けた状態で運ばれ排泄されます。

つまり、肌を健康に保つには、ある程度の水分の摂取が必要不可欠なのです。実際、肌トラブルを抱える人は、水分摂取量が足りていない場合がよくあります。水分が不足していると、肌のうるおいも保てません。

大人が普通に1日を過ごしたとき、尿や汗、呼気などで約2・5リットルの水分を体外へ出すため、摂取する水分の総量も2・5リットル以上必要になります。

水分のとり方は「水」だけじゃない

ただし水分といっても食材自体や食事の水分量も含まれます。たとえば、きゅうりは95%以上が水分です。汁物やスープ、サラダや果物、ごはんなども水分を含みます。このため「冷たい〝水〟を2・5リットル以上飲め」というわけではありません。野菜たっぷりの汁物やスープなど、水分量の多い食事も積極的にとりましょう。

水の代わりといって、ジュースや加糖飲料などを多くとると、肌荒れの原因に。砂糖入りのドリンクは控えてください。

【効果的な水の飲み方】

① 一気に飲まない、こまめにちょこちょこ

一気に飲むとお腹が膨れ、冷えやトイレが近くなる原因に。

② 常温、またはお茶などをホットで摂取

冷たい水は胃痛やむくみ、冷えの原因になることも。

③ 食事中はあまり水を飲まない

消化酵素が薄まり消化力が落ちる。

④ 朝はコップ１杯の水を

寝ているあいだにコップ１杯分の汗をかく。血液をドロドロにしないためにも朝はコップ１杯の水を飲んで。

⑤ のどが渇いているのはすでに脱水の始まりかも！

のどが渇いていているのは脱水の最初のサインと言われています。のどが渇く前に、ちょこちょこ水分摂取をするのがおすすめ。

SKIN CARE
LIFE STYLE
12

サプリメントや補助食品はかしこく選ぼう

栄養補助食品は目的を絞って選んで

サプリメントは、何種類も飲むよりも、目的を絞って飲んだほうが身体への負担も少なく効果的です。自分のライフスタイルから何の栄養素が不足しがちかも考えて選びましょう。タバコを吸うならビタミンCや抗酸化成分入りのものを、お酒をよく飲むならビタミンB群入りのものを選びます。ビタミンやミネラルは、単体ではなく複数の栄養素が相互に関係して働く性質があります。このため、マルチビタミンや抗酸化成分を複数含んだサプリメントがおすすめです。

ビタミンCなどの水溶性ビタミンは、吸収できないぶんは身体の外に排出されるため、一度に吸収できません。サプリメントでの定期摂取は効果的です。

Q&A　サプリメントはどのくらい飲むのと効果が出るの？

美肌を目的に飲む場合は、摂取した栄養素が消化吸収されて効果を発揮するのに、最短でも2か月はかかります。しかも、その栄養素は身体のすみずみに使われるので、確実に肌づくりに使われるとはかぎりません。さらに、血液から栄養をもらった肌の細胞が肌表面まで育つまでにはプラス約1か月半はかかります。このため、3か月を目安に飲んでみるのがおすすめです。

各栄養素に分解
サプリメント
体内の各部へ
肌が育つまで
＋1か月
約2か月

失われていく成分をサプリメントで補給しよう

一方で、ビタミンA・Eなどの油溶性ビタミンは身体の中に蓄積され、鉄などのミネラルは過剰摂取すると副作用が起こりえます。大量摂取は控えましょう。

コラーゲンは分子が大きく、口から摂取しても体内でアミノ酸に分解されます。ただ、摂取したコラーゲンの一部は肌内のコラーゲン生成に役立つことが近年わかっています。

ヒアルロン酸、イソフラボン、コエンザイムQ10、酵素なども年齢とともに減っていく成分です。ドリンクタイプで摂取する場合は、熱処理で栄養素が壊れていたり、飲みやすくするため砂糖や香料が入っていたりすることもあります。もし飲むなら錠剤や粉タイプがおすすめです。

市販の補助食品には添加物が多いものや、原材料がイマイチなものもあります。医療機関専用サプリメントであれば、エビデンスに基づいているため安心安全と言えます。

DOCTOR'S VOICE

サプリメントを飲むときの注意点

サプリメントは食品であって、薬ではありません。基本的に危険はないと言われていますが、特定の栄養素を大量に摂取すれば、心身に影響があるものです。妊娠中や授乳中、持病がある、病院にかかっている、何か薬を飲んでいる人は必ず医師や薬剤師に確認してから飲みましょう。

目的の栄養素以外に、香料や増量剤、着色料などが多く入っているものは、あまり好ましくありません。飲みやすい商品として成り立たせるためには必要かもしれませんが、長期にわたると肝臓の負担になることも。添加物＝悪ではありませんが、心配な人は「賦《ふ》形《けい》剤《ざい》不使用」のものを選びましょう。

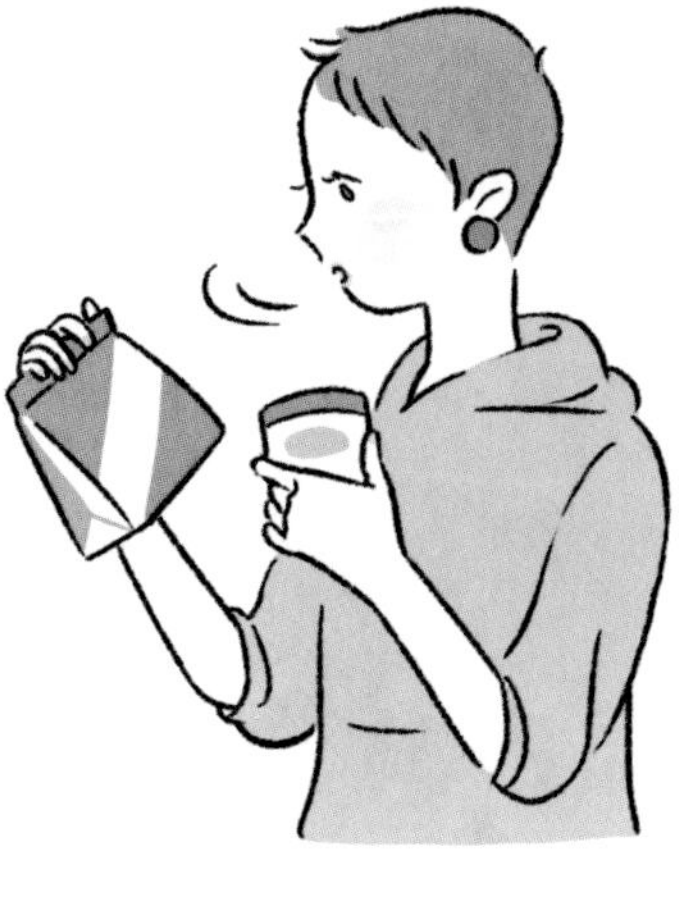

【おすすめサプリメント成分】

	役割	栄養素例
ベース サプリメント	体の土台づくりに必要な栄養を補う	・プロテイン（たんぱく質） ・ビタミン ・ミネラル（鉄、カルシウム、亜鉛） ・食物繊維 ・乳酸菌　など
ヘルス サプリメント	健康維持や増進、美容目的のもの	・青汁 ・黒酢 ・イソフラボン ・ポリフェノール　など
オプショナル サプリメント	体調の回復、悩み解消	・ウコン（二日酔い予防） ・マカ（精力減退） ・ブルーベリー（眼精疲労）　など

Q&A プロテインってどうやって選べばいい？

プロテインには、ホエイ、カゼイン、ソイなどの種類があり、それぞれ原材料に違いがあります。

ホエイは牛乳に含まれるたんぱく質の一種で、ヨーグルトの上澄《うわずみ》にできる液体ホエイに含まれているたんぱく質です。筋肉修復効果が高く、体内への吸収もスムーズです。本格的なスポーツや身体づくりをする人に向いていますが、ニキビができる、お腹の調子悪くなるケースもまれにあります。

カゼインも、牛乳由来のたんぱく質ですが、ホエイと比べて吸収がゆっくり。そのため、腹もちがよくダイエット時の間食や忙しいときの栄養補給に向いています。

ソイプロテインは大豆由来で、植物性たんぱく質を効果的に取り入れられます。カゼインと同じように、吸収がゆるやかで満腹感が持続します。イソフラボンの効果で肌のハリのアップなど美容面の期待も。ダマになりやすく飲みにくいのが難点です。

豆知識

ホールフードのサプリメントって？

近年、「特定の栄養素を自然界ではありえない形で大量に摂取するのは、肝臓の負担になる可能性がある」として、なるべく食品に近い形で栄養素を摂取しようという考えが出ています。

そうして最近増えてきたのがホールフードのサプリメントです。ホールフードとは「食品をそのまま、丸ごといただく」といった意味で、特定の栄養だけが入っているのではなく、食品からそのまま栄養を抽出しています。身体に吸収されやすく、単体ではなくいくつかの栄養素を一緒に摂取できるので、バランスがよいと言われています。自然の食品に近いため、長期で飲む場合、安心かもしれません。

無料のアプリなどでも、食事を登録するとカロリー計算ができたり、栄養状態をチェックできたりします。栄養素の過剰摂取や不足を把握でき、食事や栄養の偏りを知るきっかけになるので、おすすめです。

DOCTOR'S VOICE

お酒を飲む人、甘いものが好きな人はビタミンB群を

お酒を飲む人は、とくに栄養の摂取に気をつかわないといけません。アルコールは、分解・消化するときに「水分」「ビタミンB群」を大量に消費します。甘いものを食べる、炭水化物の多い食事をとるといったときもビタミンB群が使われます。たくさん食べた日は、そのぶんも積極的にビタミン摂取を。肌荒れ予防や、肥満防止にもつながります。

SKIN CARE
LIFE STYLE
13

代謝を上げ、美肌をつくる入浴法

肌の乾燥を防ぐなら長風呂はＮＧ

入浴には血行促進や老廃物の排泄やリラックスなどのよい効果がある一方、入り方次第では肌の乾燥を招きます。

水道水に含まれる塩素は、肌を乾燥させるとも言われます。ビタミンＣやエプソムソルトなどを入浴剤として入れると、お湯がやわらかくなり、塩素を中和します。また、高い温度のお湯は皮脂や汚れだけでなく肌のうるおいまで取り除くので、温度設定は低めがおすすめです。

湯船に長く浸かると、肌がふやけてバリア機能が弱まります。しかも湯船から上がったあとに、水分とともに肌内のうるおい成分も一緒に蒸散してしまいます。肌が弱っている人は入浴時間を10分程度にしましょう。

シーン別

【入浴のポイント】

POINT ❶
夜寝る前の入浴・睡眠の質を上げたい

ぬるま湯で10～15分浸かる。お風呂から上がって20～30分くらいの身体が温かいうちにベッドに入ると寝つきがよくなる。

POINT ❷
朝入浴ですっきり目覚めたい・朝の代謝アップ

少し熱めのお湯で湯船に浸かる。シャワーのみの場合は、肩甲骨の間を温めることで代謝が上がる。

POINT ❸
むくみ解消・汗をかいて気分をスッキリしたい

ぬるま湯～少し熱めのお湯で、20分から30分ほど浸かる。エプソムソルト、天然塩＋日本酒を入れると汗をかけてスッキリする。入浴前にしっかり水分を摂取し、お風呂上がりのガブ飲みを避けて。

顔と一緒に身体も洗い方と保湿を見直して

においが出やすい頭皮や耳の後ろ、わきの下、足の指の間は石けんやボディソープを使用し、念入りに洗います。ナイロン製のタオルやスポンジは泡立てるために使い、手で泡を転がすように洗いましょう。デリケートゾーンは専用ソープやお湯でやさしく洗う程度にします。お風呂上がりにクリームやボディオイルを塗ると、乾燥の悪化を防げます。

豆知識

ボディの角質ケアは週1〜2回程度に

ボディの角質ケアは、ターンオーバーが遅れがちなボディのしみの予防、虫刺され痕や日焼けによるメラニンの排出、ざらつきオフのサポートになります。

ボディは顔よりも角質層が厚いとはいえ、ボディ用のスクラブも肌にやさしいタイプを選びましょう。粒の角が丸いものを選び、あまりゴシゴシとこすらないようにします。頻度も週1〜2回程度で、取扱説明書に書かれた回数以上にはやらないように。

においが出やすい場所

身体には、全身にあって無臭の汗を出す汗腺「エクリン腺」と、特定の部位にあってにおいやすい汗腺「アポクリン腺」とがあります。ただし皮脂が多くてエクリン腺でもにおいやすい場所はあります。

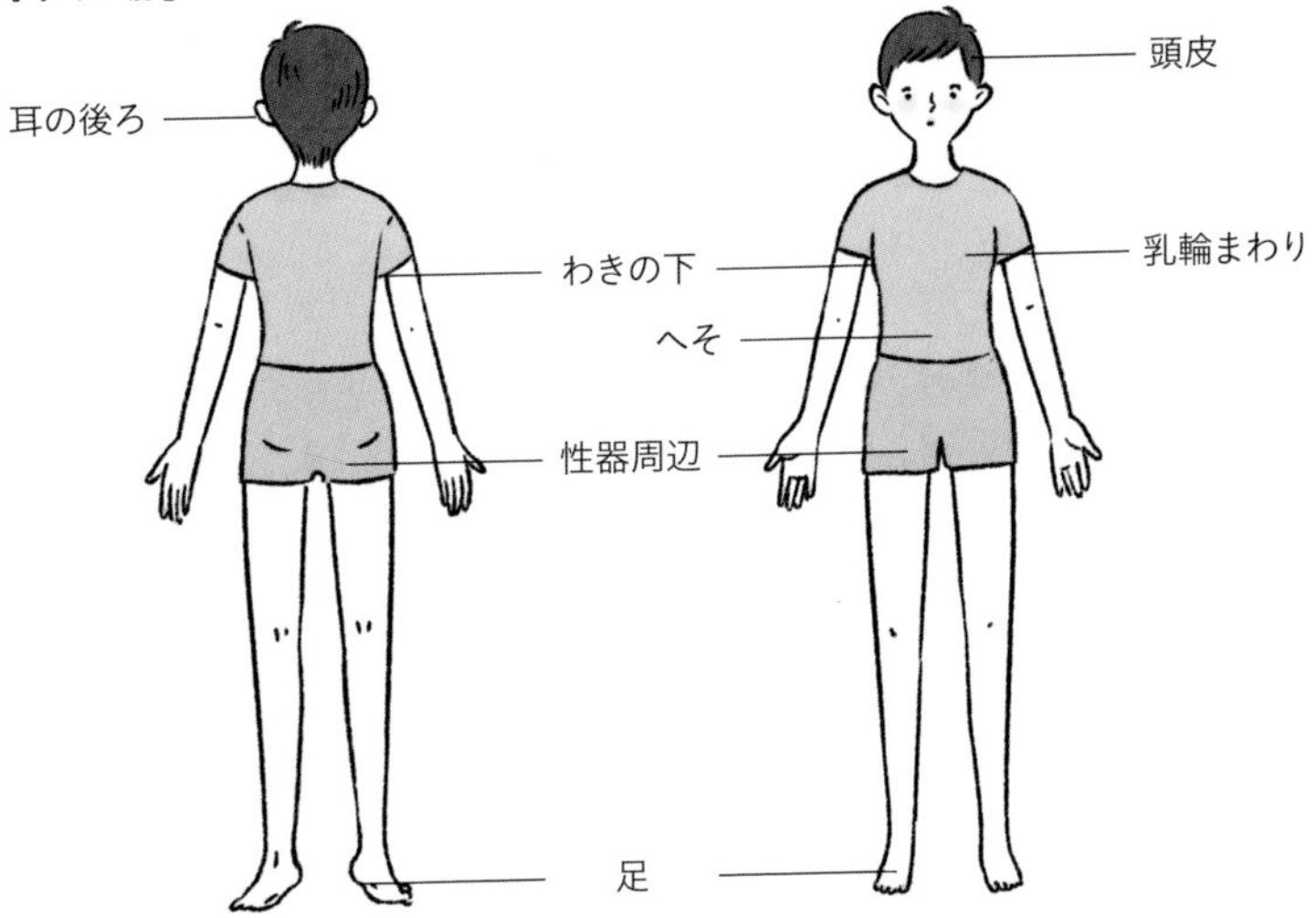
耳の後ろ
頭皮
わきの下
乳輪まわり
へそ
性器周辺
足

【美肌のためのボディマッサージ】

美肌のためには体内の老廃物やよけいな水分の排出を促すマッサージも効果的です。ぜひ試してみてください。

上半身マッサージ

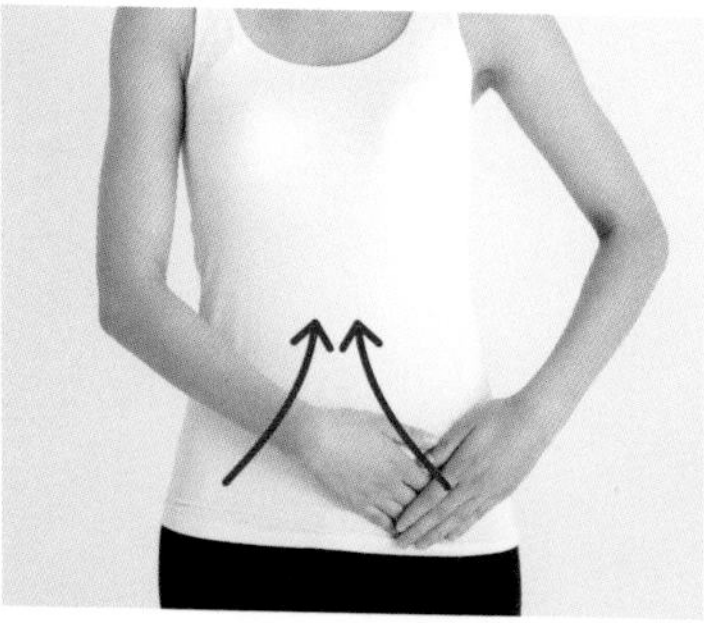

そけい部から胃のあたりまでを両手で流します。

＼お腹もスッキリ！／

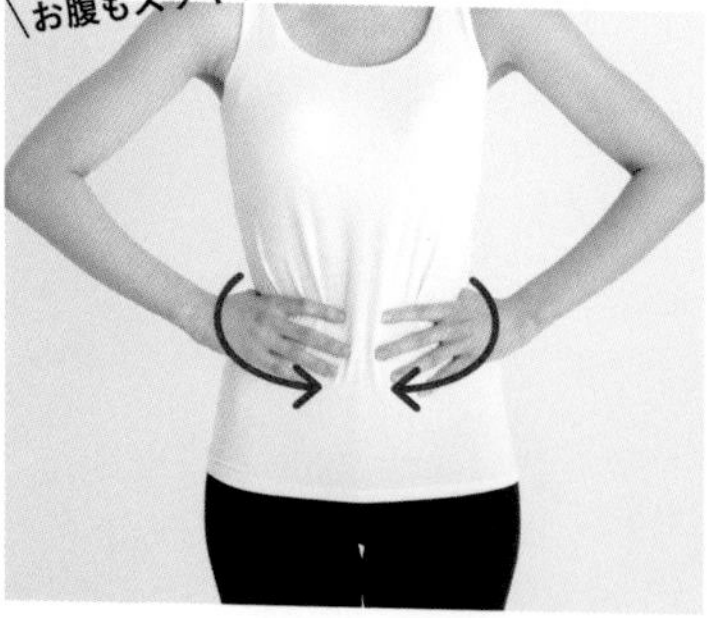

ウエストを絞るように、後ろから前に流します。

マッサージは、血液やリンパの流れをよくすることで美肌効果や、冷えやむくみ解消などの効果が期待できます。簡単なマッサージでも、毎日自分の身体にふれることでコンディションのよさを感じ、心身を整えることにもつながります。忙しい毎日だからこそ、1分でもいいので自分をいつくしむ時間をつくってみてください。

鎖骨まわりマッサージ

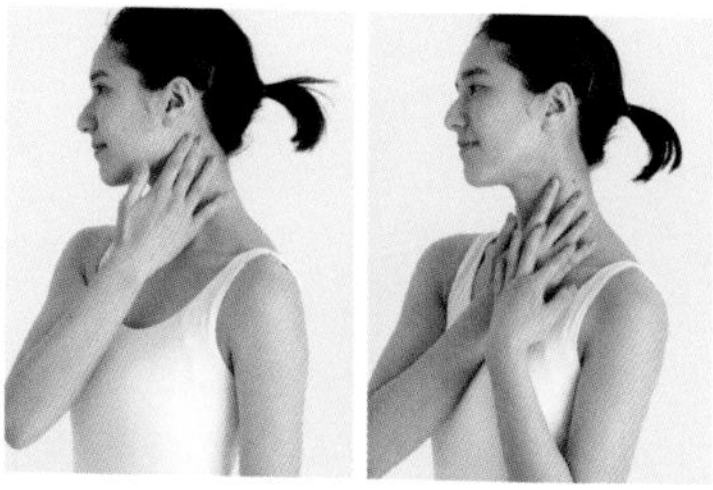

耳の後ろをプッシュし、首の横にある胸鎖乳突筋を指で挟むようにして、上から下に流します。

＼顔のむくみ解消！／

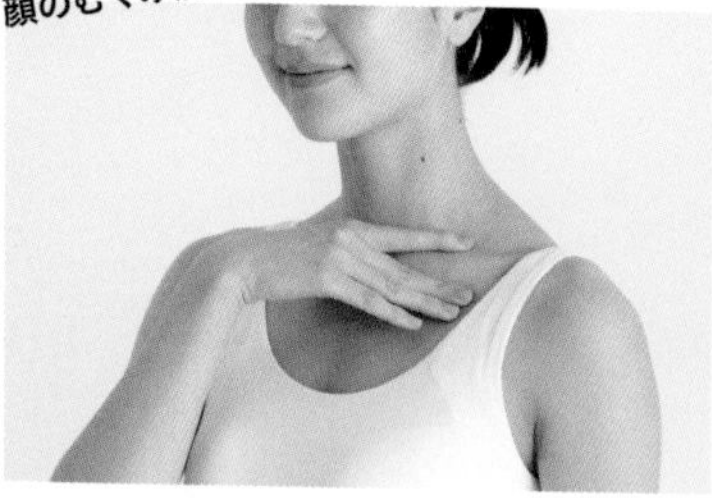

鎖骨まわりを指で挟むようにして、わきに向かって流します。

ボディ全体スッキリマッサージ

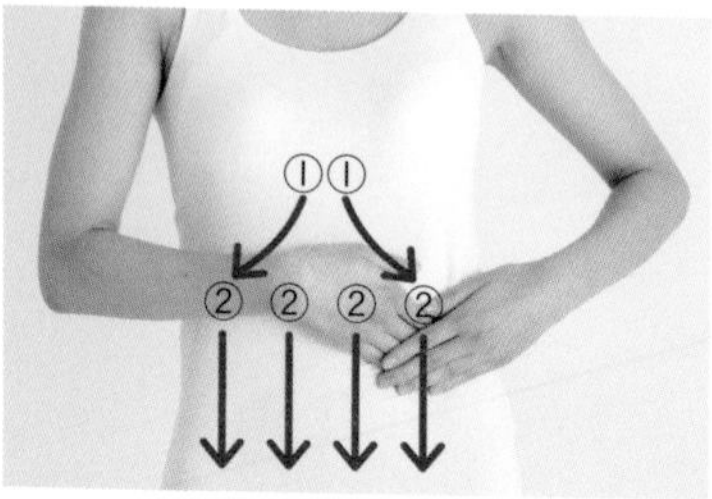

肋骨をなぞるように流したあと、胃のあたりからおへその下に流します。

ひざ下スッキリマッサージ

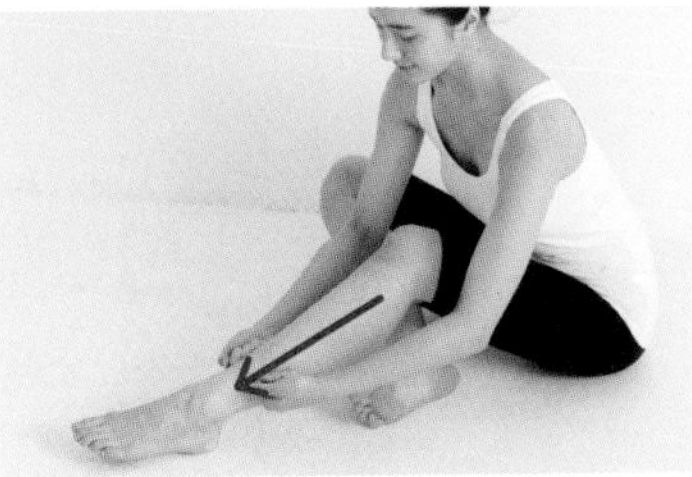

手をグーにしてふくらはぎ全体を上下にほぐしていきます。

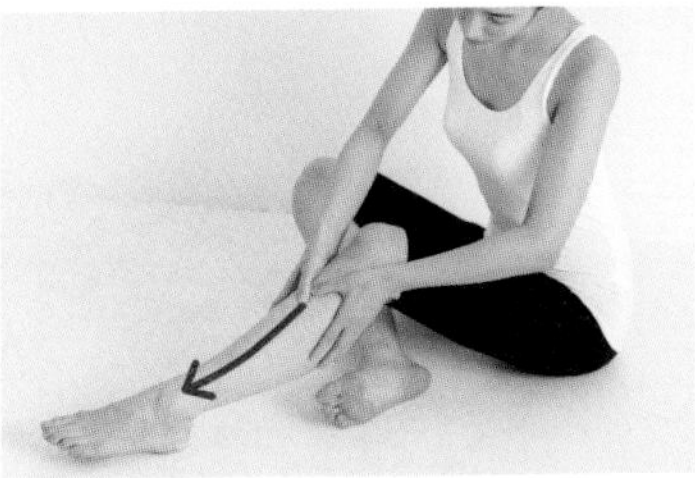

親指の腹をすねの外側に当て、下に向かって流します。

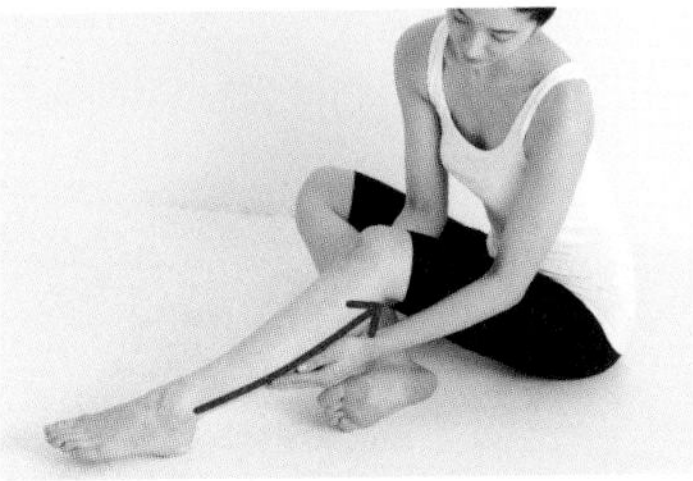

両手でふくらはぎ全体をさすり上げます。

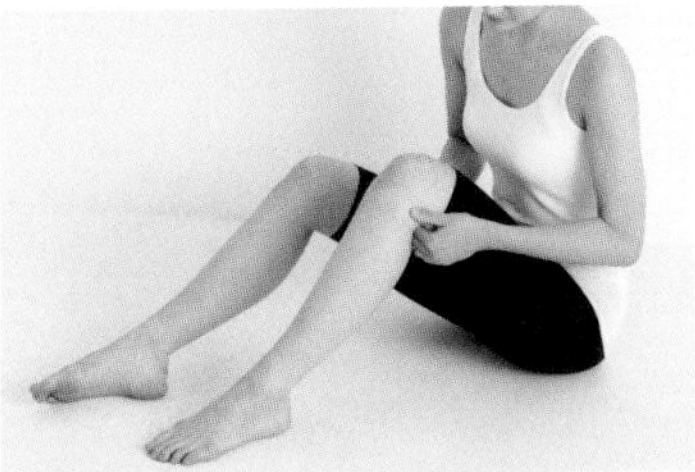

ひざの裏側に指を当て、押し流します。

下腹ぽっこり解消マッサージ

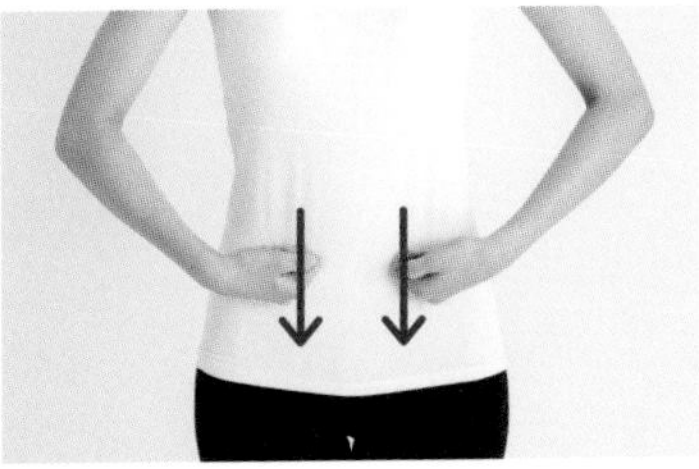

ウエストから下へグーでお腹全体をほぐしていきます。

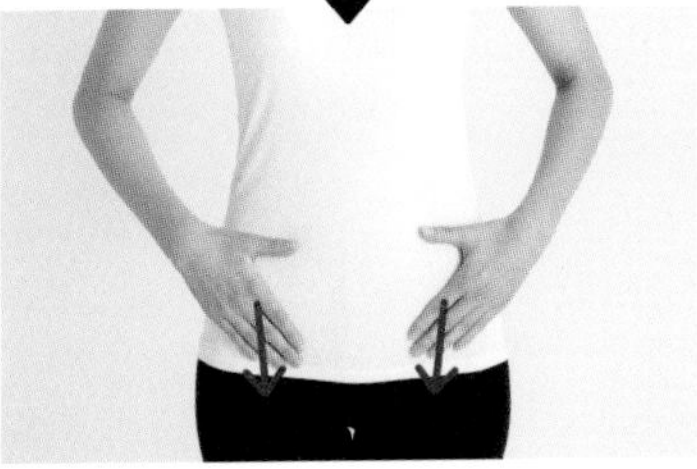

下腹をそけい部に向かって押し流します。

太ももスッキリマッサージ

手をグーにして、太もも全体を上下にほぐしていきます。

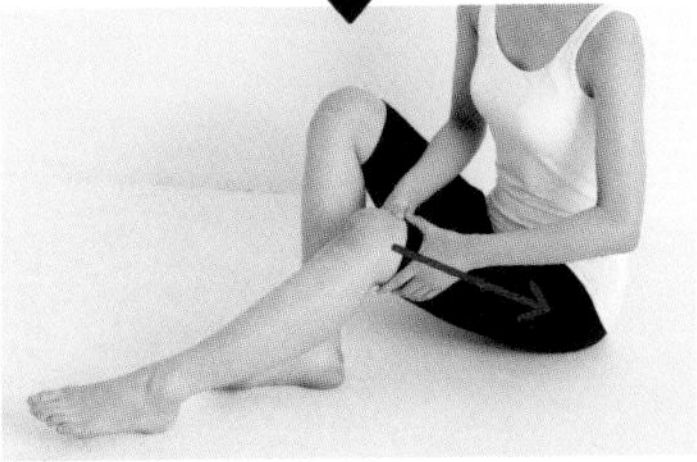

ひざ上を手でつかみ、そけい部まで引き上げて流します。

注意事項：発熱、肌にかゆみ、赤み、湿疹、炎症がある、ケガなど炎症がある、傷がある、気分が悪いなどの場合は避けてください。また、静脈瘤がある、疾患や病気がある、妊娠中、授乳中、投薬治療中、手術直後などの方は病院、担当医に相談してください。

読者の方へ

美容業界は、さまざまな問題を抱えています。まず、誤った美容情報がインターネットにあふれすぎている。これは本当に問題です。広告や記事やＳＮＳでその人がよいと言っているケアが、自分に合っているとは限りません。また大手クリニックが派手な宣伝をして、全然違う治療をすすめてくることもあります。クリニックによっては、医者の経歴が疑わしいことも多々あり、学会の専門医の資格を持っていない医者が多くいます。

こういった時代だからこそ、肌に関する知識を自分自身で持つことは、自分の身を守るために必要です。

スキンケアにも皮膚疾患にもセオリーがあります。自己流ではなく、セオリーに則ったことをしましょう。セオリーを守ることは、今の肌状態をよくするだけでなく、未来の肌トラブルを回避することにもつながります。

もしトラブルが生じた場合は、ネットや有名人の情報を頼ったり、自己判断で対応したりするのではなく、しかるべき医療機関できちんと適切に診断をもらうことが大切です。

美容医療も日進月歩で、常にアップデートされ続けています。ぜひご自身でもアンテナを張って、正しい情報を見極めるようにしてください。本書がその一助となれば幸いです。

シャルムクリニック院長　櫻井直樹